THINKr
新思

新一代人的思想

失落之城

四座世界古城的生与死

[美]安娜丽·纽伊茨 著
朱敬文 译

中信出版集团 | 北京

图书在版编目（CIP）数据

失落之城：四座世界古城的生与死/（美）安娜丽·纽伊茨著；朱敬文译. -- 北京：中信出版社，2022.6（2024.1 重印）

书名原文：Four Lost Cities: A Secret History of the Urban Age

ISBN 978-7-5217-4204-6

Ⅰ.①失… Ⅱ.①安… ②朱… Ⅲ.①古城-文化史-世界 Ⅳ.① K915

中国版本图书馆 CIP 数据核字（2022）第 070233 号

Four Lost Cities: A Secret History of the Urban Age
Copyright © 2021 by Annalee Newitz
Simplified Chinese translation copyright © 2022 by CITIC Press Corporation
ALL RIGHTS RESERVED
本书仅限中国大陆地区发行销售

失落之城：四座世界古城的生与死
著者：[美]安娜丽·纽伊茨
译者：朱敬文
出版发行：中信出版集团股份有限公司
（北京市朝阳区东三环北路 27 号嘉铭中心 邮编 100020）
承印者： 河北鹏润印刷有限公司

开本：880mm×1230mm 1/32 印张：9.25
插页：4 字数：190 千字
版次：2022 年 6 月第 1 版 印次：2024 年 1 月第 3 次印刷
京权图字：01-2022-2660 书号：ISBN 978-7-5217-4204-6
定价：78.00 元

版权所有·侵权必究
如有印刷、装订问题，本公司负责调换。
服务热线：400-600-8099
投稿邮箱：author@citicpub.com

谨将此书献给伊亚索、

阿塞斯科、许革亚和帕纳西娅。

但最重要的是谨将它

带着爱献给终于挺过来的克里斯·帕尔默。

目 录

推荐序 "忘记我的命运,但别忘了我" I
导言 城市是如何失落的? III

第一篇 恰塔霍裕克　门口

第一章　定居生活的冲击　5
第二章　关于女神的真相　27
第三章　历史中的历史　45

第二篇 庞贝　街道

第一章　富饶街上的暴乱　67
第二章　我们在公共场所的行为　89
第三章　火山爆发以后　111

第三篇 吴哥　水库

第一章　农业史外传　127

第二章　水王朝　　143

　　第三章　帝国主义的遗留　　165

第四篇　卡霍基亚　　广场

　　第一章　美洲的古金字塔　　189

　　第二章　一次伟大的中兴　　209

　　第三章　有意放弃　　223

后记　警告——社会实验正在进行　　239

致谢　247

注释　249

庞贝
公元前 700 年—公元 7

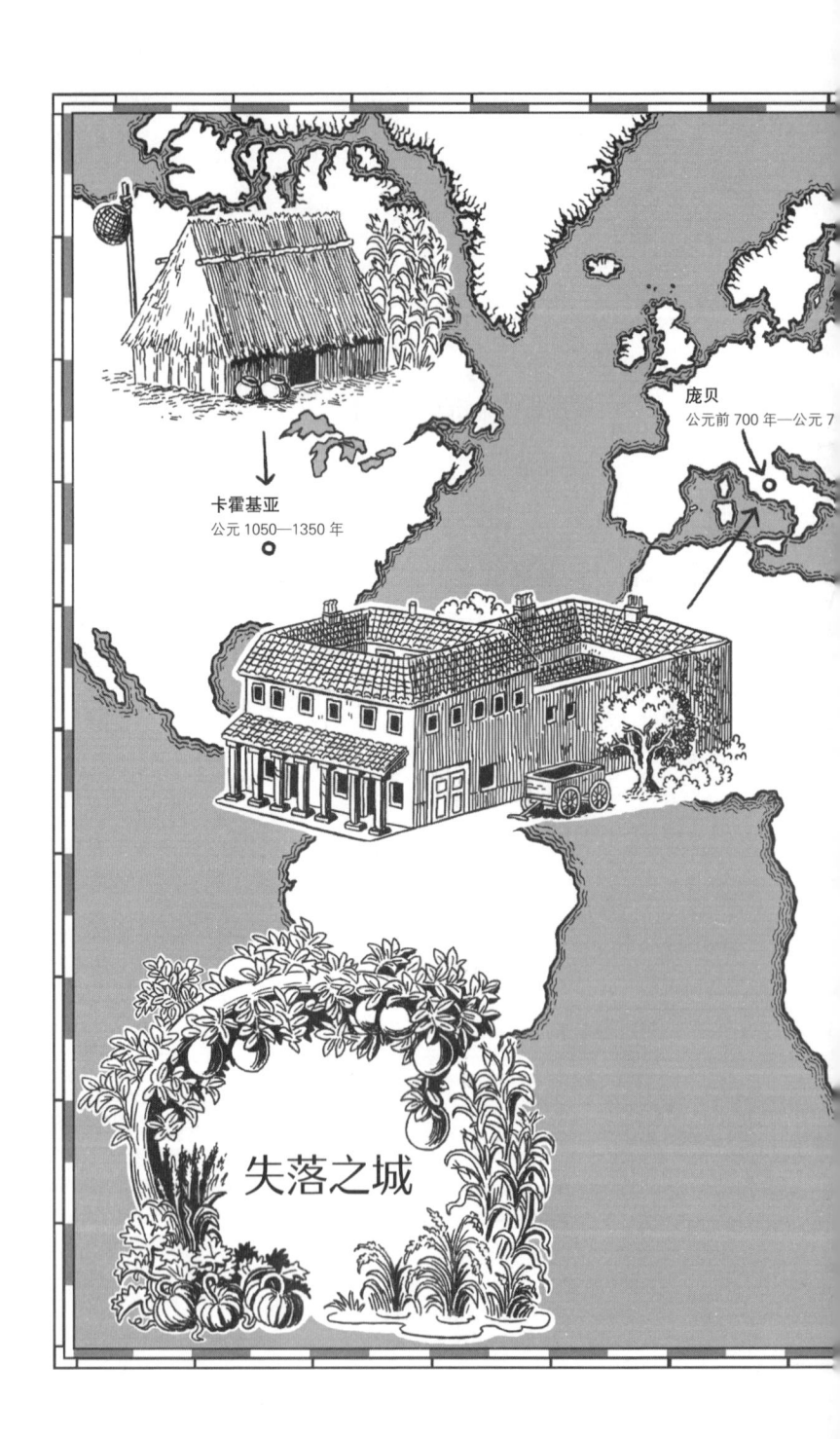

卡霍基亚
公元 1050—1350 年

失落之城

恰塔霍裕克
公元前 7500—公元前 5700 年

吴哥
公元 800—1431 年

北

推荐序

"忘记我的命运,但别忘了我"

意大利建筑师阿尔多·罗西(Aldo Rossi)认为,城市作为巨大的实体,一个土木石的"利维坦",是集体无意识的折光,与此同时,作为众多有形建筑物彼此叠加而成的构造,城市又是带有强烈个人色彩的。因此,城市既是集体的"产品",又是个体一起创作的"作品"。

"我站在人工湖中心一个四四方方岛屿的废墟上,这个人工湖是1 000年前水利工程师建造的……"在描写存在过又最终消亡的四座古代城市时,本书的作者不加掩饰地表达了历史叙述中"作者"的存在。作者不断地提到自己的"在场",让每个读到本书的人从过去时的叙述,时时被拉回到被其称作"社会实验"的当代城市的现场。

作者说自己本想写一本关于如何设计明日之城的书,但是"命运之神"却把其研究眼光带向过去。这本书最终描写的"是人类过往的悲剧,是死亡的故事,但它也是经历失去之痛后恢复的故事"。在导言中，作者显然并非偶然地提到一个上面那些话的重要注脚：其在完成此书的过程中，意外地发现很久不来往的父亲竟然自杀身亡……学术因此成了某种思想疗愈的过程。作者清醒地认识到，任何一座城市都不是一夜之间被毁弃的，城市的命运是集体的和跨越时间的，如果如雨果等人所说每个伟大城市都是一种重写本（palimpsest）的话，那么在那"作品"最终灰飞烟灭前，经历了漫长的数百万个愿念成真的时日，是什么让如此多的人最终不可避免地放弃了他们的家园？"……我们得以清醒理智地看待过去以及造就那段过去的一系列决定。"

崩溃与成长一样是城市发展中的主要面向。造访过罗马公共论坛废墟的英国历史学家吉本因此迸发出万丈雄心，想写作一部关于城市末日的书。从此之后，像《罗马帝国衰亡史》那样的杰作成了每一个对城市写作感兴趣的人不能抵御的诱惑。作者花了不少篇幅叙述每个城市得以盛大的原因，但是更着力的，是在为我们已知的这些城市的结局做铺垫——其方式非常个人化。这种做法彰显了历史学的某种命理：虽然历史学家以忠于事实为基本操守，但其实，每个讲"故事"的人又都在编织他们所认定的世界的纹理。从本书中，我处处可以感受到作者那"关系疏远……几乎从不交流"的父亲的存在，那一次次提到的事后自责和追问：为什么竟会是这样？

也许，在接近那其实非常遥远的人类文明聚落的废墟的同时，作者也在有意无意地为自己的情感和命运寻求一个解释，在那无关日常生活和专业工作的表面，意义是真切地浮现在每个荒芜的考古"现场"的，其所受到的每一次冲击都来自内心深处。

"我知道"——就像过去城市的人们"明明知道"。就像吴哥的统治者曾经试图重返荒城，"我们"曾经乐观地以为一切都会慢慢向好，有一天世界总能趋于正常，相信无论对于个人生活还是集体的历史，这是大多数人认定的一般发展。令人痛苦的问题却是：为什么（作者的父亲，或是作为集体/个体的历史经历者）"在有其他众多选项时，仍然选择了死亡？"这是作者在字里行间中流露出的，关于本书主题的困惑距离我们更近：造成这种悲剧的结局"似乎有一堆原因，又好像根本没有"。

作者争辩说，我们熟悉的庞贝并不仅仅是在维苏威火山爆发中"意外"走向末日的。灾后的庞贝和赫库兰尼姆"就像人间地狱，而且会持续数年之久"。为什么不重建庞贝来展示一下自己的威风呢？作者认为，提图斯和罗马精英一定是几经斟酌后认为庞贝的重要性已不如以前，不值得花大功夫重建了。如果以上纯属臆测的话，恰塔霍裕克、吴哥和卡霍基亚的命运就绝非偶然了。土耳其中部的安纳托利亚高原上，我们所知的人类第一座城市，有9 000年历史的恰塔霍裕克，在那里生活的人们终于"发现自己很难在两套风俗之间做取舍：一边是不鼓励差异和等级的老式公有社会风俗，一边是差异和等级很难避免的新式城市风俗"。

库吉特（Ian Kuijt）将恰塔霍裕克的消亡归咎于一次大规模"新石器时代（社会）实验的失败"，到公元前5500年，恰塔霍裕克已经完全变成了空城。最早城市里"公共领域的失败"在学界是有争议的，每一个具体的城市可能都有具体的失败原因，从很长的生命周期里辨别出它们极其困难。加利福尼亚大学伯克利分校的罗斯玛丽·乔伊斯（Rosemary Joyce）并不认为"理想的"恰塔霍裕克曾经存在，这样，趋利避害的理性行为模式，或是从黄金时代一路坠落的简单历史逻辑就站不住脚。

越发人工化的环境造成的一连串的生态灾难导致了吴哥的衰亡，吴哥是一座大约相当于中晚唐时期兴起的东南亚"佛都"，悉尼大学地质科学家丹·彭妮（Dan Penny）将这个问题称为"网络连锁故障"。更往后，密西西比河畔的卡霍基亚，始于10世纪晚期只持续了400多年，据信，它是被主动放弃的。

坦率地说，这并不是一本真的能够帮助你潜入历史之谜的著作，对这些无解谜团的想象本来都更适合放到BBC（英国广播公司）的节目里去发挥。本书并没有提供更深入的材料。通过自己的方式，作者或许只是试图更新我们研究"城市历史"时所致力的对象，一系列理性和事实之间的矛盾：城市，既是实际城市中可以考证的基本物质资料，又可以被看成一种自主的、有独立意志的机制。因此这种历史既是物质环境变化的历史，也是"人"和"物"之间不可名状的关系。无论如何，我们知道，在"经历失去之痛后恢复的故事"中，具体的"人"得在那里。

书中有处细节令人印象深刻：大约公元前第8个千年中叶，一位恰塔霍裕克妇人走进自己家门的时候摔了一跤，断了几根左边的肋骨。痊愈后，她大概是因为胸口疼痛，体姿总是右倾，她的髋关节、脚踝和脚趾关节留下了清晰的磨损和变形的印记。

加利福尼亚大学伯克利分校的考古学家露丝·特林汉姆（Ruth Tringham）是几千年来这具骸骨的第一位亲见者，她给这位她发现的女性取了一个叫作"狄朵"的名字。关于这个名字的来源，作者着重提到，同样是女性的考古学家冒着酷暑用毛刷清理她眼眶和下颚处的沙子时，突然想到亨利·普赛尔的歌剧《狄朵与埃涅阿斯》中同名人物的唱词：

"忘记我的命运，但别忘了我。"

同样说这句话的人也许是本书作者的父亲。

唐克扬

哈佛大学设计学博士

清华大学未来实验室首席研究员

导言

城市是如何失落的？

我站在人工湖中心一个四四方方岛屿的废墟上，这个人工湖是1 000年前水利工程师建造的。霞光在砂岩石墙的断垣间闪烁。虽然柬埔寨目前正处旱季，但突如其来的暴雨还是把当地农民焚烧秸秆的浓烟一扫而空。远处，高棉（柬埔寨古称）王国古都的建筑奇观——吴哥城（也称大吴哥）和吴哥窟雕琢的高塔——历历在目。吴哥城在鼎盛时期曾有近百万人口，跻身于世界最大城市之列。我就站在接近它中心的位置，脚下是11世纪苏耶跋摩一世于统治期间命人在偌大的西池水库中建造的印度教寺庙美蓬寺。那天上午，西池南岸有星星点点的机动船只，等待搭载付费游客前去美蓬寺参观。船行时间并不短，因为呈长方形的西池有8千米长，是标准喷气式飞机跑道的3倍。1 000年前当人工开凿的西池竣工时，美蓬寺是方圆数公里内唯一的一方干土。

装饰华丽的美蓬寺石头庙门后面还藏着一个更小的水库，

只有少数获准入内的幸运儿才能一睹其风采。小水库正中有一座6米高的毗湿奴神斜倚姿态的青铜像,他巨大的头靠在他四条手臂中的一条上。信徒要跨越两重水域来拜见这位印度教神明,据传他是创世时从海中带来生命的神。可以说,美蓬寺纪念的是水的神力。但同时它也是吴哥劳工巧思的见证,得益于劳工修建的一系列像西池这样的大型水库,吴哥城才不至于在每年雨季的时候泛滥成灾,也得益于他们修建的运河网络,吴哥人才能在旱季时引入远处山脉的河水使得城市用水不虞匮乏。

四面水光潋滟,面对着寺庙被发掘后裸露的岁月遗迹,我遐想着数百年前的景象——湖面上,满载携带着香花前来献香的高棉当地人和邻近王国达官显要的船只穿梭来往。那肯定是震撼人心的场面。不过,没多久我就被拉回了现实。

"我无法相信他们会犯这么大的错误。"达米安·埃文斯指着水面叹惜道。埃文斯是法国亚洲研究所的考古学家,就是他过去20多年来的工作颠覆了我们对吴哥城都市网络的认知。爱笑的他是澳大利亚人,一头金发,几十年来发表过不少赞扬高棉王朝先进文明的文章。但他对高棉王朝的失误也十分了解。

埃文斯手指着我们身旁一块木板上绘制的有点儿掉色的景观地图,这是正在进行的美蓬寺重建工作的展示详图之一。从高度线上可明显看出东西走向的西池西高东低,呈缓坡形,所以水库东边有水,西边却出现干涸现象。故而水库不太像我想象中的长方形湖泊,倒像有着一边不规则泥岸的深水塘。这倒不是高棉工程师的失误。"他们本可以在平坦的地面上施工,可是国王却坚持按照上师们的建议,让水库呈东西走向。"埃文斯解释道。高棉人相信,像皇家水池这样雄伟的建筑应当比照空中太阳和星辰的移动轨迹定向才对。换言之,苏耶跋摩一世更关心的是星象吉祥而不是水利工程质量的好坏。这座水库可谓是古时华而不实的代表作。随着时间的推移,西池变成了吴哥城市规划的样板,在气候危机反复出现的年代,给人口规模不断膨胀的吴哥城留下了有问题的蓄水系统。

如果把"星象"二字换成"政治权术",埃文斯的这番话或许适用于过去1 000多年来的许多城市设计。城市领导人出于政治理由不惜重金打造奇观美景,而不愿花钱修路、整治下水道、构建相对安全的市场环境等来改善城市生活的基本设施。其结果就是城市外观或许令人惊叹,但城市基础设施却经受不起暴雨洪涝和干旱的考验。城市经历的自然灾害打击越多,政治纷争就越激烈,修复受损的水坝和房屋就越困难。这就是自打有城市以来一直困扰着它们的恶性循环。有时,这个循环在城市获得振兴后终结,但更多的是在城市死亡时画上句号。

在吴哥城鼎盛的10世纪、11世纪,国王手下养着数以千计的工人。他们就是建造城市宫殿、寺庙、道路,以及考虑欠周的运河的工人。虽然大多数工程是为了宣扬王威,但确实给务农的居民带来了实惠,在旱季也不例外。不过在15世纪初,这里先是经历了旱灾,紧接着,原先就有设计问题的吴哥水利工程又至少遭到两次大破坏,导致出现严重水患[1]。城市不堪负荷,贫富分化日趋严重。仅数十年间,高棉王室就迁离吴哥,搬到河流沿岸的城市金边去了。这个曾傲视东南亚大部分地区（包括今天的柬埔寨、泰国、越南、老挝）几个世纪之久的都城自此一蹶不振。到 16 世纪，吴哥城中心区的居民已大量流失，衰败的城市网只剩下一些小村落和农场。国王的宫殿已然荒芜，西池也变成了一片长满树木的低地。只有少数僧侣留下来照看这些曾盛极一时的高棉王朝寺庙。

19 世纪，一位名叫亨利·穆奥的法国探险家声称他发现了吴哥这座"失落之城"。虽然当时其他欧洲访客都说在吴哥窟寺庙里仍然住着一些僧侣，但穆奥却写了一本畅销游记，自称是在不经意间发现了这个消失的文明的第一人。他说，数百年来，这个可以与古埃及建筑媲美的绝美之地一直不为人知。他的惊人之语不胫而走。酷爱探险故事的西方人看到倾颓的寺庙、院墙石头被粗壮的树根挤得歪歪扭扭的照片时，都愿意相信穆奥所言。吴哥是一座失落之城的说法从一开始就是媒体炒作的结果，尽管所有证据都与他们的炒作之言相左。

西方奇幻传说中经常有"失落之城"一说，好像真的有尚未被人发现的神奇世界，里面生活着与巨型海马一起出没的海王。当然，我们之所以相信有失落之城并不全是因为我们喜欢遁世小说。我们身处世界上大多数人口在城市生活的时代[2]，正面临着似乎无法解决的气候危机和贫穷问题。现代都市绝非注定会永远存在，历史证据也告诉我们，过去 8 000 年来人们曾一再选择离开城市。意识到大多数人类的生活之所终有消亡的一天，我们难免会不寒而栗。对失落之城的幻想遮蔽了一个现实——人们是如何摧毁自身的文明的。

本书就是关于这个现实问题的,我们将探索人类历史上4个最壮观的城市遭受遗弃的实例。书中所列举的几大都市虽结局各不相同,但经历了同样的失误。它们都经历了长时期的政治动乱和环境危机。即便是像吴哥这样强大的、人口稠密的城市都经受不起溃坝和王室内讧的双重打击。无法在这些不安定的地方安身立命,城市人口往往不惜代价决定背井离乡。这些城市并不是像传说中的亚特兰蒂斯那样突然间没于水中消失得无影无踪的。它们还在原处,被人们为了恰当的理由而有意地遗弃了。

本书中我们要探讨的第一个城市是建于约 9 000 年前的新石器时代的恰塔霍裕克,那时人类经过几十万年的游牧生活开始步入定居的农耕社会。今天它的遗址就掩埋在土耳其中部安纳托利亚地区的两座小山丘下,许多疑问仍待解决。虽然用现代尺度来看,恰塔霍裕克的规模不算大,大约有 1 000 年的时间人口一直在 5 000 人到 2 万人之间徘徊,但在当时可以称得上是大都会了。当时附近大多是人口不到 200 人的小聚落。恰塔霍裕克城内住房户户相连,进出屋内得通过屋顶通道的楼梯口上下。虽然当时的居民没有留下文字,但他们却留下了数以千计的小泥塑、绘画和有寓意的装饰头骨。

大约在公元前 6 千纪中叶,恰塔霍裕克的百姓陆续离开了这座繁忙、拥挤的城市。理由有很多:黎凡特地区发生了干旱,社会组织和城市布局本身也出现了问题等。多数离开的人并未建立新城市,而是回归村居或游牧生活。就像他们拒绝的不只是恰塔霍裕克，还有城市生活。随着时间的推移，这座城市逐渐被层层灰土掩埋。等到20世纪欧洲考古学家"发现"它的时候，其文化在当地百姓眼里基本属于神话传说。土耳其的农民意识到小山丘下面可能埋藏着一座城市，因为在犁地的时候他们经常会发现精致的古玩，而且有一处山丘顶上还矗立着断壁残垣。只是没有人知道那儿曾经居住过些什么人。

虽然当地人一直知道恰塔霍裕克在哪儿，但有关它的某些信息却已丢失。研究人员仍然在努力了解恰塔霍裕克的百姓对他们身处其中的世界有着怎样的认知。在我到访时，考古学家还在热烈地争论当时的居民对历史或精神信仰到底有没有概念。他们为什么在自家墙上绘制特定的赭色图案？为什么用牛角装饰门口？为什么在自己的床底下埋葬死者？我们有猜想，但无定论。我们已经失去了对几千年前以这里为家的人们来说有意义的文化语境。当然，根据当年居民遗留的物品，我们可以重现他们的每日生活状况，也能看到促使他们义无反顾地放弃城市生活的问题所在。

下一个我们要探讨的城市虽然具体位置曾一度不为人知，但却从未被遗忘。坐落在阳光明媚的地中海海岸的旅游城市庞贝，在公元79年因维苏威火山爆发而被掩埋在了厚厚的火山灰之下。目击者和历史学家都记载了这座城市在那一刻的恐怖命运，但庞贝直到18世纪才被有系统地发掘出来。

看来人们放弃庞贝的原因很简单。482摄氏度高温的火山碎屑流横扫而过，自然会将居民地一扫而空。不过这并不是故事的全部。过去庞贝也经历过多次自然灾害，在维苏威火山爆发前的10多年中它还经历了一次大地震，损毁严重。生活在那里的人都知道这是个危险的地方。其实，在火山爆发的那天上午已经有一多半居民撤离了；致命喷发开始前的几小时，火山冒烟、地动山摇之际，他们已经逃离了那个地方。

从叙述庞贝命运终结的一般说法来看，罗马人出于迷信和恐惧对这座被掩埋的城市唯恐避之不及，所以很快就不记得它具体所在的位置了。其实不然。它的消亡伴随着古代史上力度数一数二的救济工作。古罗马皇帝提图斯在火山爆发后曾两度来到庞贝了解灾情，发现原来郁郁葱葱的土地已完全被厚重、炙热的火山灰掩埋，还散发出阵阵有毒气体。庞贝已无挽救的可能。提图斯和他后来接替皇位的弟弟图密善于是用幅员辽阔的帝国的财富，使那些家园被毁的民众得以到别处安家。他们给生还者发放赈济物资，付钱给工人为生还者建造房屋。考古学家最近还发现了当年帝国曾在附近沿岸城市（如那不勒斯等地）安置难民的证据——为难民扩大了居民区，修建了道路。许多贵族在火山爆发时丧生，留下了不少财产，政府于是允许已获得自由之身的奴隶继承自己主人的商业财产。这些自由人因此家道日兴。庞贝或许不在了，但罗马的城市化依旧在蓬勃发展。

由于庞贝被封存在公元79年的灰烬之下，我们得以一窥罗马人努力维系的大都会文化的真实面貌。庞贝消亡前的一个世纪帝国就经历了巨变，妇女、奴隶和移民争取到了权利，并逐渐渗透到政治权力的内部。新型的多语种公共文化开始呈现，我们可以从庞贝街景中追踪其发展,"看到"百姓在墙上涂鸦,在酒馆里痛饮,在澡堂里和灯红酒绿的妓院里聚集交往。这也是其后数千年西方城市生活的写照。庞贝的命运证明,城市的消亡不等同于其背后的文化的崩溃。

1500年后,吴哥也像庞贝一样经历了一场大灾难,只不过庞贝的灾难发生在短短一天之内,而吴哥所发生的却是慢镜头版本的灾难。它经受的不是火山爆发,而是长达一个世纪之久的气候危机。时间长度不一,但结果却类似:埃文斯描述过的西池洪水等环境灾难使得大多数居民不得不另谋去处。不过最后的打击却与自然无关:吴哥的国王已经指挥不动负责为构成城市血脉的运河水系进行修葺的众多劳工了。或许吴哥城市规划最难以为继的部分并不是它的水库体系,而是它过于依赖强迫劳役的僵硬的社会等级制度。

同时期,美洲也有一座中世纪的城市经历了兴衰,它的命运起伏也在大地上留下了深刻的印记。卡霍基亚原来是密西西比河下游河岸上的一个小村落,后来逐渐发展成横跨河流两岸占地广袤、有3万多人口的大都会,在欧洲人抵达之前曾是北美洲的最大城市。卡霍基亚人曾用夯土方法筑起高耸的金字塔和高架通道,那里位于今天的密苏里州圣路易斯,以及伊利诺伊州的东圣路易斯和科林斯维尔。他们的家和农场就散布在举办节庆活动的各大典礼中心之间,每当有庆祝活动时,来自南方的百姓都会聚集于此。在900年到1300年间,卡霍基亚一直是"密西西比文化"中心,联合着从威斯康星州到路易斯安那州沿河城镇和村落的社会及精神运动。

我在卡霍基亚遗址待过两个夏天，正赶上考古学家在人称僧侣丘的巨型仪式用金字塔附近发掘出部分繁忙的居民区。金字塔全靠人拉肩扛从附近的"取土坑"中取回的一筐筐黏土打造而成，塔高30米，塔底占地面积约与胡夫金字塔占地面积一样大。不过考古学家萨拉·贝尔斯和梅利莎·巴尔图斯感兴趣的并不是居住在高高的金字塔上的人是谁，而是卡霍基亚普通百姓的生活情况。

经过在泥地里的艰难爬行，脚踝被蚊虫叮咬，颈部被太阳炙烤，我终于目睹了巴尔图斯所说的"刻意抛弃"的证据。卡霍基亚人每在结束对一个建筑的使用时总会举行一场封存祭祀仪式。他们会将围墙用的木桩取出，丢在一边当柴火用，然后小心翼翼地用彩色黏土，或掺杂家里用过的破碎陶片、工具碎片等将桩洞填满。就在一栋建筑的地面上，贝尔斯和巴尔图斯发现了被一层血红的赭石片填满的巨大桩洞。有时，卡霍基亚人还会将建筑与家用物件一起付之一炬。等火熄灭了，居民就会用一层黏土将这块废弃不用的地方"封存"起来，再在上面修建新建筑。

偶尔，他们也会对整个居民区采用这种"刻意抛弃"的仪式。在东圣路易斯进行发掘的考古学家就发现了几十座房屋一起被焚的遗迹，被火焰吞噬的不仅有围墙，还有用来献祭的玉米、瓷器和做工精美的矢镞。或许卡霍基亚人认为所有的建筑环境都有一定的生命年限，也预期有朝一日整个城市会关闭。要真是这样，卡霍基亚人也许在设计之初就想到了终结之时，在金字塔逐渐耸入云霄之际，它的命运就已然注定。

为什么明知城市要消亡，人们还要费心费力修建它呢？7年前，我在着手为本书研究时从来没有想过这个问题。我对恰塔霍裕克和卡霍基亚的确痴迷，但还是坚持研究现代城市，希望能从卡萨布兰卡（达尔贝达）和萨斯卡通，或东京和伊斯坦布尔的街道上略窥人类的未来。我本想写一本关于明日之城若设计得当如何能历久不衰的书，但是命运之神却把我的研究眼光带向过去。

在哥本哈根做了一个星期的研究回家后，我发现与我关系疏远、一向独来独往的父亲竟然已自杀身亡。我们多年来几乎从不交流。就在我与丹麦的科学家和工程师讨论城市未来之际，他却在书写长达数页的遗书，从叮嘱亲人如何照看他心爱的花园，到表达他为了保护他房产边上的一片巨杉林与市政府据理力争但最终失败的愤懑，一一自他笔下流出。在与验尸官通话时，我整个人处于麻木状态。我知道他不快乐，但以为一切都会慢慢向好，有一天我们之间的关系能趋于正常。每个人的死亡总有令人扼腕之处，而自杀身亡却又引出一个更加令人痛苦的问题：为什么他在有其他众多选项时，仍然选择了死亡？

我希望能从父亲遗留的书信文稿——好几本未发表的小说和他的电子邮件——里找到导致我们父女疏远，以及到最后他完全与世界疏离的原因。似乎有一堆原因，又好像根本没有。我一再问自己为什么他会吃下那些药片，直到我自己都受不了了。

为了转移注意力，我在发掘季去了恰塔霍裕克的发掘现场。

我想，也许步入久远的过去能够帮助我跳出今日的悲痛。到了那里，我见到四周全是整天研究逝者的过去、从坟墓中探究古人生活的人。以我当时的心态，这本应该是一项糟糕的选择，但结果证明它恰恰是我所需要的。在考古学的启发下，我终于得以不再问自己父亲为何选择轻生。我开始思考一个更艰巨的问题：他的日子过得如何？他的教导中有什么能让我受益，他的选择给了我什么启示？寻找这些答案的过程就是我疗愈创伤的第一步。

就这样，我写这本书的决心被激发出来。我意识到每一座城市的消逝之所以成为难解之谜，就是因为我们通常总是孤立地看待它的终结。我们往往聚焦某一刻的巨大损失，而忘却了城市漫长的生命周期，以及它背后有数百年间人们做出数百万个决定以维系其存在的故事。要了解为什么人们任由他们的城市消亡，就要首先思考城市居民的具体生活方式。

这就意味着我们要问一些看上去十分基本的问题。为什么我们的祖先愿意离开自由的开阔土地，而选择聚居在被人体排泄物熏得臭烘烘的"鸽子笼"、忍受没完没了的政治纷争呢？他们明知农作物可能会歉收造成饥馑，为什么还要做出这看似有悖常理的定居下来并种植农作物的决定呢？成千上万的人是如何同意密集居住，共同打造公共空间和资源供陌生人使用的呢？我设法在本书中的几座被弃守的城市遗址中寻找答案。我沉浸在他们的生活故事里，花了好几年的时间设法梳理出他们的文化脉络。要了解为什么人们离开，首先得知道他们为什么来——后来又如何通过努力继续待在城市里。我希望体会他们离开自己一手搭建的家园时的失落感。

恰塔霍裕克、庞贝、吴哥和卡霍基亚的故事彼此截然不同，但它们都经历了长达几个世纪的不断演变。几座城市的空间布局随着居民的改变而改变。移民们被城市的美食、特殊工种、娱乐设施或者从政机会所吸引，不断地从四面八方涌入。移民中最重要的群体就是劳工阶层，往往占城市居民人口的三分之二以上。的确，领导人坐镇土丘和别墅中指挥，但真正维持城市运转的是耕地、开店和筑路的普通劳动者。第一次工业革命发生之前，最有价值的经济和政治力量来自人的劳动力。这种劳动力有许多不同的表现形式。有的是家务劳动，包括洒扫庭除、照看牲口或者烹饪。随着城市的发展，精英阶层开始组织劳工，以不同的方式奴役人民，或豢养家奴，或将他们贬为农奴。从多种意义上来讲，建立城市通常就是通过威逼利诱对劳工加以控制的过程。当城市政治或环境开始出现问题时，劳工所受到的挤压比其他人更甚。他们得决定是留下来收拾残局，还是到其他地方另谋生路。

本书描写的是人类过往的悲剧，是死亡的故事，但它也是经历失去之痛后恢复的故事，让我们得以清醒理智地看待过去以及造就那段过去的一系列决定。如今，世界各地的城市也在经历我们"城市祖先"所经历的同样问题——政治腐败、气候灾难山雨欲来。因为大多数人如今居住在城市里，所以其后果更是牵一发而动全身。城市化的命运与人类的命运息息相关。我们如果在21世纪再犯过去同样的错误，很可能会将一种毒化的城市化理念传播开来，从而改变我们整个星球的面貌，使情况越变越糟。我们已然看到，城市正面临水源污染、粮食短缺、疫病流行和居民无家可归等问题，却依然朝着不宜居的方向越走越远，似乎没有更好的选择。

其实城市时代并不是只有这一种结局。恰塔霍裕克、庞贝、吴哥和卡霍基亚在失落之前都曾有过灿烂的文明，它们的黑暗结局也并不是命中注定。我希望本书中的深刻历史能够启发我们如何振兴城市并改善其周围的自然环境。毕竟，从错误里我们能获取最深切的教训。

though
第一篇

恰塔霍裕克
门口

恰塔霍裕克

西山丘

季节性湿地
现科尼亚平原（公元前 7000 年）

300 米

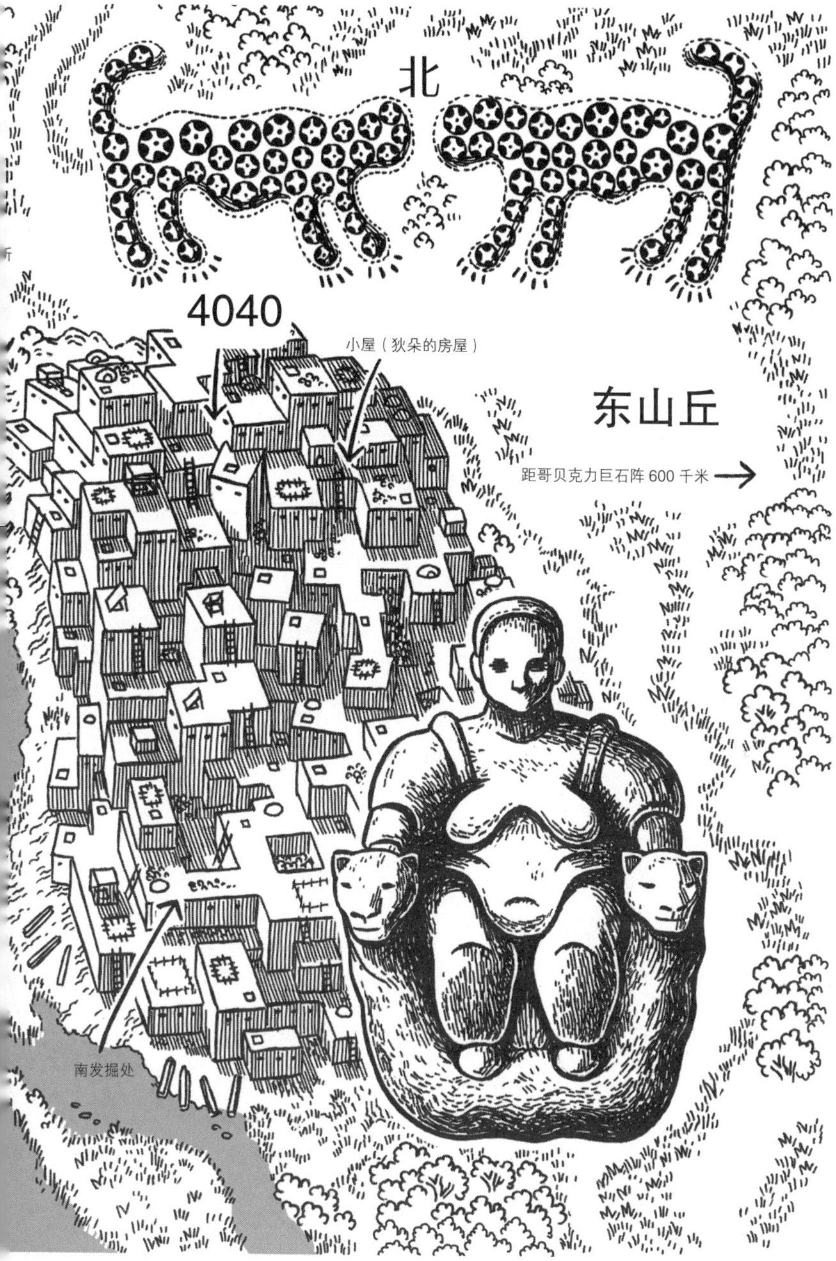
北
4040
小屋（狄朵的房屋）
东山丘
距哥贝克力巨石阵 600 千米
南发掘处

第一章

定居生活的冲击

我在土耳其中部有 200 万人口的繁忙都会科尼亚登上一辆空调大巴车，来到恰塔霍裕克这座世界古城。那天上午万里无云、十分炎热，大巴车就这样出了城，途经商店无数，从卖新鲜鸡蛋的到卖苹果电脑的一应俱全。当亮丽的公寓楼宇逐渐为旷野所取代时，我们并未远离文明。蜿蜒的路旁仍可见整齐的贝都因人营帐，而途经的小镇中几乎每条街上都有新房正在建造。约 45 分钟后，大巴车在一个碎石铺就的停车场停了下来。一幢幢长形矮建筑和小木屋围出了一处赏心悦目的院落，中间摆放着许多带遮阳伞的野餐桌。这里看上去就像是一个休闲中心或小规模的学校。

其实这里是通往遥远过去的一扇门户。野餐桌数百米开外就是建于所有城市之先的城市——恰塔霍裕克城。这座城市大部分被掩埋在早已被风吹平的低矮高原——东山丘——之下。从空中鸟瞰，面积有 13 公顷的东山丘呈泪珠状，它就像一张土制的大毯子盖在了这座已有 9 000 年历史的城市遗址上，城市的居民长期以来在房子上面盖房子，泥砖建筑层层堆积，形成了一座城丘。东山丘的外面还有较新的西山丘，它规模略小，大约形成于8 500年前。建城之初城丘两侧均有河水流淌，附近的科尼亚平原上散布着许多农场。今天，这片土地已经干涸，只有一片片干黄的草散布其上。我吸进了一口带着尘土的暖空气。这里是所有城市的起点。我所认识的世界——公寓、工厂式农场、电脑遍布，而且（街道上）成千上万人摩肩接踵的城市——亦由是而生。

有的考古学家称恰塔霍裕克是由小居民点融合而成的"大型场址"或巨大聚落。这座城市似乎是在没有任何中央规划或指导的情况下自由发展而成的。恰塔霍裕克的建筑和在该地区之后出现的各种建筑截然不同。每一家住房像蜂窝一样紧密相连，几乎没有街道分隔。城市网格起码比地面高一层楼，人行道沿屋顶排布，而各家的大门也开设在屋顶。居民们花在屋顶上的时间肯定少不了，他们在房顶上做饭、制作工具，还经常借助简易遮蔽物在户外睡觉。他们进城回家都靠简单的木梯上下。

最早的建筑工程开始时，许多来到恰塔霍裕克居住的人才刚刚脱离游牧生活一两代人的时间。就当时来说，在一个地方定居的想法极具革命性。虽然在恰塔霍裕克之前也出现过小村落，但绝大多数人还在延续他们旧石器时代祖先数十万年来一贯的小股流动的生活方式。想象一下，原来在自然世界与你共处的只有少量的人和动物，如今你却要同数百人挤在狭小的空间里定居，这该如何适应。只熟悉老旧游牧生活的父辈祖辈不可能教导你如何适应这奇怪复杂的城市生活。难怪恰塔霍裕克人一直想方设法寻找最好的群居方式——但在这过程中也犯了不少致命的错误。

也许这是人类历史上第一次"你的老家在哪儿"跟"你的祖上都是谁"这个问题一样重要。对一个总在流动的游牧民族来说，"你的老家在哪儿"这样的问题很难回答。重要的是"你的祖上都是谁"，你是哪一族人。因此，很多西方的古籍，包括《圣经》，在介绍英雄人物时不免拉拉杂杂列出名单冗长的祖祖辈辈。你的列祖就是你最好的写照，但如果你在某个城市度过一生，那么那个地方可能比你的家族渊源更让你有认同感。

当人们来往于恰塔霍裕克成千上万个屋顶上的通道时，也就意味着他们走进了人类社会的新阶段。恰塔霍裕克人开启了一个完全不一样的未来，一个身份与人的固定居住地绑定的未来；这块土地归他们所有，他们成了土地的一部分。这就像经历一个慢动作的冲击波，震撼了好几代人。人类能否持续生存下去如今取决于气候是否宜于耕作，而死亡说不定什么时候就会因旱涝而到来。我们可以从这座古城的历史中看到，定居生活实属不易，人们险些就决定永远放弃城市生活。但我们的祖先最终没有这么做，而这是几千年以后我来到这里的原因，我想弄清楚我们的祖先为何如此抉择。

与印第安纳·琼斯截然相反

我将注意力转回大巴车放我下来的地方，即恰塔霍裕克发掘所。25年来有数百位考古学家以此地为家，孜孜不倦地努力揭开这座古城的奥秘。我正赶上十几位考古学家开展的关于恰塔霍裕克的历史和宗教的研讨会。

我们一行人登上了东山丘的顶部，考古学家已经移除了山丘的北面表层，将城市网络展现在我们面前。这个不同寻常的发掘面，亦即被人们简称为"4040"的地方，约有现代城市一个街区的大小。4040上方有一个用木头和不透明白色塑料搭建的像飞机库那样的拱形遮阳棚，遮盖住了整个东山丘。人一旦步入棚内，炙热的阳光即刻变得柔和，空气也变得凉爽了不少。我眼前是一片黄褐色泥砖砌成的相互连接的好几百个房间。

起码有十几位考古学家正在这里面工作，有的蹲在墙边在本子上记笔记，有的用相机记录着上午的发现。为支撑断壁残垣，到处都堆放着沙袋。我们这群人站在房屋地面上方约1米处，向下望是9 000年前某一人家的起居室。我可以看到厚厚的泥墙中显露出的一团团灰泥，这让我想到在自己家百年老宅的木门框上刮下6层不同颜色的油漆的景象。有一些地方，居民用赭色土绘制的图案仍然清晰可见，在光洁的灰泥上呈之字形。一个是钻石形螺纹的重复图案，另一个是波动在曲线之间的一些小长方形图案，似乎是想表达河流的形象。所有的图案都是精巧的抽象图案，传达出一种动感，绘画者们似乎是想让这个缺乏变化的居住区获得生命力。

在发掘区我们看到了地面上有许多椭圆形小坑：这是坟墓内的骨头被移除的明显迹象。恰塔霍裕克人将逝者埋在泥塑的床台下面，就在自己身边。人体在下葬时呈胎儿蜷缩状，其棺木形状像一个圆形的容器，有异于西方人所熟悉的长形棺木。有的床台下面有多个古墓，最多的竟有 6 个之多。后来我们听说，有一座墓有多个颅骨却只有一副身体骨架。

团队的领队是斯坦福大学考古学家伊恩·霍德，这位谈吐温文尔雅的伦敦人自 1993 年就开始指导恰塔霍裕克发掘工作。此人的形象基本上与好莱坞影片中的探险家印第安纳·琼斯截然相反。他因开启了颇具影响力的脉络考古学派[1]先河而闻名，该学派认为古文物应该被视为了解古老文化的钥匙，而不是战利品。如果《夺宝奇兵》系列影片中的印第安纳·琼斯是脉络考古学家，那么他就会把金色神像留在神殿里，并设法了解金色神像与这座设有各种奇妙机关的神庙的建造者们的信仰有无关联。当霍德在恰塔霍裕克发现无价之宝时——他知道不少这类发现——他总想探知该文物能告诉我们关于这座古城社会关系的哪些信息。

霍德摘下他的帆布软帽，爬进了一个切入房子地面的方形深坑。坑的一边是考古学家所称的剖面，展露出恰塔霍裕克人在几个世纪间在这里的房子上盖房子后留下的多重土层。最底层是年代最久远的地面，随后每上一层年代就离我们更近，所以才有人不清楚考古学家谈到"更上面"时，其实讲的是"年代更近"的意思。另外一个描述这一分析方法的名词是"地层学"，亦即借助历史背景来研究土层。霍德指着夹在浅褐色黏土层中的缓波形走向的黑色物质，黑色物质上又覆盖着一层似乎掺和着碎骨的东西。它就像一块讲究的维也纳千层糕，只是这块土制蛋糕有 3 米高。霍德说，我们眼前所见正是这座城市数百年间房屋的情况。之所以有褐色黏土层,是因为恰塔霍裕克人勤于维护住房地面,经常给它们涂灰泥。黑色层则是住房被弃置后留下的灰烬。通常情况下,人们会通过焚烧屋内物件的仪式将被废置的房屋"封存"起来,所以才会留下容易分辨的炭化物质。有时候,房子就此变成了垃圾坑,邻居们会将自家火炉中的灰烬和其他废弃物也倾倒在这里。

最终又会有另外一家人在此重建住房,他们会在留有灰烬的地面上再涂上厚厚的一层黏土和灰泥,并按旧建筑的原布局重建。霍德用"依样画葫芦"一词来形容恰塔霍裕克人的造房法——居民们并不觉得有改变建筑风格的必要。有一次,霍德和他的同事挖掘到一所重建了4次的房子,房中储存锅具和埋葬死者的地方从来没有变过。

在他向我们展示的房子的上层土层里,霍德认出了夹杂在灰烬中的3段黏土层,这3段黏土层清楚地反映了房屋被弃置而后重建的不同阶段。下面的土层相对模糊些,但是我们还是辨认出了至少8层黏土和填充土。霍德猜想它们或许代表更早期的许多住房,或者是数目较少但在使用期间曾被人花大功夫修整过地面的住房。无论如何,摆在我们面前的是如今城市中依然存在的一种现象的古老版本。恰塔霍裕克人在旧房子上建造新房,我不也在我那间百年老宅上重修墙面、重建墙体、重涂油漆吗?

离开4040工棚后,霍德带领着我们经由山丘顶部往西南方向走去,前往一个年代更为久远的被称为"南发掘处"的地方。沿路我们看到了好几个支撑在几个小发掘点上方的帆布帐篷,我想象着当年恰塔霍裕克居民沿着一样的路线，从屋顶穿过城市的景象。目前发掘面积虽然很大，但却只占古城面积的5%。在我们脚下的是1 000多年来层层叠叠、数以千计的住房，这些宝藏仍有待与世人相见。

"南发掘处"令人叹为观止。在用钢材和玻璃纤维搭建的穹盖下，我们看到考古学家已经往下挖了起码10米，发现了更久远的城市网格。我站在一个木制的观景台上凝视着令人咂舌的层层堆叠的土层。位居最下的也就是人们开始决定不再四处游牧、全年定居于此的最早期的城市。当时这里是一片草木繁茂的湿地。定居的人在开始建设这里之前并没有"城市"的概念。他们不断地在湿地上面按需求加建，直到黏土堆变成土房，土房变成上层屋顶的土路、街区和艺术品。似乎我们一眼即可将1 500多年的城市历史尽收眼底。

霍德指着坑中最深处挂着旗子的一根钢筋，带着些许神秘的微笑说："那是乳制品作坊所在之处。"就是在这一层，科学家发现了恰塔霍裕克人烹调乳制品的第一个证据。陶罐中的残渣表明人们已经开始在汤里放羊奶，可能还放了奶酪。研究新石器时代牧羊情况的玛丽亚·萨尼亚、卡洛斯·托内罗和米格尔·莫里斯发现了多代人养殖少量羊群的证据[2]，羊可以为人们提供羊奶和羊肉。这条乳制品线不仅让人们的饮食变得更丰富，还改变了人们的生活方式、牲畜的生活方式以及定居点四周的土地。从"乳制品作坊"中，我们能看到人们已经停止在大自然中寻找栖息地，并开始改变自然使其为己所用的蛛丝马迹。

第一章　定居生活的冲击

人类如何自我驯化

1923年,澳大利亚考古学家戈登·柴尔德的《人类创造了自身》一书问世,他在书中首次谈到城市生活的演化进程。柴尔德受到了马克思主义关于经济革命改变人类文明思想的影响,创造出"新石器时代革命"一词,用于描述在恰塔霍裕克有人居住期间逐渐呈现出的一系列发展。他说,就像工业革命的远古版,所有社会在采用农耕方式、产生符号交流、进行长途贸易和建造高密度居住点时必定会经历一段深刻、迅速的变革。他解释说,这一套新石器时代的做法迅速席卷了中东,接着延伸至世界各地,城市化应运而生。

数十年来,人类学的学生大都熟读"新石器时代革命"说,相信游牧民族变成交税的城市居民必然经历了极为突然的文化断裂。虽然过去有不少学者相信这种论点,但今天的考古学家从他们在恰塔霍裕克等新石器时代社会搜集到的新证据中发现,实际情况其实要复杂得多。我们已经了解到,从游牧生活到大型城市社会的过渡是一个渐进过程,数千年来不断走走停停。另外,它也不是从中东开始向外延伸的,被称为新石器时代的生活方式是在多地——从东南亚到美洲——同时独立出现的。新石器时代的技术和居住安排无疑改变了人类文明的走向。过渡有时确实突兀,特别是对那些刚刚离开旧的生活方式的人来说。不过,工业革命并不是对我们在恰塔霍裕克所窥见的社会变革的最佳比喻。20世纪初,一代人见证了电力、电话和汽车的普遍使用。但在1万多年前的新石器时代,人类花了几十代人的时间来发展农业,又花了几十代人的时间才发展出乳制品作坊。虽然步调十分缓慢,但新石器时代的人们还是设法从根本上改变了他们周围的世界,就像他们遥远的后代适应了化石燃料和有碳排放的引擎那样。

到恰塔霍裕克这座城市建立起来的时候,人类已经有了自己独特的生态印记,人们在世界上不同地区畜养山羊、绵羊、狗等牲畜,栽培果树,种植多个品种的小麦、大麦以及其他作物。[3]与此同时,我们也引来了意想不到的老鼠、乌鸦和象鼻虫等有害生物,外加在居住密集情况下很容易滋生人传人、动物传人并会带来疫病的微生物。人类的生态系统是一个错综复杂的网络,我们的食物、排泄物、身体和住房招来了各式各样的有益生物和有害生物。

人类改变了进入我们定居点生态系统中的每一种生物。我们栽培能更快食用、养活更多人的植物,这才有了长出更大麦粒儿的小麦和果肉更饱满的水果。像狗、绵羊、山羊和猪等家养动物经过几千年的驯化也改变了习性。或许,最明显的改变就是让它们越来越像幼崽,也就是"幼态持续"现象。家养动物往往体型较小,外貌特征也比较柔和,诸如耷拉的耳朵、短鼻等。还有些更突出的变化,如家养的猪多出一对肋骨。人当然也不例外,我们也驯化了自己。

多代的定居生活、摄入各种各样的软性熟食,也在我们人类的身体上留下了印记。"幼态持续"让人的面容更加精致,体毛也变少了。我们的下巴变得更短、更圆,或许因此让新的声音得以进入我们的语言系统。[4]更具体地说,我们只有移动上下颌骨、上齿轻触下唇才能发出"v"音和"f"音。而之所以有这样的结果,很可能是因为有了农业以后人们开始食用新鲜谷物糊和炖煮菜肴。

新的食物种类使得大量人口在基因层面出现了"幼态持续"现象。所有孩子与生俱来就有消化乳糖——生奶中的一种糖——的能力。在新石器时代之前,人们会随着年龄的增长渐渐变得乳糖不耐受,喝了奶或吃了奶酪后胃就极度不适。然而,一旦乳制品在西方成为人类膳食的一部分,成人耐受乳糖的基因突变很快就在人口中蔓延开来。这一基因改变发生得非常突然,覆盖面也广,完全是由我们向定居生活转变导致的。在城市这种人为生态系统中,没有一成不变的生命体,智人也不例外。

深知野生动物与家养动物之间的区别的恰塔霍裕克人一定也能看到这种转变。土耳其科奇大学研究城市食物的考古学家拉娜·奥斯瓦尔告诉我,恰塔霍裕克人喜欢用自家种植的植物、自家圈养的可食用的动物制作的饭菜。根据她对储物罐、烹调锅具和垃圾坑内残留物的化学分析结果,我们得知当时人们的食物包括奶、谷物和羊肉等。只有在特殊场合,如举办大型宴会时,人们才会吃野牛之类的野生动物。驯化似乎是一个不断自我强化的过程:人们喜爱摄入用被驯化了的动植物制作的食物,我们的身体因此发生了转变,渐渐地,我们的身体也更适合摄入这种食物,我们也就更愿意种植植物、圈养动物了。

驯化改变的还不只是人的生理,它与新的符号结构的出现也有关联。霍德说他们在恰塔霍裕克许多房子的泥墙上发现了人们刻意镶嵌于其中的鼬鼠和狐狸的牙齿、熊的爪子和野猪的下颌。他们还常常在野牛头骨上抹一层厚厚的灰泥——将牛角裸露在外——并将它们悬挂在门边。很多人在家中还把这些头骨叠加在柱子上,使其看上去就像是用牛角构成的脊肋。野生动物在绘画中也充当要角,我们发现了花豹、野牛和鸟类的图像。斯坦福大学的考古学家林恩·梅斯克尔指出,恰塔霍裕克最常见的泥塑形象不是人类而是动物[5];恰塔霍裕克出土的数百件泥塑中只有极小一部分是人或人体部位的形象。

为什么那时的居民在一个如此喜欢驯化的社会中却对他们拼命想摆脱的野蛮世界如此情有独钟呢?虽然城市中的人已经被驯化,但他们距离被动物围绕的游牧生活——那种随时狩猎动物或者成为其猎物的生活——也仅有几步之遥。霍德推测当时城市居民对野生动物仍然心存敬畏,所以他们才会用动物形象来彰显权力。[6]霍德特别喜欢的一幅壁画里展现的是两只对立的花豹,它们没有对望,而是目露凶光、无情地凝视着观画的人。还有一幅壁画画的是一只似乎擒着人头的巨大秃鹫振翅飞翔。在恰塔霍裕克人绘制的狩猎场景中,公牛和野猪被放大,线条化的人益发显得渺小。在恰塔霍裕克人的心目中,野生动物的形象是挥之不去的,现实生活中也常常确实如此。

不过,绘画中的人物也并不总是与野生动物对立。恰塔霍裕克的艺术家们最喜欢的绘画主题是"兽人",即兽与人的混合体。有一幅画里面的秃鹫就长着一双人腿。许多狩猎或挑衅公牛的人身上都有花豹的豹斑。考古学家还发现鼬鼠及其他捕食动物的粪便被故意放置在人的坟墓中，似乎是当时的人们有意把危险动物的"秽物"与坟墓里的土混在一起。或许这是人类宣称自身有象征性权力的一个方式，表明他们像花豹一样迅猛，像秃鹫一样凶残，像鼬鼠一样嗜血。霍德说，人们或许把野生动物当作自己过去孔武有力的远祖，与它们有这层关系就能赋予他们相对于后来人来说的权威。换言之，兽人可能是政治姿态的早期表现，自己就因为比人多出那么一点点就有权驾驭他人。

又或许，当时的人们画野生动物壁画是为了提醒当时的城市居民不要忘记他们的先祖曾经住在简易蜗居或帐篷里，对来袭的野牛全无反击之力。从这个角度来看，野生动物图样要反映的就是人类的弱点。过去不堪一击的墙体如今已异常坚固，足以抵御捕食者。旷野离他们并不远，那些野生动物还在等待机会伸出爪子扑来。（荷兰）RAAP 考古顾问公司的马克·费尔赫芬把恰塔霍裕克的墙体解释为"躲藏和显露"的地方——它们把未驯化的世界请了进来，却又用灰泥将这个世界遮盖起来。说到底，居家生活并不意味着将自然拒之于门外。其实居家生活更像是一种过滤，允许某些生物进来，对其他生物则敬而远之。被驯化后的动植物可以与人类一起居住在屋内，旷野则以墙为限。恰塔霍裕克的城市设计反映了一个对驯化后的生活并不太适应的社会。老百姓仍未完全放弃野性的过去，因为那给了他们力量，但又想对这段过去加以限制，与之保持距离。

这座老城的居民还想与另一样东西保持距离：他们的邻居。

在这方面，住在伊斯坦布尔闪亮的高楼中的人倒是与他们新石器时代的先人想到一块儿去了。由于要长期与他人在狭窄的空间里朝夕相处，恰塔霍裕克人想方设法在与邻居每天抬头不见低头见、仅隔60厘米泥砖的情况下保障自己的私密性。人类学家彼得·J. 威尔逊在《人类的驯化》一书中写道：像恰塔霍裕克这样的城市的出现正值私密性概念的萌芽时期。[7] 游牧时代的人没有多少独处时间。空间大家共有，房舍可以折叠带走，与他人之间仅有帘幕遮挡并没有真正隔断。当然，愿意离群索居的人的绝对私密性是有保障的。如果两伙人冲突严重、水火不容，那么他们不需要在同一屋檐下共同生活，完全可以另起炉灶，各过各的。

恰塔霍裕克把这一套社会模式来了个大颠倒。人们可以在自己家里埋头过自己的日子，他做什么邻居完全看不到。不过，有了永久住所后人们开始累积大量属于自己的东西，再离开群体就变得极度困难了。其结果是进入各自住房的门口就变成了充满社会和神秘力量的界限。威尔逊写道：别人要进屋，得先请主人家"对邻居展示某件自己私人所有的物件"。[8] 城市社会到处可见紧闭的房门和隐藏的房间，使得人们在彼此交往时仍然不会将自己完全暴露。直到发明了城市，人们才想到远离他人的独处需要，这也是颇耐人寻味的事。换一种说法就是，私密性概念出现时公有概念才相伴而生。

回到恰塔霍裕克"南发掘处"的大棚下，我望着下面层层深入的城市：墙上筑墙，地面上铺地面，顺着这巨型的阶梯越往下，我们回到的时光就越久远。我意识到这座城不只是一个物理建筑。居民在建造房屋的同时也给自己添加了一层新身份。自己在家里做的事别人完全不知道。当然，隔墙有耳，流言蜚语也有传播网络，但这里的人却有一种新奇的感受，那就是虽然别人就在周围，他们却仍然可以我行我素。打开大门走出去等于是换了一副对外面孔，在行为举止方面对自我的要求自然与在家里的大不相同。公共区域在上方，在房顶的过道上，私人世界则在下面的夯土面上。而在所有这些之下的则是被埋葬的祖先和祭祀物件，那里既非私人空间亦非公共空间。总之，我们可以通过人们的住房来思考社会关系。

人们在一块土地上居住的时间越久，这块土地就越会成为他们的一部分。或许可以说，"我是纽约人""我来自大草原"之类的说法的最早情感起源即来自这里。这些话只有在你把自我与这块土地捆绑在一起时才有意义。霍德和其他考古学家把这种思想方式称为"物质纠缠"，即意味着我们的身份已经与我们四周的实体物件密不可分了。这些物件可以是祭祀用的兵器，也可以是我们亲爱的人赠予我们的礼物，或我们出生的山丘等。在恰塔霍裕克，出于精神方面的和实用的理由，最显而易见的"物质纠缠"的场所就是住房：房屋的墙壁上展现着富有野性的魔力，地面下隐藏着震撼人心的历史，不需要任何人走出畜群和这块安全、被驯化的农场，储物间里就有足够供家人享用的粮食。

远在我们开始全天住进房屋之前，人类就已经有了构建住房的能力，所以并不是因为有了技术突破才使得我们有了新的思考方式。实际情况或许正与此相反。随着社会日趋复杂，我们需要用更持久的东西来思考自己。

声明自己拥有土地

柏林自由大学考古学家玛丽昂·本茨在她职业生涯的大部分时间里都在研究这个问题。她对我说，定居生活带来的文化冲击即便是在人类文明的今天依然未曾停歇。为了应对或表达这种冲击，人们修建了有纪念意义的建筑，在普普通通的土地上打造出一片奇幻景观。石碑、金字塔、庙塔，甚至连今天的超级摩天大楼，表达的都是将人与某一具体、特殊地点联系在一起的同样的冲动。

本茨还说，每当我们改变社区建筑的模式时，亦即在进入新的人类文明转折点时，往往能看到纪念碑型建筑的爆发式出现。在恰塔霍裕克成为城市之前几千年的新石器时代早期，我们可以从那时的建筑中看到这种现象。大概在1.2万年前，半游牧民族就在一座高原的顶部建造了一处了不起的建筑，亦即今人熟知的哥贝克力巨石阵。该遗址位于恰塔霍裕克以东约600千米处，由200多根T形石柱组成，有的石柱高达5.5米。这个巨石阵与史前时期的巨石阵有几分类似，不过要讲究得多。石柱上满是危险或有毒的野生动物的浮雕。

从宴饮和扎营残留的废弃物来看，这里曾经有人居住，它可能是西方首批人类居住区之一。但这里并不像恰塔霍裕克那样常年有人居住。到访者必须走过一道狭长山径才能抵达此处，他们可能会在石柱旁边扎营。从附近采石区开采而来的这些石柱矗立在一系列层层围起的圆形围墙内，沿着墙体有一条蜿蜒小道，一直延伸到有许多石凳和两根最高石柱的中心区。这处建筑或许原来有屋顶，营造出一座黑暗的迷宫，火把照在石柱的浮雕上时，动物形象在变化的光影下更显得栩栩如生。考古学家在该地还发现了经过雕刻绘制的人的头盖骨，上面还钻有许多小孔，经皮绳穿串即可悬挂在石柱上。[9]

雄伟壮观的哥贝克力巨石阵数千年来不断吸引着人们前来，为其添砖加瓦并在此举行祭祀仪式和宴饮。21世纪领导该地发掘工作的考古学家克劳斯·施密特认为，巨石阵是敬拜逝者的庙宇原型。[10] 然而，对本茨来说，建造哥贝克力巨石阵的具体目的并不重要，重要的是人类在自己开始定居生活的时候就修筑了这座具有持久性的雄伟建筑。本茨认为，这就是人类声明自己拥有这块土地的方式，将人类社区与地方挂钩，而不是与人群挂钩。[11]

不过，这也是当时的人们应对社会危机的一种处理方式。在人们离开游牧群体形成农耕社会时，人口随之激增。突然间，周围的人就不仅仅是你熟悉的大家庭成员的面孔了。在一个200人的村落里，或者一个几千人居住的城市里，你可能连邻居都不认识。人们仅靠与其他人的关系是无法建立归属感的。"（他们）需要巨型的不朽艺术品来凝聚人心，并不断提醒人们他们的集体认同感。"本茨对我这么说。或许可以说从前人们认同的是彼此，如今却是认同一个特定、共有的地点。不论是从实际上还是从感情上来说，原来游牧部落所起的作用都已被象征性建筑所取代。

哥贝克力巨石阵建成后2 000年，人们开始在恰塔霍裕克定居，此时人们对自己与土地之间的关系的看法已经有了明显改变。在此前的2 000年中，中东各地已经出现了定居点，农耕生活所带来的冲击已逐渐淡化。通过这段时间动物在艺术中的表达方式，本茨追踪了这种变化。哥贝克力巨石阵和同期的雕塑中有人物，但这些人物"往往被各式各样的野生动物围在中间"。艺术家勾勒的世界既有人也有野生动物，两者对等。在哥贝克力，动物甚至偶尔有凌驾于人物之上的趋势。有的T字形石柱有手臂，下身还雕刻有缠腰布，它们没有脸，上身满是动物和抽象的图案。可是在恰塔霍裕克被发现的壁画中，动物四周却是手持武器的人物。"我们看到一群狩猎者……一起成功猎杀了一头野生动物。"她解释道。从这一转变中本茨观察到"大幅度的观念改变"。哥贝克力时代的人们还在试图巩固旷野中的新社会，而恰塔霍裕克人却已是有数千人之众的"基础牢固、充满自信的社区"的一部分了。

哥贝克力巨石阵中那些不朽的野生动物浮雕和绘制的头盖骨在恰塔霍裕克人的住房里也有展示，只是规模小些。在城里，它们就变成了与火炉和住家有关的私人、家用物件。这个迹象或许能够说明恰塔霍裕克人已经没有了对某单一地点建立认同感的迫切需要。城市里的居民与他们物质环境之间的纠缠，已经深到这样的地步：走过几个街区，脚下的一切无一不出于人类之手。恰塔霍裕克人对人可以改变环境这一点已经没有质疑，并且能够在远胜于游牧时代所见过的建筑内蓬勃发展。本茨猜想，也许这就是恰塔霍裕克的建筑如此"平庸无奇"的原因。我们看不见别致出众的住房或高耸的石碑。只有城市本身一望无际，数以千计的住房紧密相连，四周是随着代代相传不断扩大的精耕细作的农田。恰塔霍裕克就是一个过渡，是步入城市未来的门户，也是纪念野性、游牧的过去的一座丰碑。

走向抽象

随着恰塔霍裕克的逐渐成熟，居民们在城内信得过的人——与他们信念相同或掌握同样手艺的人——之间建立社交关系，以适应这个超大型社会。因为恰塔霍裕克的人口数以千计，城市又大，城市网络中不免有陌生人，所以人们需要用快捷、便利的办法表明身份，彰显归属。因此，恰塔霍裕克和附近居住点的居民常常携带被考古学家称为图章的泥质标志物。图章的大小通常与名片相当，其中一面刻有图像。有证据表明，有人将图章随身佩戴，也有人拿它与人交换。除此之外，有人还真的发挥了图章的作用，将其沾上漆后盖在纺织物上或在软泥上打上印记。

早期的图章上布满了我们今天所熟悉的新石器时代的图像：秃鹫、花豹、野牛和蛇等野生动物。还有一些图章展现的是住房图像，有时是三角顶的双层住房等图案。中东技术大学考古学家西格登·阿塔库曼在中东各地研究图章，他认为这些图章就像房屋的便携版本，是把人与地方或群体联系在一起的象征物。某一户人家或某一个村落的人可能都带有同样的图章。新成年的人在成年礼上可能也会被授予表明其新身份的特殊图章。图章也可以用来表明你是哪里的农民，是不是萨满教巫师或其他群体的成员。图章的用途我们并不是全都知道，但我们在附近的所有居民点都曾发现过图章，有的甚至出现在制作地点几百千米开外。它们把定居生活的象征符号又带回到了路上。

历经数百年，图章设计益发抽象。阿塔库曼特别谈到了阳具图案的演变。在恰塔霍裕克、哥贝克力巨石阵和其他无数新石器时代遗址中的野生动物画像里，经常出现勃起的阳具。恰塔霍裕克人狩猎动物的壁画里，公牛和野猪的阳具也经常呈勃起状。哥贝克力巨石阵的石柱上还刻有没有附着躯干或者与模糊的人身相连的勃起的阳具。恰塔霍裕克遗址出土的一些小雕像似乎也是没有躯干的阳具，图章上也一样。这种现象引起了考古学家的热烈辩论。它们代表的是男性权力？是生育？是激情和暴力？在探讨其他城市的阳具图案时我们会发现，阳具并不一定只是阴茎，它是不一定与性和性别有关的许多东西的象征符号。图章上阳具图案的变迁讲述的正是一个进入新阶段社会的人类的故事。

阿塔库曼解释说，图章上的阳具最后变得越来越抽象：早期图章清楚显示的是两个睾丸上的直立阳具，几十年以后图章上的图形就变成了圆圈上一个凸起的球状物，再过几百年又变成一个简单的三角形。这一度代表阳具的三角形后来又出现在对住房的抽象表现中。人类学家珍妮特·卡斯顿曾表示,早先的城市居民在人体和房屋之间看到一种精神联系[12],人体某一部分最终体现在住房上从象征角度来看也就不足为奇了。不过,这并不能解释为什么人们创造出的象征符号越来越抽象。[13] 阿塔库曼认为,这表示人们因频繁使用符号表意,于是发展出了简略版。人们可以从与它此前代表的东西完全不相像的图案中辨别出它的意思。

没有证据显示恰塔霍裕克人发明了文字,但从他们的图章来看,文字已呼之欲出。从某种程度上来说,文字就是我们所见到的新石器时代阳具图章抽象化过程的延续。人们通过一层层的抽象图案来表明自己的身份。用三角形的人不一定知道这个图形最先来自阳具。它只不过是象征与某一地点相关的屋顶形状。或者,它被刻在一个更大的独特符号当中,借以表明图章持有人的身份,有时也透露出他的老家、他的行业的有关信息,或者表明他已经成年。

在恰塔霍裕克的人口从几百人增至几千人时,人们要习惯的就不只是驯化这一件事了。他们生活在某种特定的人类文化环境中,大家的血缘关系、技能和信仰都极为复杂多样。在新石器时代初期,人们的身份可能由居住在某地的家族来界定。但恰塔霍裕克人可能都是显赫的共同先祖之后,其祖先用某种动物表示;同屋居住的人不一定都有血缘关系;他们中的很多人可能大部分时间在打造石具,其他人则从田地里拿食材回来烹调。身份既可以被替代,又可能会出现交叉情况。也难怪城市居民要佩戴图章表明自己的身份,说明自己属于哪个群体了。

随着时间的推移,围绕恰塔霍裕克又出现了更复杂的符号图案。我在发掘工作现场时,纽约州立大学布法罗分校的人类学家彼得·毕尔曾表示,对房子一再重建或许是迈向有历史概念的第一步。他猜想,恰塔霍裕克人可能是古老文明中最先超越记忆开始有历史思考的人。他说,历史是超越一个人有生之年的"记忆的外化"。或许对土地有强烈归属感的人最可能会产生这种认知框架。

哈佛大学人类学家奥弗·巴尔-约瑟夫表示,毕尔的观点也可以用来解释宇宙学的诞生,在他看来,这门学问是从还要早几千年、充满象征符号的远古旧石器穴居时代开始逐渐出现的。恰塔霍裕克人之所以把他们的城市与骨头串联在一起,或许就是想标明他们在这个世界上的神灵居所。巴尔-约瑟夫还认为,我们或许无法分清新石器时代中历史与宇宙学之间的关系。两者都是在更大范畴内解释人类关系的抽象概念。我们必须设想新石器时代的城市文化并未对过去与神灵世界之间、奇幻与科学之间进行清楚的区分。

霍德认为,城市的开始与终结都伴随着许多人赋予自己的住房"越来越多的实际意义和象征意义"这些微不足道的行为。恰塔霍裕克的城市化并非出自任何王公贵族的宏伟蓝图,它其实是住房不断向外延伸的结果,人们在这里发展了工艺、工具和符号体系,这一切使得城市尽管有许多缺点,仍然相当有吸引力。霍德写道:"是散布于日常生活中的微不足道的行为产生了了不起的结果。"[14] 他的意思是，我们今天所认识的震撼人心的城市乃起源于稀松平常的居家生活。城市的社会关系，以及关于社区、历史、我们与野性的过去的精神联系等新概念亦由居家生活而生。

第二章

关于女神的真相

大约在公元前第8个千年中叶,一位恰塔霍裕克妇人走进自己家门的时候摔了一跤。左边身子重重摔在地上,断了几根肋骨。她痊愈后胸口依然疼痛,所以此后不论是提重物、搬东西还是工作,她都倾向于使用右半身。随着年龄的增长,这样的重复劳作就与她先前那一跤一样在她的骨骼上留下了清晰的印记:她右侧的髋关节严重磨损,脚踝和脚趾关节因重压而变形。加利福尼亚大学伯克利分校的考古学家露丝·特林汉姆挖掘出这位妇人的骸骨,她是几千年来这具骸骨的第一位亲见者。特林汉姆冒着酷暑用毛刷清理她眼眶和下颚处的沙子时,突然想到亨利·普赛尔的歌剧《狄朵与埃涅阿斯》中狄朵的唱词:"忘记我的命运,但别忘了我。"因此她为这位她发现的女性取名为"狄朵"。在此之后的7年里,特林汉姆每年夏天都对狄朵的房子进行挖掘,希望能对这位与她相隔约350个世代的女性有更多的了解。

一个和煦的午后,在旧金山(圣弗朗西斯科)一家以葡式点心和上好的咖啡而闻名的小店里，我与特林汉姆见了面。虽然她已经在加利福尼亚住了很长时间，但仍难改她年轻时在英格兰和苏格兰成长留下的英国口音。特林汉姆看上去酷爱运动，似乎随时可以前往遥远的东欧或土耳其参与挖掘，她花了职业生涯中的大部分时间在这些地方探寻远古老百姓的生活状况。

当特林汉姆发现狄朵的时候，这具被标为 8115 号的女性骸骨来自 4040 发掘区北侧 3 号建筑。特林汉姆的目标是给这个无名标号赋予内容丰富的个人信息。"我在挖掘时关注的是个别居民的生活状况，因为历史并不是自上而下涌动的大潮，"她带着颇含深意的微笑对我说，"你必须从下往上看，把小故事、小证据结合起来，才能看到一段动态的历史。"

特林汉姆通过录像和富有想象力的故事使新石器时代人们的生活得以再现，她记载了挖掘的过程和将骸骨还原成人的过程。与霍德一样，她感兴趣的也是考古发现背后的脉络。她想知道狄朵在做日常家务时感受到了什么，闻到了什么，看到了什么。在恰塔霍裕克，即便只集中研究一户人家也可以知晓不少关于整座城市的真相，因为新石器时代最先进的技术基本上以家庭生活为中心：如何用砖头砌房，如何烹调，如何制作工具和如何展示艺术。特林汉姆相信，我们可以通过对狄朵这样的妇女生活的想象，探知恰塔霍裕克的吸引力究竟在哪里，甚或人们最后离开它的原因。

新石器时代的人们是如何看待这座城市的？恰塔霍裕克地处冲积平原，远处有群山，公元前 7500 年，坐落在被一湾河水分隔的两座低矮山丘之上，其泥砖建筑群是当时的天际线。数百个家庭炊烟袅袅，在建筑群外的小块农地上都能闻见香甜的气味。当一所房子闲置多时，邻居们就会把它变成垃圾场，用残破的锅具、被啃食过的动物骨骼、灰烬和粪便将它填满，然后再用一层黏土将它封起来。要复原狄朵家四周的情况，我们得想象它周围应该有不少有待修复的坍塌房屋和臭烘烘的垃圾场。考古学家卡米拉·帕娄斯卡曾经有一段相当含蓄的表述："我们认为，飘浮于新石器时代恰塔霍裕克上空的很可能是难闻的味道。"[1]

对一个新石器时代的访客而言，气味还是小事，最触目惊心的应该还是人。数以千计的人——比很多人一辈子见过的人都多得多——生活在一个似乎没有尽头的村落里。这样的安排肯定有风险。邻居之间很容易爆发致命冲突，户与户之间的泥墙也起不了阻隔作用。

狄朵的房子是用晒干的泥砖和木梁构建而成的，屋内的墙壁用灰泥涂成白色，墙上有赭色的抽象装饰画。她出生的时候这房子起码已经有40年的房龄了，而城市本身也已经存在了600年上下。就像生活在纽约或伊斯坦布尔的现代妇女一样，狄朵不时也会想起那些在她之前曾在此将孩子抚养成人的几代人。不过大多数时候她还是忙于一般的饮食起居。早上给炉子生上火之后，她爬上梯子，打开屋顶上的门，出现在一个由人类创造出的环境里。为了获取水和食物，狄朵在屋顶的作坊、羊圈、遮阳避雨的篷子和户外做饭的小炉子之间来来回回地忙碌着。在某些季节里人们就生活在屋顶上，所以她应该也能看到人们放在角落里供晚间使用的铺盖和碗盘。她时不时也得通过另外的楼梯离开城市，沿着一个平缓的山坡来到河边。在路上，她经过了沼泽地上的一块块小耕地。旁边应该还有放羊的牧民，以及在河边挖泥做锅具和泥砖的人。[2]

当她带着水、谷物、羊奶、水果或坚果回家时，她还得背着重物在她早上爬过的楼梯上上下下。特林汉姆猜想她就是在这时候摔伤的，身子的左侧重重地摔倒在火炉边。不过她说这只不过是众多猜想之一。另外一个猜想是狄朵因为女儿的诞生"在月光下好肆庆祝了一番"，结果从自家的屋顶摔到地上。[3] 不论是哪一种情况，虽然骨头被摔断了，但狄朵还是保住了性命，一直活到40多岁，这在新石器时代也算得上是长寿了。

通过对狄朵家中一个现象——一个多半会让现代城市居民震惊的现象——的观察，特林汉姆试图描绘狄朵一生的重要经历。狄朵的床台下和地面下埋藏了多具尸骨，它们并不是不为人知的远古谋杀案遗留物。我在仔细观察4040发掘点椭圆形坟坑时就发现，狄朵时代的居民并不忌讳骸骨，也不认为它们不洁。他们将亲人的遗体都埋葬在自己的房子下面。在狄朵家中，房子南面火炉边的地下埋葬着两具婴儿和一具幼儿的尸骨；在房子的北面，曾用来堆放羊毛和地毯的两个涂着白色灰泥、隆起的床台下则是三个成年人和一个孩童的安息所；侧室下面也有几具尸骨。狄朵本人则是后来被葬在床台下的人之一，不知为何她的骸骨是放在通常儿童用的编织草篮中下葬的。依据她的骨骼可以判断出她一生劳累辛苦，胸腔内部的煤灰残留说明她因长期在空气不流通的房间里做饭而得了黑肺病。后来,有一具成年男性遗体被埋葬在她旁边的平台下,靠着她这边的平台下还有一具孩童的尸骨。根据这些骸骨,特林汉姆猜测狄朵有好几个孩子夭折了,还有一个儿子和女儿只活到了十几岁。成年男性可能是她孩子的父亲,最后埋葬的孩子可能是她的孙辈或其他亲人。看来狄朵的很多孩子比她走得早,给她的日子平添了不少忧伤。

狄朵和她的邻居一样,经常与人骨打交道,不断将骸骨挖出,数年后再进行"捡骨葬"。恰塔霍裕克房子里的壁龛是人的头盖骨的陈列处,每一个头盖骨都被精心地保存在灰泥涂层和油漆之下,灰泥上勾勒有远祖和受人尊敬的长者的面容。科学家依据头盖骨的磨损情况分析出,它们肯定经历过多次搬迁,甚至还与其他头盖骨进行过交换。几十年以后人们又将这些头盖骨与跟它们没有血缘关系的人的骸骨再次下葬。[4]因此,在思考狄朵屋子里的骸骨时,我们必须考虑到这一文化脉络。有些骨头并不一定来自她的近亲,而且她死后不久房子就被弃置,她的后人可能在别处有了新居所。我们能确定的是,狄朵是一个大家族的女族长,她的后人不断繁衍,继续照看着狄朵照看过的农地和牲口。

特林汉姆和她的同事们还发现了埋在地面下的祭祀用的纪念物品。狄朵曾经与家人一起在床台附近挖了一个坑,里面装了两只野猪的下巴和三只羊的颈骨,骨头上有明显的被煮过和食用过的痕迹。坑里还有贝壳珠和一个鸟喙。这些并不是垃圾。对熟悉场址的考古学家来说[5],这看来是许多人宴饮后的珍贵残余物和一些祭典用的宝物。也许它们是当时人们庆祝某个居民的生日或人生重要转折点后遗留下来的。在不同的时间段，有人在地下还埋葬过赤鹿的骨骼，并在墙上嵌入了一副半焦的鹿角。与许多其他城市居民一样，狄朵也有两个外涂灰泥的野牛头骨，它们的鼻子和角的部分都被漆成了深红色。

在特林汉姆对房子进行挖掘时，她和同事们挖出了141件泥塑，比考古学家通常在一个住处能挖出的多得多。这些泥塑中大多是泥塑动物，但也有几件是线条丰满的女性形象，双手捧胸，面部却不见刻意雕琢。这些泥塑妇女——有时被称为女神或被视作生育的象征——在恰塔霍裕克千年历史中频繁出现。考古人员在附近其他地方也发现过类似的女性泥塑，这表明它们是远超过这座城市边界的信仰体系的一部分。它们是恰塔霍裕克最具标志性的象征物，也是有关该地最为流行的"伪史"的依据。

有时候裸女并非裸女

事情起源于20世纪60年代初，那时英国考古学家詹姆斯·梅拉特是第一位获准在恰塔霍裕克进行挖掘的欧洲人。当时，当地人只知道此地有两座风景优美的山丘，山丘上的草丛中仍依稀可见棱角分明的古老城市的墙体。[6] 梅拉特及其团队抵达恰塔霍裕克与当地农民交谈后得知，农民在犁地时曾发现了展示新石器时代工艺的陶器和其他文物。梅拉特满怀希望，于1961年在东山丘离狄朵住处约200米的地方进行了深度挖掘。他在众多出土文物中发现了几个女性泥塑。其中一人坐在椅子上,双手放在两只花豹的头上,他对这个雕塑印象最为深刻。他当即确定她一定是坐在王位上,而她两个脚踝之间的一个突起的抽象物则是刚刚诞生的婴儿。进一步的挖掘显示,这个泥人来自被他称为神庙的一间装饰考究的房间。凭借这仅有的证据,梅拉特随即宣称恰塔霍裕克人是崇拜生育女神的母系社会。

这一误解并不是一个人想象力过于丰富的产物。他的灵感或许来自维多利亚时代后期的人类学家詹姆斯·乔治·弗雷泽,弗雷泽是《金枝》一书的作者,曾在书中暗示基督教以前的社会可能崇拜生育女神。20世纪40年代,罗伯特·格雷夫斯在弗雷泽论著的基础上写了一本极受欢迎的畅销书《白色女神》,声称欧洲和中东的神话均来源于对掌管生育、爱情和死亡的女神的原始崇拜。格雷夫斯的书震撼了人类学家和普通大众,所以才导致梅拉特这一代人总是从女神崇拜的角度来看待远古文明。几乎没有人对他的解释提出异议,而且著名城市历史学家刘易斯·芒福德和简·雅各布斯很快就表示赞同梅拉特的观点,认为他终于发现了在人类拒绝女性掌权前的文明遗存。

梅拉特的观点比弗雷泽和格雷夫斯的女神崇拜说更进了一步,他说恰塔霍裕克是女人统治着男人的古老母系社会。这一论点与梅拉特对性的观念有关。他发现这些颇具震慑力的裸体泥塑有一点很奇怪:她们好像都没有生殖器。个个身体壮实,旁边都有猛兽陪伴。这与《花花公子》杂志中间插页展示的柔情、极具挑逗性的女模特形象可谓大相径庭,而梅拉特对20世纪五六十年代以"绅士杂志"著称的《花花公子》肯定不陌生。梅拉特认为一个由男人主导的社会是不可能制作出他所发现的女性泥塑的,因为这与"男性的冲动和欲望"不符。[7]因此他的结论是,只有母系社会才可能制作出这种不性感的裸体女性泥塑。

梅拉特这项基本上没有根据的结论经美国《考古学》杂志发表并附上好几页放大的照片后顿时被疯传。英国《每日电讯报》和《伦敦新闻画报》均热心报道了他的结论。在极富戏剧性的"失落之城"照片的助力下,加上听说这里的居民非常奇特,竟然是女人统治着男人,大家都对安纳托利亚这个过去不为人知的地方产生了浓厚的兴趣。自此,梅拉特没有根据的生育女神崇拜说一直延续了数十年之久。它经常也是人们对恰塔霍裕克的唯一了解。视频网站上甚至还出现了受这个土耳其中部消失的女神崇拜文明启发的新时代信仰和鼓舞人心的视频。

今天的考古界对梅拉特的这些论断持极度怀疑态度。虽然他在明确恰塔霍裕克有丰富考古资源这一点上功不可没,但是他对其文化的解读却与20世纪80年代以后研究人员发现的大量证据相左。

如果恰塔霍裕克并不是崇拜生育女神的母系社会,那么又该如何解释这些女性泥塑呢?对发掘现场所有出土泥塑做过研究分析的斯坦福大学考古学家林恩·梅斯克尔认为,梅拉特和他同时代的人的解读之所以出错,部分是因为他们对整个发掘现场缺乏全面了解。如今有了连续25年挖掘数据的佐证,我们发现这些女性泥塑背后的故事要复杂得多。首先,女性泥塑和人物泥塑比起动物泥塑和人体部位泥塑数量很少。比如，在狄朵的住处，据卡罗琳·纳卡穆拉计算[8]，泥塑物件共141件，其中动物泥塑有54件，完整的人物泥塑只有5件，还有像人手等人体部位的泥塑23件。城里其他人家的挖掘结果也与此类似，动物泥塑都要比各种类型的人物泥塑占比大。如果这个社区有什么至高无上的象征，那么花豹比女人的可能性更大。

梅拉特在解读女性泥塑的重要性时，犯的另一项错误在于忽视了它们在日常生活中的使用情况。这些作品是用当地的黏土快速成型，然后放在太阳下面晒或略微烧制而成的，显然并不是要特别置于某处供人欣赏或崇拜的。[9]历经多人之手后，它们都呈现出磨损和磕碰迹象，可见是被放在口袋或袋子里的。考古学家经常会在垃圾堆放处或在两个建筑物的夹缝中间发现它们，这些女性泥塑偶尔也会像狄朵房子里有特殊意义的骨头和贝壳一样被埋在地下。很难想象人们会如此不经意地处理崇拜物件，不是小心翼翼地将它们像自己祖先的头骨那样展示在墙上并虔诚地敬拜，而是随意丢弃。

梅斯克尔猜想这些泥塑"或许并不属于'宗教'类物品……而是当时的人们平日生活里用得到的东西"[10]。狄朵时代的人可能还没有我们所知的宗教概念，所以不会去崇拜什么"生育女神"。相反，他们或许在日常生活中有某种类似于泛灵论中的精神活动，相信万物皆有灵，而不是相信为数不多的强大的神明。泥塑本身或许并不是崇拜对象，但创造泥塑的行为倒可能是一种魔法仪式。在寻求指引或祈福时，狄朵可能就会在收割小麦的田地旁边用泥土很快捏出塑像。泥塑干了以后,她已经在仪式中引出了它的魔力。事后便将泥塑与前一天的残羹剩饭一起当垃圾扔出屋顶外。如果恰塔霍裕克人是这样使用这些女性泥塑的,那么经常扔弃它们的原因就很清楚了——制作它们要比保留它们更重要。

另外一种可能性就是这些泥塑代表的是受人尊敬的村里的长者,即像狄朵一样的长寿妇女。梅斯克尔指出,没有两个泥塑是一模一样的,而且多数呈现乳房下垂、大腹便便的模样——显现出来的是她们的年纪而不是生育能力。也许狄朵和她的邻居在制作这些泥塑时,是在请某位女性先人而非任何抽象魔力来发挥神灵作用。狄朵时代文化中的某些活动或许需要一位强而有力的女性协助,但这种做法并不意味着当时是母系社会。我们知道恰塔霍裕克涂上灰泥的头骨受人敬重,手手相传,其中男女约各占一半。[11] 看起来并不像是某个性别要比另一个性别更有特权,起码从头盖骨的保存方式中我们看不出来。

加利福尼亚大学伯克利分校考古学家罗斯玛丽·乔伊斯对社会初成时期的性别问题进行过开创性研究,她认为,我们其实无法确定女性泥塑是否代表女性群体。她写道:

> 即便泥塑有诸多细节使我们今天可以说"这是一位女性的形象",它原先或许只代表某一位活人或死人,或某一抽象概念,如用女性来象征"自由",甚至代表一定的人群,如长者、青年,它们都有某种共性,但却是我们用性别

特征——现代身份辨识时的最重要特征——来区分泥塑形象时看不到的。[12]

乔伊斯指出，我们很容易把现代人对性别的理解投射到古人身上，所以总是去找寻某一性别凌驾于另一性别之上的证据。梅拉特正是这么做的。其实，我们必须持开放态度，考虑恰塔霍裕克人用其他分类办法对他们的社会进行区分的可能性，如年纪的长幼、是农民还是工匠、是人还是其他动物、是野生的还是家养的。

家务的技艺

恰塔霍裕克的妇女从事的实际工作并无神秘性。根据从城中发现的具体证据以及与其他传统社会的比较，考古学家认为恰塔霍裕克的妇女既干农活，也忙家务，而男人则负责狩猎和制作工艺。显然，男女工作领域有许多重叠的地方，也有人反其道而行。可以肯定的是，双方的劳动都不容易。温迪·马修斯对狄朵家地面的灰泥进行微表层研究后[13]，测算出了地面灰尘的累积数量以及典型的屋内清洁模式。狄朵的家与城里其他人家一样，屋里都打扫得很干净，灶台的炉灰都会被定期清理，几乎每个月地面和墙面都会被刷上白灰泥。有的人家每刷一次墙就得将讲究的赭色墙画复制一次。恰塔霍裕克的居民经常重新粉刷墙壁，考古学家曾在室内墙壁上发现有近百层的灰泥。[14] 这样的深度清理肯定有必要，因为他们唯一的"烟囱"就是屋顶上方的门。狄朵用晒干的粪便和木材当燃料可能会把墙壁熏黑，也会使自己染上黑肺病。

所有这些打理工作还不只是《麻理惠的整理秘诀》的新石器时代版，它还牵涉如何在拥挤狭小的空间让所有东西都有固定的位置。恰塔霍裕克的居民起码使用了两种不同的地面灰泥——掺了石灰的白灰泥用于涂抹屋子北面的床台与埋葬台，而赭褐色灰泥则被涂抹在南面的炉灶上，屋子南面还用于制作工具、从事纺织及其他家务。城里各家都有同样的南北区分割模式，而且还持续了好几百年，因此有些考古学家推断居民将自己的住处划分为"污秽"和"干净"这两个区域。炉灶有烟、灰和废弃物，被安排在污秽区，而床台和成人埋葬所则在干净区。

家事劳作既有工艺也有工程，家里所有的东西都需要手工制作。整片地面都盖有柔软的编织草席，几千年后考古学家还能从灰泥中看到复杂的草席花纹。根据考古学家在恰塔霍裕克住房内发现的老鼠骨骼数目，我们知道当时鼠患严重，所以狄朵家才有盛放谷物的编织容器以防饥鼠啃噬。他们织网、缝衣，这意味着他们是先将皮革或植物做成编织料，再用骨针进行缝制的。他们还用羊的肋骨作为制作锅具时的黏土搅拌器。屋顶上还有用燧石和黑曜石制作刀具和矢镞的作坊，他们雕刻鱼钩，用有砖衬的炉灶来烧烤猎捕到的动物。顺便一提，他们还自己烧砖。家政工作的方方面面要求这一家人是多个领域的专家。

由于制作工具有难度，狄朵家尽可能废物利用。考古学家在城里各个地方都发现了经过反复修理的刀具和斧头，刀口曾被一再打磨。在狄朵的家里，许多骨制工具坏了以后经修改换做他用。当然房子也经常需要维修，火炉亦然。他们家的泥灶至少重砌过两回，而且还顺便换了个地方。连动物的粪便也被作为燃料使用。几乎所有恰塔霍裕克人所使用的材料都是今人所谓的可持续材料。其实，该城建筑在一片沼泽地上，这里丰富的黏土是制作砖块和生产灰泥的绝好材料，任何时候需要祈求神灵都可以用它迅速捏成泥塑。

或许恰塔霍裕克最先进的黏土工艺体现在锅具上。城市初创时期，人们通过把烧热的泥球放在盛有汤和炖菜的篮子里来烹饪。这个过程需要花费大量劳动力，因为厨子需要不断将冷掉的泥球拣出来，代之以刚离开炉火的滚烫泥球。但等到狄朵一家住到城里时，工匠们已经发明了耐高温黏土，用于制作薄而坚固的锅具。烹饪时只需将锅具直接放在火上炖煮即可，不需要来来回回拣换泥球了。正如拉娜·奥斯瓦尔告诉我的："当烹调工艺改变时，简直就像你突然间有了车一样。它改变了社会关系。做饭时不需要那么多人手了。将滚烫的泥球从一处搬到另一处耗费人力不说，也不容易。如果能直接把锅放在火上，炖煮的当儿你还可以忙其他的事。"这一创新就给更具创造性的工作——如制作壁画或雕刻骨珠等——留出了更多的时间，也使人们有机会培养不同的专长，如学习制作各种不同类别的灰泥。

我们可以假设，狄朵家里的每一个成员都因为高工艺水平

第二章 关于女神的真相

锅具的出现而掌握了更多技能,甚至更讲究的工艺种类的出现也成为可能。这样一来,一个人就可以花两天时间在山上最近的采石场搜集黑曜石。新石器时代黑曜石有点儿像奢侈品,因为它有坚硬、尖锐的断裂面,表面又有光泽。有更多的黑曜石就意味着制作刀具的石匠有更多的材料来敲击石头,削掉残石,磨出刀刃。

农民们也需要时间来改善他们的农耕技术。恰塔霍裕克的两座山丘矗立在一片沼泽地上,两丘之间的河流季节性地泛滥。每逢夏天雨季来临,这座城市就像孤岛一样,四周但见夹杂在泥泞湿地中的一片片池塘。换言之,当地居民只能在离城市较远处没有水患的地方种植农作物。奥斯瓦尔说,城市居民的农耕技术无疑是一流的,大量证据显示居民储藏室里有自己种植的小麦和其他谷物,锅具里还有动物奶的残余。不过,她也承认,究竟他们在哪里耕作,在哪里圈养牲口还很难说——她与其他研究人员推测可能是在与城市有相当步行距离的山脚下。为了照看耕地,农民们或有一段时间不住在家里,或者是轮班工作。牧羊人可能也得在离城市较远的地方放牧。

有的事是在人口大量聚集在一起之后才可能会发生的,农耕即其中之一。狄朵家之所以能匀出几个人手长时间从事农耕放牧,就是因为家里的人已经掌握了一定的制陶技艺。农耕让城市得以维系,而城市也使农耕成为可能。就是这种正反馈关系促成了城市化;狄朵很可能认为农业就是城市生活的一部分,而不是它的对立面。城市化约与农业同时出现。[15] 基本上,农场就是游牧民族采集植物的方式越来越专业化的一种体现。

尽管城市生活劳动密集,与多数人所习惯的方式不同,但专门化也有好处,或许这是新石器时代居民纷纷涌入恰塔霍裕克的原因之一。村民或许对能工巧匠云集的城市有一定的向往之情。一个有经验的烧砖人生产出来的砖就是比较耐用,一个专门的养羊户就是能照看规模更大的羊群,一个制作动物泥塑的熟手就是能更有创造性地表现花豹的细节特征。来到城市居住的前游牧民族大概没有人梦想哪一天自己会成为远近闻名的燧石敲击专家。不过城市化就意味每个人的房子里除了食物还有各式各样复杂的工具,而这些在仅有100人的村落中是很难获得的。随着恰塔霍裕克的发展,更多人为了改善生活而被吸引过来:人越多,可供分享和交换的高质量物件就越多。

恰塔霍裕克虽然有许多商贩,但它却并不是资本主义社会的雏形。居民间确实会交换不少贵重物品,但城市的相对富饶并未导致某些人生产过剩而其他人生产不足的情况出现。在恰塔霍裕克定居的人还没有发明货币,我们也没有发现某几家人的财产大大超越其他人的证据。大多数的住房都只有一到两间,与狄朵家的住房大小差不多。恰塔霍裕克人也没有堆放除了必需品外的其他物品的空间,贮藏仅仅是为了生存。"富饶"的意思就是有足够的粮食能让人免于饥馑,还有相对稳定的躲避风寒的住所。人们在恰塔霍裕克并没有致富的机会,起码以我们今天对富裕的理解可以这么说。

城市除了给人安全感,也能够使文化生活得以丰富,我们只能通过考古记录间接衡量这种财富形式。我们从恰塔霍裕克无处不在的壁画中可以略窥其文化力量的普及,家家都有壁画、泥塑和手工制作的家具。当然,从每天有数千人来往的城市规模中我们也不难推断出其文化具有繁杂多样性。在一个游牧群体中,一个善于制作泥塑的人或许从来都不会遇到与自己手艺旗鼓相当的人,但在恰塔霍裕克可能就有好几个这样的能工巧匠,他们通过彼此切磋、交流经验就能使自身工艺不断得以精进。城市居民可以在炉边与亲友话家常,也有机会与趣味相投的人交往。

如今的人们之所以喜欢城市,是因为他们对亚文化或小团体有亲切感,而这在主要以家庭为中心的小社群里并不存在。新居民涌入恰塔霍裕克或许也是有类似的理由。伊恩·霍德曾对时人纪念非家族成员的奇怪方法有一段记述。狄朵的许多邻居都建造了被他称作"历史之家"的建筑。这些房子的墙上均有多于平均数量的涂了灰泥的公牛头、图绘和骸骨,而且这些住房在几百年间曾多次小心翼翼地被原样重建。[16] 人们甚至把原来埋在屋内地面下的骸骨挖出并重新埋葬,考古学家在历史之家的地面下有时会发现几十具骸骨。像博物馆或图书馆一样,历史之家是恰塔霍裕克人存放共同的文化记忆的地方。

历史之家也是这类团体——他们在街道上一起切磋黑曜石技艺,或是在河边选择适合制砖的泥土——的具体化身。历史之家可能是有同样兴趣(不论是敲击燧石还是宗教活动)的人组成的团体,而这一切都与城市有关。对那些没有亲友可以投靠的城市新居民而言,他们能坚持下来靠的就是这些社会团体的存在。

社会团体很可能也推动了城市的发展。人们之所以移居至此，可能也是因为他们听说这里有类似于今天心理学家所说的"自选家庭"的社会群体。[17]

历史之家也是一个可以涵盖陌生人或不在场的人——新来者、来自别处的陌生人、逝者——的社群的抽象概念。凡属于历史之家的人不需要认自己的血亲为祖先，他们可以望向墙上的头骨，将自己视作它所代表的世系之后。从哲学意义上来讲这是一个飞跃，因为游牧部落是只认自己熟悉的面孔为族人的。历史之家就像延续了几个世代的有机体，把过去和现在的城市居民连接起来，把他们的身份与恰塔霍裕克这个特殊的地方联系在一起。

然而，恰塔霍裕克人还没有像住在布鲁克林的人自认是纽约人那样强烈的地方认同感。特林汉姆认为这座城市更像是有各自亚文化的村落的松散集合体。这一块块飞地或者就是很久以前好几个村落合并为城市之后遗留下来的。霍德说，在恰塔霍裕克形成之前，科尼亚平原散落着许多村落，后来它们突然消失了，就好像所有居民都搬到一个大村落去住了一样。一个人在城里走动时可能会经过不同的聚集区，它们中间或有空旷地带分隔。也许居民们有各自的方言，饮食习惯也不同，但他们都住在一起，使得像狄朵这样的人有机会与跟自己家人很不一样的人相遇、相知。

显然，我们无法确知狄朵的想法和她的感觉，但我们知道她家里满是用不同材料、不同工艺制作出来的各种各样的东西，这说明她当时是生活在一个专业化程度达到一定水平的多元社会。我们也知道，每天围绕着她的这些符号艺术和图案应该也反映出她是相信抽象关系的。但同时我们应铭记，在那个出了恰塔霍裕克就几乎一个城市居民都没有的时代，城市生活应该是相当奇特的。狄朵和她的邻居肯定都有一种说不上来的错位感，特别是因为他们所形成的群体是以前从未出现过的。一旦冲突发生，他们在解决邻居间口角或不和时也无先例可循。在这座城市的生命末期，层出不穷的社会问题使恰塔霍裕克自创的社群不堪负荷。虽然这里的居民挺过了许多苦难，但最后却发现挺不过来的竟然是彼此相处上的困难。

第三章

历史中的历史

2018年年初,我再次见到了伊恩·霍德,那时他刚结束了25年的恰塔霍裕克挖掘指导工作。他坐在洒满阳光的斯坦福大学的办公桌后面,跟我谈起这段时间他的所学。除了在每一层都能看到丰富的符号意义外,最令他触动的是这座城市代表了"历史中的历史"。恰塔霍裕克在不断变化,9 000年前被建造的城市与一千年之后被弃置的城市大不相同。"我们现在认识到这个改变极大。"霍德说。他继续说道:

> 你可以把大约公元前6500年它人口最稠密的时候称为古典恰塔霍裕克。在那个土层上,不论我们在哪儿挖掘都能发现密集的住房遗迹。那也是这个原本极端平等的社会出现裂痕的一个危机点。肯定发生了大事,我们看到很多房子被焚烧、被弃置。我们能看到,在那场危机之后,人们在500年的时间里定期进行仪式性焚烧的痕迹。

这种"仪式性焚烧"并非暴力或破坏行径，而是住房弃置仪式的一部分，霍德曾经借由在恰塔霍裕克一所住房地面上发现的灰烬层向我展示过这一点。人们决定离开一所房子时，经常会在房基上用一层纪念性的黏土予以"封存"，然后就将房里的剩余物件连同一些祭物付之一炬。

霍德强调，恰塔霍裕克在公元前 6500 年那场"危机"出现后被弃置的过程十分漫长，任何像狄朵这样的居民一辈子可能都察觉不到这种变化。经过几百年，人们先是弃置了东山丘，接着又弃置了西山丘。但他说，就在人们放弃西山丘时，恰塔霍裕克四周空旷的土地由于新社区的出现而焕发了勃勃生机。"科尼亚平原上布满了可供勘探的地方，就像恰塔霍裕克延伸到了平原上的其他的居民点，而西山丘只不过是其中之一。你可以视之为一次人口爆炸。"他解释道。他认为走出恰塔霍裕克或许代表一种新的自由，一种挣脱了"封闭、控制"的山丘生活的自由。另一种可能就是，人们为应对不断变化的粮食需求而迁移。科尼亚平原上的人逐渐朝着种植谷物和圈养羊群的密度更大的方向转移，因此可能他们需要在居住区附近有更多的空间。但是恰塔霍裕克并未因此"失落"。即便在这座老城已经沦为空城时，人们还是把它当成坟场来使用。"从某种意义上来说，人们从未放弃它，"霍德说，"那里一直到 11 世纪都有大量墓葬。人们一直记得它并且在使用它。"纽卡斯尔大学考古学家索菲·穆尔最近还发现恰塔霍裕克的墓地直到约 300 年前还经常被人使用。[1]

霍德同意当今考古学家的一个普遍意见，"失落之城"和

"文明瓦解"之类的名词并不适用于这座城市。[2] 比较准确的说法是它经历了一个过渡。其实，恰塔霍裕克从来没有停止过从一种文化到另一种文化的过渡。研究城市难就难在这里：它们并不是长时间没有任何变化然后突然间消失于无形的。在任何时刻，它们都是许多社会群体的综合体，这些群体对城市生活的看法各不相同。这些社会群体也会随着时间的推移而不断变化，并依据他们的世界观来改变城市的物理结构和符号结构，直到他们不想再继续一起生活。

然而，恰塔霍裕克即便在这一时刻也并没有"失落"。在科尼亚平原，建筑在老祖先骸骨上的城市还在继续迎接新祖先的骸骨。在人们离开它很久以后，它仍然有特殊意义。

到公元前6000年，人们已经持续在恰塔霍裕克居住了千年之久，没有人会因一时兴起便离它而去。除了一些例外，人们弃它而去的经过与霍德所描述的人们最初定居于此的经过基本相同。成千上万个小小原因促使人们出走，每一个原因都是一个艰难抉择。现代社会的心理学家常说，搬家是人们所经历的最艰难的改变之一，会使人们觉得孤立、惆怅、情绪低落。[3] 虽然新石器时代的人对"搬家"的感觉与我们的不尽相同——我们得把沙发搬到大卡车上，还要担心能不能保住房地产投资——但这个行动本身应该也会让他们付出一样的心理代价，在物流方面的困难也应该比我们大得多。他们只能搬走自己能带的东西，还得捎上喂养的牲畜。到达新住处，得自己建房子，还要找到当地的食物和水源。整个过程全靠一己之力几乎没有可能完成，因为在新

第三章 历史中的历史

石器时代安置一个新家可是一件兴师动众的活儿，需要能掌握农耕技巧的人、会烧饭的人、会织布的人和会造房的人。

想象一下，除了这一切，迁移的人还要设法融入一种新文化。2011 年美国总统的移民问题工作组指出，移民一般面临许多难处[4]，要学习新语言和文化规范，还要应对偏见和无法获得资源的问题。我们往往忘记了几千年来有关移民的问题并没有多大改变。许多离开恰塔霍裕克到其他地方居住的人同样也会面临语言和文化障碍，还要处理来往自己的农地时与新邻居之间可能会出现的问题。然而，尽管有这些困难，他们还是大批量离开了这座城市。

8.2k 气候事件

在狄朵被埋葬在自己家里数百年之后，恰塔霍裕克进入了有人居住的最后阶段。这座城市已经在原地存在了 1 000 多年，这个人力打造的驯化圈内外都发生了变化。老建筑和废弃物在老城区已经堆到了前所未有的高度。就在公元前 5000 年前夕，人们开始陆续迁出狄朵及其家人居住过的东山丘，开始在河对岸建立小型居民点。这个被考古学家称为西山丘的新社区大概有 300 年的时间相当繁华。眼看着东山丘的住房渐渐坍塌，也没有人出面想办法。

当我问露丝·特林汉姆为什么人们会迁往西山丘和更远处

时，她半开玩笑地说，可能是因为人们厌倦了带着食物和水爬上这么高的山丘，于是想找个比较平缓方便的地方居住。玩笑归玩笑，但肯定是东山丘发生了变化，减少了它的吸引力。许多研究人员注意到，人们往西山丘逐步迁移的时间与公元前 6200 年气候突变时间大致吻合。[5] 在这段时间里，地球刚开始摆脱曾将整个加拿大和美国北部笼罩在大面积冰盖（劳伦太德冰盖）下的冰期。

有证据显示科尼亚平原的河流发生了改道，河水逐渐干涸。气候变冷，还闹过起码一次旱灾。后来，随着气候转暖，劳伦太德冰盖开始融化，形成了两个水温接近冰点的大湖，分别被命名为阿加西湖和奥吉布韦湖。这两个湖的面积甚大，涵盖今天的安大略省和魁北克省，它们是因后退冰块自然阻隔而形成的堰塞湖。但冰块围成的坝体并没有维持多久。最终，劳伦太德冰盖解体，阿加西湖和奥吉布韦湖的湖水迅速倾泻而出，大量的淡水涌入大海。

世界各地的证据显示，海平面至少上升了 30 厘米，有的地方甚至上升了 4 米。更重要的是，淡水扰乱了海洋中咸水与淡水相互作用的复杂的"热盐环流"，影响了洋流。一旦热盐环流被打乱，暖流就无法在地球上流动，大部分的海洋就会持续处于冰冷状态。气候也会因此受到影响。在恰塔霍裕克附近，气温平均下降或达 4 摄氏度，降雨量也可能有所下降。对习惯于生活在温热沼泽地带的城市人来说，他们肯定能感觉到气温下降、气候变干的明显变化。全球平均温度直到近 400 年后才出现回升。

第三章 历史中的历史

这一气候变化被气候专家平淡无奇地称为"8.2k 气候事件",因为它发生在约 8 200 年前,科学家记载了很多关于这一现象的内容,这些有助于我们了解气候变化的模式。2003 年,美国国防部请人专门研究气候变化的安全风险问题,研究人员就以"8.2k 气候事件"为例,说明了冰川融化会如何影响环境和人类社会。[6] 如果我们今天所看到的冰川速融[7]释放出的水达到阿加西湖和奥吉布韦湖当年释放的量,亚洲、北美洲和北欧的气温都会下降 5 华氏度以上。同时,澳大利亚、南美洲和非洲南部等地的气温则会上升 4 华氏度。接着就会出现干旱,给欧洲和北美洲的农业带来毁灭性打击,冬日的暴风雪和风力都会加剧,特别是在太平洋地区。接踵而至的将是饥馑、野火和洪水。

这种情况会对现代世界造成极大危害,不过考古学家并不全然同意寒冷干燥的气候就是人们忍痛离开恰塔霍裕克家园的原因。奥弗·巴尔-约瑟夫一直研究气候变化对远古人们移徙的影响,他的研究甚至回溯到 5 万年前,他和一些科学家都认为冰川的解体会让东山丘上人们的生活难以为继。他认为气候变冷会使居民挨饿,这里应当长达 200 年无人居住。[8] 根据他在黎凡特的挖掘结果,在"8.2k 气候事件"中,好几个村落被完全弃置,直到气候转暖后才得以重建。他猜想或许恰塔霍裕克也出现过类似的情况。巴尔-约瑟夫认为,人们从东山丘迁出的行为就是他们放弃该城达数百年之久的证明,回来以后人们才在西山丘建城。

有的学者则持有不同意见。(英国)雷丁大学考古学家帕斯卡尔·弗洛尔和她的同事在追踪全球对"8.2k 气候事件"的反应后,并未发现恰塔霍裕克在气候变化期间被遗弃的证据。[9]相反，他们认为这正是新石器时代人们百折不挠精神的表现，因为城里的居民竟然没有离开，并且改变了城市结构，并未望风而逃。对这段时间的储肉罐进行化学分析而得出的结果也支持这一观点[10]，研究显示，人们改变了他们的饮食习惯，更经常吃山羊肉，因为畜养羊比牛容易。依据动物骨骼上的刀痕我们可以判断，他们将上面的肉吃得精光，一点儿都不剩，而且研究人员对动物脂肪所做的分子分析，其结果也证明动物吃的是经历过旱灾的植物。

"城市居民和他们畜养的动物的日子或许不太好过，"弗洛尔写道，"但起码还是有人留了下来，熬过了环境变化带来的艰苦岁月。"有证据证明，在西山丘日渐发达的时候，东山丘也一直有人居住[11]，社会改变与"8.2k气候事件"发生的时间有重叠，但并非因该事件而起。虽然我们不确定这座城市的衰亡在多大程度上可归因于气候变化，但辩论各方都同意恰塔霍裕克后期的城市生活有明显的文化转换这一说法。艺术表达的形式变了，建筑、食物来源和人口规模也变了。人们从东往西迁移，有的干脆远走他乡。他们在城市和村落之间的移动次数比从前更多了。渐渐地，贫富差距出现。也可能这才是最后人们离开城市的原因。

等级制度问题

恰塔霍裕克的城市网格最突出的特点就是所有的住房都极

为相似。在任何现代城市闲逛，我们都可以看到不同形状和不同大小的住房，以及同时有狭小的单间、顶楼豪华套间、脏兮兮的窗户伸到人行道上方的地下室的公寓大楼。当然还有光鲜亮丽的公司摩天楼、雄伟的教堂、威严的政府办公楼以及成千上万个各式各样的店铺。今天的城市能让我们将社会和经济的不平等全部纳入眼帘。然而在恰塔霍裕克，数百年间每个人的住房形状和住房大小都差不多。像狄朵一样，人人都有一间有灶台和床台的主房间，还有主要用来储藏食物的耳室。有的历史之家在装潢上比其他房子要考究一些，有颇具震撼性的涂抹灰泥的牛头堆叠，地下有多副头盖骨，墙上还有描绘狩猎和节庆的生动壁画。但即便在这些比较讲究的地方，房间的大小也与邻人的没有什么差别。更重要的是，这儿没有非住房建筑。看来他们并没有特意建造的寺庙，也没有专门的市场。每个房间不论多讲究都同样有一个灶台和一个床台。

  正如霍德所说，这座城市的都市设计体现了一成不变的平等观念。他将其称为"强势的平等"，他猜想或许他们对保有太多的私人财产有所禁忌。他们没有国王，没有头领。恰塔霍裕克人遇到事情或许会征求睿智长者的意见，或任命某些人为地方领导，但这些领导者并没有刻意炫耀他们的权威。这也是考古学家说恰塔霍裕克其实更像一个大村落而不像城市的原因之一。如同村落，它有众多大小基本相同的住房，却没有明显的权力中心。或许正如特林汉姆所说，它之所以如此正因为它就是好几个紧挨着的村子形成的聚落而已。

这种情况大约在公元前 6000 年有了改变。西山丘最兴旺时建造的住房比东边狭朵家大得多。过去带灶台的单间住房变成了两层楼的多间住宅，还有带围墙的庭院。社区的人口密度比以前低了，可是却有了更多的食物储藏空间。墙上不再镶嵌有被涂抹上灰泥的骸骨和公牛头盖骨，我们也不再能找到人们将死者埋在自家地下的证据了。陶器变得更讲究了，装饰性更强，就好像人们喜欢在有来客时显摆一下一样。同时，我们也发现来自遥远地区的家用物件比以前多了。它们不是用了来自远方的材料，就是出自其他居民点的人之手。

看来西山丘的人还是颇以自己的住房为傲的，不过他们的艺术品和象征符号却不再与自家住房的结构相连了。艺术品已经从墙壁里解放出来，像当年的头盖骨那样可以用来互相交易了。人们的家当与以前相当，但并非全是当地产物。

西山丘房子变大，又有了贸易，或许这些就是社会等级制度出现的标志。有的人住着两层楼的房子，其中还有大量储藏空间，有的人则仍然住在当年东山丘那样的标准单间里。（美国）圣母大学的考古学家伊恩·库吉特认为这种建筑方面的改变揭示了这座城市酝酿已久的一场冲突。[12] 他说，像恰塔霍裕克这种地方的人在一定程度上从游牧祖先那里继承了关于社群和神灵的想法。游牧生活要求群体里每一个人分享资源以维持生存，而这些群体培养出的习惯和发展出的礼教加强了一个非常扁平化的社会结构。当有人开始过度囤积资源，对整个群体来说不是好事，所以他们绝对不鼓励人与人之间过度彰显社会差异。也许这就是恰塔霍裕克的房子从外表上看如此相像的原因之一，尽管在紧闭的大门背后每个人在私人空间里所拥有的粮食和象征性物件是明显不一样的。

在一个小社区里这种具有社会压力的平等主义能行得通，因为你的邻居与你的生活密不可分。可一旦有几千个人一起过日子，再维系平等就难了。城市居民或许想通过代表或某种原初的政客为自己的利益发声，或者需要一个能理解他们——如黑曜石工具制造者——的特殊需求的行会领导人。在一个充满陌生人的城市，你很难与每个人都建立个人联系。生活在恰塔霍裕克的人们发现自己很难在两套风俗之间做取舍：一边是不鼓励差异和等级的老式公有社会风俗，一边是差异和等级很难避免的新式城市风俗。

库吉特认为，当人们开始觉得传统的平均主义像僵硬的桎梏时，出现主要冲突便在所难免。一旦矛盾升级，人们可能就会开始离开完全为提倡平均理念而建的东山丘。西山丘的人们不但住房之间相距较远，房屋设计平面图也多种多样，这说明这个社会里的人愿意公然彰显个性。

不过，建筑改革并不足以留住居民。就在西山丘开始出现居住区约3个世纪之后，东、西山丘几乎已无人居住。到公元前5500年，恰塔霍裕克已经完全变成了空城。库吉特将其消亡归咎于一次大规模"新石器时代实验的失败"，公元前5000年那段时间整个黎凡特地区的新石器时代大型聚落被大片抛弃，库吉特称它是其中一例。也许正如希伯来大学考古学家优素福·加芬克尔所说，它代表的是"公共领域的失败"。由于大家无法同意新社会的组织方式，他们对地方的依恋之情逐渐消退，老家逐渐成为日趋没落的传统的代表。不过，这座城市毕竟存在了1 000多年。它最终或许真是走进了库吉特所说的"新石器时代的死胡同"，但真实情况却要复杂得多。

霍德和库吉特都说该城的早期规划反映了人人平等的概念，罗斯玛丽·乔伊斯却持有异议。她并不认为城里的居民曾喜欢过一个"扁平化"的社会结构。我到加利福尼亚大学伯克利分校她的办公室去探访她，希望进一步了解她的观点。

她把堆满书籍的一张椅子清出来让我坐下，随即单刀直入对我所获悉的一切提出质疑。她对恰塔霍裕克的住房基本上一模一样的说法深表怀疑。她认为特林汉姆挖掘出来的狄朵住房即可清楚证明某种"理想的"恰塔霍裕克住房从来就不存在。我还记得我第一次见到特林汉姆时曾经跟她有过一段对话，她还在挖掘图上为我画出狄朵住房的房间轮廓。虽然狄朵生活在被霍德称为恰塔霍裕克扁平化社会结构的全盛时期，但有充分的证据显示她的家人还建造了非储藏用的额外房间。灶台区旁边还有两个小房间，不是卧室就是工作室。特林汉姆还说狄朵家灶台主间与小房间之间在住房寿命晚期曾经被一道墙隔断，就像居住在那里的人搬家或过世了一样。

当时我只注意到狄朵的房子与城里其他房子有多么的相像，而乔伊斯则注意到恰塔霍裕克人的房间数目似乎在不断改变。乔伊斯说，也许这种变化在恰塔霍裕克很正常，我们因为对"平等主义"的假设深信不疑而忽视了就摆在我们面前的多样性证据。我不得不承认她有可能是对的。我想到50年前新闻记者听到梅拉特说起崇拜生育女神的母系社会时也曾兴奋异常。或许我也因醉心于平等主义社会而对社会阶级的证据视而不见。另外，乔伊斯认为，住房的大小并非衡量等级是否存在的唯一办法。从恰塔霍裕克装饰考究的历史之家来看，各个住家不尽平等。"差别，即便是小小的差别也体现了不平等。有的住家到处都有符号表征，有的就没有。要说这不是不平等，不是很奇怪吗，"她停顿片刻，耸了耸肩，"不好意思，这些房子绝不是一切均等的人的房子。"

乔伊斯指出，其实我们基本上并不知道恰塔霍裕克人对社会等级有多少了解。也许它与一个人的谷物储藏罐或涂了灰泥的牛头的数量无关。也许他们当中有身绘异彩或身着异服的萨满教巫师，只不过几千年后这些衣物均已腐坏而无迹可寻了。虽然可能城里每个人都认定某位萨满教巫师为领导，但我们未必能在考古记录里对他的身份加以考证。乔伊斯说，社会地位并不一定表现在物质财富上。它可能意味着只有有一定地位的人才能获悉某些秘密、才能到某些地方或参加某些排他性的聚会。这些都是我们在住房或骨骼的残余里发现不了的。"一个人的身体特点不一定能反映得出等级和特权，"她思索道，"有时候，存在统治者，但却无法在建筑上显示出迹象。"乔伊斯的视角给恰塔霍裕克无法解决的冲突又增添了其他考虑。一面是要求扁平化社会结构的传统派与反对者之间的斗争，另一面是刚刚崭露头角的精英阶层与底层阶级之间的斗争。

到恰塔霍裕克这座城市的生命后期，霍德说，这些紧张关系更因为社会变迁而加剧：城市居民的移动能力增强了，他们可以到更远的其他城市，或者到更远的采石场去采集原料。他们开始意识到出了城墙还有其他选择存在。在新石器时代，人们经常携带的泥质图章（或许用于表明身份）可能并非他们唯一的可携带的工艺品。恰塔霍裕克人与100千米开外的邻近社区的居民也进行交易，他们交换珠宝、篮子、陶器、贝壳以及像黑曜石和燧石这些可用于打造刀具的原料。这些交易网络表明，驯化通常会带来与遥远社区的社会联系，这些社区间的人员走动到城市生命末期才更普遍。人们的身份认同与某一具体的建筑环境之间的捆绑渐少，而与他们交易的物品之间的捆绑则渐多。当人们来往于不同的居住区，见到来自远方的千奇百怪的物件后，恰塔霍裕克就显得不那么特殊了。它的吸引力逐渐消退。

尸坑

发明"新石器时代革命"一词的人类学家戈登·柴尔德在1950年也给出了他对城市的定义，这个定义继续影响着今天的考古学。他说，一个地方要称得上是一座城市，那里的居住区必须有稠密的人口，有宏伟的建筑，有符号艺术，有专业人士，有货币和税收，有文字，有远距离贸易，有剩余货物，还要有复杂的社会等级制度。按照这个定义，恰塔霍裕克顶多只能算作一个城市的雏形。它既没有货币、文字，也没有宏伟的建筑——或许等级制度也十分简单。霍德说他更愿意将其称为镇，它还算不上是一座城市。"如果你认为城市必须要有专门化的生产的话，恰塔霍裕克并不符合古典的城市定义，"他如此对我说，"他们没有从事特殊活动的专门区域。城市里也没有用于从事不同活动的不同区域。一切都发生在家里，从祭祀到经济生产均是如此。"

不过，将恰塔霍裕克视作一座城市也有其依据。诚如加利福尼亚大学洛杉矶分校的人类学家莫妮卡·史密斯所写，柴尔德的框架本是打算对"最复杂的人口聚居形式"[13]做一个相对的界定。我们可以说恰塔霍裕克是其时代的城市，它比周围任何居住区都要复杂。史密斯还说，如今的考古学家们也认为，即便一个地方没有严格的等级结构它也可能是一座城市，只需要有"清晰可见的劳动投资，以及之后还有可持续的社会网络"便可。

史密斯的观点或许也能帮助我们解答为什么人们在恰塔霍裕克变得像乌鲁克——数千年之后在黎凡特出现的文字、货币、税收和巨型庙塔齐备的城市——之前就离开了。也就是说，为维系这座城市及其社会网络所进行的劳动投资已经不划算了。这正是史学家约瑟夫·泰恩特在其颇具影响力的《复杂社会的崩溃》一书中所提出的宏论的主要内容。[14] 他的理论是，多数社会都是在人们对一个城市的物理和社会基础结构投资所获得的"边际收益递减"时，丧失了它的凝聚力。罗斯玛丽·乔伊斯换了一种说法："住在城市里时，别人家的墙会倒在你身上，街上堆的东西也会影响到你，你的工作多了很多。恰塔霍裕克对好几代人来说都是很有吸引力的投资对象，可是它开始走下坡以后吸引力就不够大了。"生活在恰塔霍裕克生命末期的人一定得应付很多倾塌的建筑，而能帮助他们收拾残局的人手又不够。离开很难，但却比留下来解决造成恰塔霍裕克衰败的诸多问题要容易。

在柴尔德之后出现的比较有权威的城市定义来自史学家威廉·克罗农，他在《自然的大都市：芝加哥与大西部》[15]一书中表示，城市的定义部分取决于支持它的乡村和农业区域。虽然他讲的是一个工业大城芝加哥，但他的论点对帮助我们了解恰塔霍裕克的城市地位而言还是很关键的。基本上，克罗农说的是农业的复杂性是界定城市的关键。我们知道恰塔霍裕克的人种植多种多样的作物，还畜养牲畜，加之农产品加工也是很花时间的事。"8.2k气候事件"加上其后当地河流的改道，肯定给他们带来了很大的压力。有充分的证据显示，农业歉收并不是恰塔霍裕克人弃城他去的全部原因，但缺乏粮食保障的确也会促使一些家庭决定离开。

虽然恰塔霍裕克处于城市和城市原型的灰色地带，但它被弃置的命运却与城市历史中一再出现的模式不谋而合。气候变化使农耕变得更加艰难，而它逐渐衰败的社会和文化创伤也离间了人与人之间的感情。每一座被弃置的住房都给留下来的人增加了不少工作，他们要保证房顶上的人行道不至于垮塌。渐渐地，个别的弃守行为叠加成大规模行动。整个进程持续了好几个世纪，那些生活在这座城市历史末期的人或许也没有意识到有一天这个

第三章 历史中的历史

地方会变为空城。

许多人离开恰塔霍裕克回到了分散在科尼亚平原各地的村落，也有人迁往像恰塔霍裕克城那样的其他城市。英国考古学家斯图尔特·坎贝尔道出了关于其中一个地方的可怕的故事。他在距恰塔霍裕克以东约130千米的杜姆兹特佩挖掘时，与同事发现了一种骇人的葬俗，他们称那个地点为"尸坑"。杜姆兹特佩建立起来的时间正值恰塔霍裕克的生命晚期，有几个世纪之久，此处有数以千计的居民。如同在大多数恰塔霍裕克居民离开自己的老家后出现的大规模群居社会一样，这儿亦可见西山丘文化延续的现象。房子比较大，这里的居民经常用赭褐色泥灰来进行装饰，地面下面并不像早先东山丘那样用于埋藏尸骨。

其实，坎贝尔和发掘团队在发现聚集着40具遗骨的"尸坑"之前几乎没有找到任何骸骨。许多骸骨年代较早，可能是祖先的骸骨，它们被击碎后混成厚厚的泥浆，覆盖在几只宴饮用整牛和其他动物的尸骸上。宴饮过后，人们就将掺和着骨头的泥浆塑造成一个中空的小丘，里面再放入更多的尸骨，这时放入的是新近过世者的尸骨，其中有一些颅骨似乎有一侧遭受过击打。坎贝尔和他的同事猜想如此击打颅骨是为了将人死后的脑组织直接舀出来。

杜姆兹特佩的"尸坑"出现在他们城市的一个特殊地点旁边——贯穿整个居住区中心的一条长达75米的"红色高台"。"红色高台"约有1米高，也许是高架人行道或是仪式性边界，是杜姆兹特佩人用从别处引进的红土与白灰泥层层涂抹，经数百年的时间一步步垫高的。这座令人触目惊心的红白相间的高台将城市一分为二,在城市景观中脱颖而出。在挖掘"尸坑"时,这座城市的居民必须铲去"红色高台"的一部分,再往下挖。在一系列不明活动导致许多尸体出现后,该城的居民点燃了篝火,熊熊烈焰留下了一层厚厚的灰烬。坎贝尔和他的同事猜想远处应该都能看见这冲天的火焰。在用尸体和黏土制作的结构上燃起的巨焰,肯定也是该城权力的象征。坎贝尔把它描述为人们将自己的身份认同与某个地方之间进行捆绑的例子,这与我们在恰塔霍裕克住房里的所见可谓遥相呼应。

不同的是,"尸坑"的建立属于大规模公共祭祀。它不同于埋在自家房子底下供家族内部祭奠的祖先遗骸,而是埋在几乎贯穿全城的高台边上的大量遗骸,有的还是为这种祭祀活动而刚刚被杀戮的。我们或许可以设想杜姆兹特佩的城市网格是新石器时代晚期人们想要搬出恰塔霍裕克世界的一个例证。在这里,界墙不只是划定了私人领域,还被有意地构筑成一个中央公共纪念碑,表现出那时的人们对差别和等级的迷恋。而"尸坑"仪式本身也必然由有一定权威的个人或群体来主持,这样才能汇集全城百姓杀好几头牛大肆宴饮、祭祖、献祭。在恰塔霍裕克初露端倪的等级制度似乎在杜姆兹特佩全面开花。听着坎贝尔的讲述,我不禁想起恰塔霍裕克那些对这座城市的扁平化社会结构不满的人。也许其中有些人就离开了恰塔霍裕克,搬到杜姆兹特佩去了。

坎贝尔在一篇关于"尸坑"的论文[16]中指出,焚烧骸骨的仪式并不是什么血腥的暴力行为,而是将人与土地连成一体的转化仪式。在"尸坑",人的遗骸被当作黏土来对待。人骨变成了城市之骨。据坎贝尔解释,现代世界里的我们在生与死之间、在有生命和无生命之间做了硬性区分,但我们的分类"不一定能反映过去人们的想法"。也许"尸坑"是一种赋予生命的行为,即用人的血与骨来象征性地振兴这座城市。

在新石器时代人们的想象中,住房和城市或许等同于人和社会。城市是有生命的,它是工具,是祖先,是宇宙学,是历史。我们在离开它的时候,也把我们自己的一部分留给了它。但当我们走在下一个地方的街道上时,不管好坏,我们又找到了自己。

第二篇

庞贝
街道

庞贝城

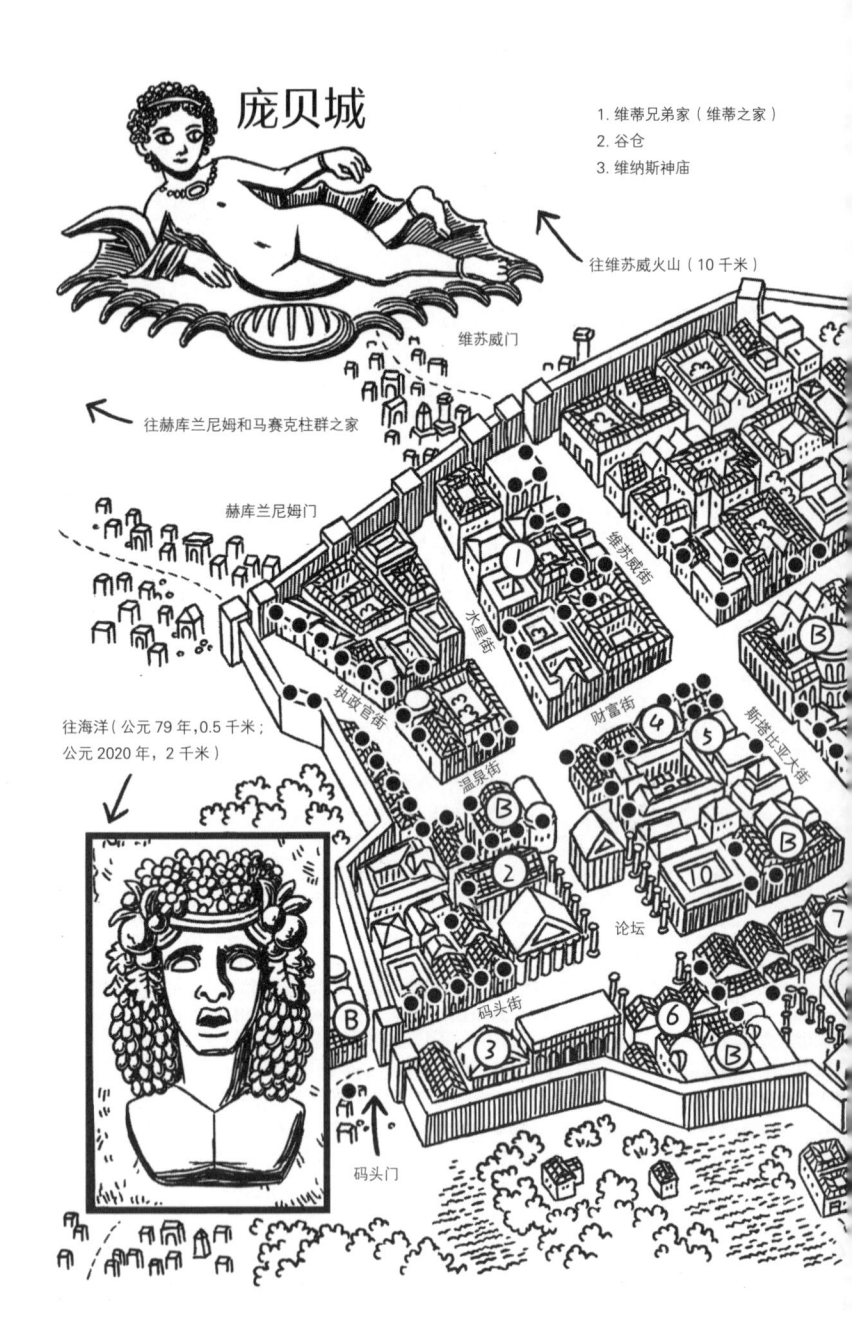

1. 维蒂兄弟家（维蒂之家）
2. 谷仓
3. 维纳斯神庙

往维苏威火山（10千米）

维苏威门

往赫库兰尼姆和马赛克柱群之家

赫库兰尼姆门

往海洋（公元79年，0.5千米；公元2020年，2千米）

水星街
维苏威街
执政官街
温泉街
财富街
斯塔比亚大街
论坛
码头街
码头门

北

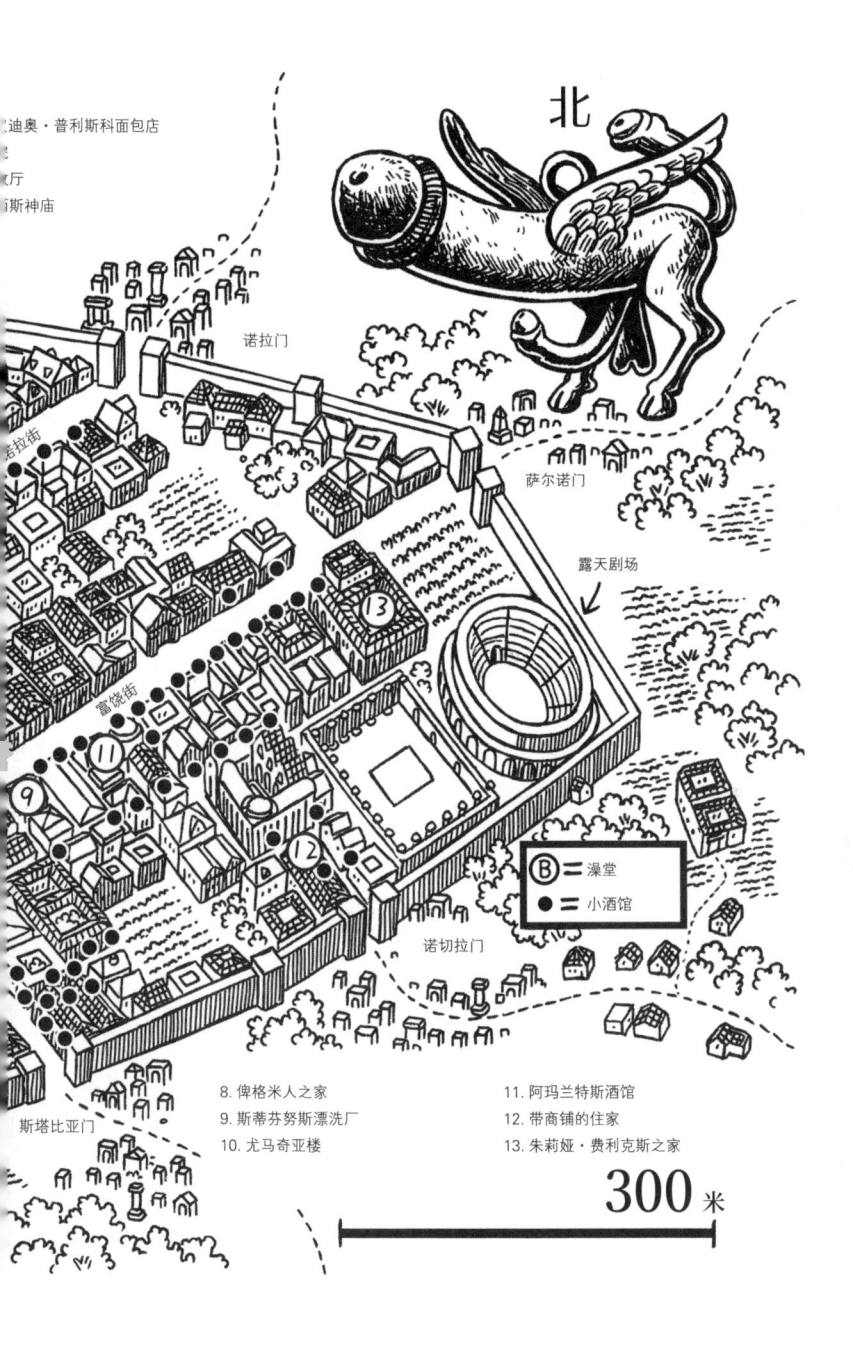

迪奥·普利斯科面包店
厅
斯神庙

诺拉门

诺拉街

萨尔诺门

露天剧场

富饶街

B = 澡堂
● = 小酒馆

诺切拉门

斯塔比亚门

8. 俾格米人之家
9. 斯蒂芬努斯漂洗厂
10. 尤马奇亚楼
11. 阿玛兰特斯酒馆
12. 带商铺的住家
13. 朱莉娅·费利克斯之家

300 米

第一章

富饶街上的暴乱

就在恰塔霍裕克人口从西山丘逐渐流失之后的 5 000 年左右，有一座居民人数与之相当的城市被 6 米厚的炙热火山灰掩埋。与恰塔霍裕克居民自愿的逐步离开不同，庞贝的 1.2 万名居民是突然遭受灾祸的。公元 79 年，他们眼睁睁地看着自己的城市毁于一场可怕的、猛烈的火山爆发，那个景象肯定毕生难忘。地震使庞贝的城墙与海岸线之间的距离增加了 1 千米，维苏威火山喷发出的大量灼热灰烬顿时将良田变为寸草不生的荒地。灾难发生后，庞贝的难民逃到附近的海滨城市库迈、那波利（那不勒斯）和普特奥利（波佐利）。对于这次大灾难的一手记述仅有一例。

直到 18 世纪，那不勒斯国王查尔斯七世的工程师才开始对这座城市进行有系统的挖掘。这个地方因为一直被板结的灰烬完好保存，所以确实是一大发现。其他罗马古迹不是只留下断壁残垣，就是被埋藏在现代都市之下；而庞贝则不然，从丰厚的神殿献祭到外卖价目表，样样都得以保留。早年的探险者小心地记录下他们的发现，但主要精力还是用在掠夺金银财宝和价值连城的陶瓷锦砖（马赛克）上。然而，今天的考古学家到庞贝却是为探究罗马帝国鼎盛时期人们的日常生活。这个城市被永远冻结（或高温定型）在那个瞬间，城中奇特的文化遗产全都被封存了，而这些在不断有人居住的罗马、伊斯坦布尔等城市通常都早已消失于无形。

恰塔霍裕克的生活中心无疑是住房，而在庞贝，几乎所有的事情都发生在街上。人们围绕着商店、澡堂和小酒馆生活、工作、做计划、结交新朋友。罗马人发明了一种街道上的新型公共生活，并用法典来约束，通过社会规范来遂行。不分阶级和背景，所有人都在水泥和夯土的人行道上交织来往。大富豪们的老别墅边上就是为重获自由的奴隶而创办的商业协会，来自三个大洲腰缠万贯的游客在小酒馆里与酒保擦肩而过，有钱的房东老太斜瞅着在街上拉嫖客进屋从事色情交易的妓女。最能反映庞贝居民每日公共生活的莫过于城市的街景和相关的娱乐活动了。

就在罗马历史的关键时刻，在当时的共和国旧的社会等级制度腐朽、激进的新思潮应运而生的时刻，庞贝的生命戛然而止。普通人可以挑战罗马贵族精英并取得胜利。妇女变成了企业家和慈善家，以前的奴隶也变得富有了。社会有了流动性。当火山爆发的灰烬铺天盖地而来时，庞贝人正处于缓慢的社会革命之中。在满是淫秽涂鸦的街道上，酒吧、澡堂、妓院比比皆是，我们能看到这些变化留下的印记。

伊西斯和俾格米人

庞贝的历史始于公元前4世纪。[1] 它是那不勒斯湾的一个繁华港口都市，统治它的萨姆尼特人与罗马的关系时好时坏。居民讲的是欧斯干语，他们为萨姆尼特诸神建造神庙，在维苏威火山附近肥沃的坡地上农耕，在海湾里捕鱼，并与地中海地区各个城市进行贸易。由于经济富足，地理位置又处于海路与庞大的内陆河流网的交汇点，自然而然，庞贝成为罗马的觊觎对象。但起码有两个世纪之久，只要庞贝同意为罗马的战事提供兵源，罗马便乐于将庞贝当作盟国来对待。到了公元前91年，庞贝和少数几个意大利南部城邦开始对罗马挑起所谓的"同盟者战争"，做了几个世纪的附庸国之后，它们也想多争取一些权利。[2] 经过一番苦战，罗马军队在卢奇乌斯·科涅利乌·苏拉的领导下于公元前80年击溃了萨姆尼特人的抵抗。庞贝自此变成了完完全全的罗马城市，苏拉还强派数千名退休罗马士兵迁居于此。新的罗马化的居民把萨姆尼特人的神庙改成了罗马神庙[3]，庞贝的官方语言也被改为拉丁语。

这段殖民历史为庞贝的多语言文化奠定了基调。虽说是属于罗马，但庞贝的萨姆尼特人还是相当活跃，他们公开崇拜欧斯干的神明，如梅菲蒂斯——经常被人们用来与维纳斯相比的多面女神。一直到火山爆发那天，人们还在庞贝城内墙上用欧斯干文涂鸦。在城里还处处可见移民文化的痕迹，来自北非帝国的非罗马文化对此地的影响也不小。

第一章　富饶街上的暴乱

我到庞贝时正值盛夏，与我一同乘坐火车从罗马前来的还有一群一脸无聊的小学生，显然他们来此地的原因与我相同。现代的庞贝城的经济来源主要就是靠接待对其古迹感兴趣的游客。多数访客都会在叫卖锡箔制罗马头盔和意式冰激凌的摊位前驻足，然后赶往能鸟瞰西边大海的富丽堂皇的别墅。但我却选择先在比较安静的城南街道中闲逛，寻找北非文化的痕迹。我到了"论坛"附近——庞贝古人所建的市政厅和大量神庙所在的城市中心区。在这些宏伟的建筑中，我发现了倾塌的埃及女神伊西斯的殿堂，虽然祭台和曾经色彩斑斓的石柱如今已呈一片灰暗之景，但伊西斯神庙当年的光辉仍依稀可见。一度豪华的隐蔽圣所只留下外围墙，从其占地面积之广可以想见当年在建造神庙和祭司的住所时肯定所费不赀。那里曾有描绘尼罗河畔伊西斯崇拜者生活的华丽考究壁画，如今已被那不勒斯国家考古博物馆永久收藏。在1世纪，伊西斯是庞贝最受人崇拜的女神，富有的罗马妇女对这位外来的非洲女神情有独钟。

伊西斯神庙的拐角处就是城里的主要街道斯塔比亚大街，沿着它的缓坡往下就能走到古城的老城门之一，斯塔比亚门。几千年前这条大街两边除两家剧院、十几家酒吧以外，还有好几座大别墅。在专门纪念伊西斯的节日里，穿着华丽的狂欢者在神庙女性管理者的带领下把斯塔比亚大街挤得水泄不通。但今天，城门因发掘工作闭门谢客。越往下走，离那些造访著名景点的喧嚣游客就越远。我坐在路缘石上，眺望着斯塔比亚门的一个圆形拱门。在我身后是城里到处可见的褐色石砖墙，倾颓处冒出了一堆堆干草和坚韧的野花。当年街道上行人摩肩接踵、驴车行进其中,三层楼建筑底层商贩沿街叫卖的景象如在眼前。但如今这里却是一片荒芜,了无生气。

然后,剑桥大学知名考古学家安德鲁·华莱士-哈德里尔魔术般地出现了。他有一头从额头往后梳的银发,身穿亚麻西服,潇洒地从一条长满齐腰杂草的小巷里走了出来。如此亮相对他而言十分贴切:华莱士-哈德里尔在考古学界是一个新学派的引领者,他在研究古迹时更侧重寻常人家的生活而不是"论坛"精英的政治操作。[4] 显然他是来开会的,并决定来察看一下新的挖掘情况。因为知道他对罗马房屋感兴趣,所以我问他非洲文化怎么会出现在此地的众多壁画中。虽然这些壁画基本上以描述罗马和希腊神话为主,但庞贝居民的家中经常有专门绘制非洲情景的墙画。有的描绘的是与伊西斯相关的崇拜画,有的则带有罗马时代歧视黑人的种族主义色彩,让非洲人摆出可笑或者羞辱性的姿势。

我曾在那不勒斯国家考古博物馆看到一幅来自"医生之家"的画作,这幅画勾起了我的好奇心。据馆长的描述,画中的俾格米人是在重现《圣经·旧约》中所罗门王在解决谁才是婴儿真正的母亲时,威胁将婴儿一分为二分别给予两位妇人的场景。那位自愿放弃婴儿的妇人才是婴儿真正的母亲。在壁画中我们看到的所有人物都是漫画般夸张的俾格米人形象。所罗门戴着角斗士的大头盔,遮住了他的大半个脑袋,手上拿着切肉的大刀对准一个扭动的婴儿。一旁观看的两位妇人,肤色较黑的那位面露贪婪

第一章 富饶街上的暴乱

的微笑，肤色较白的另一位则面色忧戚不忍正视。在我看来，它反映的是古人的"种族主义笑话"。

华莱士-哈德里尔同意我的解释，但在听说那可能是对《圣经·旧约》中的故事的描绘时竟大笑了起来。"人们喜欢这么说，可是哪里也没说这里讲的是所罗门的审判啊，"他解释道，"很可能它与埃及国王的神话有关，而我们因为通晓《圣经》就称其为'所罗门的审判'。"他说罗马人常常在壁画中使用俾格米人形象来代表埃及文化。有些壁画基本就是黄色笑话，如描绘俾格米人在阳具形状的船中漂浮在精子河上的画作。有的则表达了尊重，展现了真实的非洲人在尼罗河畔工作或祭祀的美丽图像。伊西斯神庙可以佐证埃及神明在庞贝是受人尊敬的。庞贝各地崇拜与憎恶的情感交织展现，说明人们对埃及政治权力的文化力量感受深切。有的人欢迎这种文化力量，有的人则鄙视排斥它。但任谁都无法对其视而不见。

华莱士-哈德里尔还说，非洲的影响力同时也来自迦太基（当时它的中心是如今的突尼斯北部和阿尔及利亚）。迦太基城当时是该地区主要的贸易中心，经常在战争频仍的罗马共和国时代挑战罗马对该地区的控制权。我们知道庞贝人与迦太基商贸往来频繁，正如华莱士-哈德里尔所说："庞贝人使用了大量的伊维萨货币。"伊维萨岛当年是迦太基领土，位处今天阿尔及利亚与西班牙——这两个国家日后均落入罗马帝国之手——之间的战略地位。深得庞贝人喜爱的鱼酱，就是从迦太基传入的。连庞贝的建筑都显现出迦太基风格。还有一种相当时兴的垒砖法，即大砖在小砖和薄砖之间摆成 T 字形, 也是直接从迦太基照搬来的。其实罗马人还把这种垒砖方式称为"非洲式"垒砖法, 可见人们都清楚地知道其起源。

告别了华莱士-哈德里尔之后, 我沿着原路回到斯塔比亚大街的伊西斯神庙, 一路上观看所经之处用"非洲式"垒砖法砌成的墙体。突然间我意识到眼前的一切并不是保留了几千年的、纯粹的、经岁月提炼过的古罗马场景, 而是一个多样性的城市社区遗址, 这里的居民来自各地, 他们融合了北非和罗马的传统文化, 构成了独特的庞贝风格。就像同为纽约人却人人不同, 庞贝人也一样。

朱莉娅·费利克斯建立的商圈

几乎所有庞贝居民的名字都无人知晓, 发掘工作者是根据居民家里的艺术品或其他物件而把某些建筑物称为"悲剧诗人之家"或"外科医生之家"的。同样, 城中街道的现代名称也是多年来许多不同探险家赋予的。只有几座建筑物的物主身份流传了下来,"朱莉娅·费利克斯之家"就是其中之一。这栋建筑横跨了一整个街区, 坐落在城市东北缘, 与伊西斯神庙遥遥相望。火山爆发当天它的门前还书写着楼内店面和公寓房的出租广告:

斯普里乌斯之女朱莉娅·费利克斯的吉屋招租：供受尊敬的人使用的讲究澡堂、带二楼的商铺及公寓诚征租户。从明年8月13日到第6年的8月13日，为期5年。租赁合同满5年后失效。[5]

这是我们仅有的有关朱莉娅·费利克斯的一份书面资料。贯穿整个庞贝城的通衢大道富饶街东起她们家的宅子，一直延伸到靠近斯塔比亚大街附近的剧院和神庙区——能在这条街拥有如此庞大的房产，她肯定富甲一方。我们还知道朱莉娅的房产在公元79年之前曾几度变迁，先是兼并了隔壁的房产，继而又吃下了原本隔开两大住宅的小巷。这片房产似乎变得越来越商业化，又加盖了一间大澡堂和十几家小酒馆。

虽然对朱莉娅或早先的业主来说它可能原本是一座私人别墅，与罗马的大宅院相当，但这片产业的性质已逐渐被改变，更像豪华俱乐部和休闲中心。古罗马时代的澡堂并不是纯粹洗澡的地方，虽然进去走一遭出来也可能会变得干净一点。澡堂基本上是社交俱乐部，人们一边泡着热澡，一边谈生意、聊新闻。在朱莉娅的澡堂，他们还可以在花园阴凉的喷泉旁边阅读暧昧的新诗，或在附近的长椅上睡个午觉。他们也可以在楼里的小酒馆里吃上一两顿饭。

朱莉娅的澡堂前面就是热闹的富饶街，或许是当地人和访客经常去的地方。从她的招租广告来看，这里也是非常适合开店的场所。这条街上总是人流不断，有不少人从萨尔诺门前来观看角斗士在露天体育场演练,从朱莉娅府邸往下走还可到巨大的露天剧场看比赛和其他娱乐节目。这个地区的喧闹乱象名声在外,公元59年,因支持庞贝本地角斗士团的"粉丝"与来自附近诺切拉殖民地的"粉丝"间发生了一场致命骚乱,这里被罗马皇帝尼禄宣布为"危害公共安全区"。由于厮杀激烈,尼禄禁止在庞贝举行角斗士比赛达10年之久。

我随着公元59年暴乱分子的脚步从东南方向,即露天剧场的旁边进了城。这里还不时会举办音乐会,我正好错过了"深红之王"摇滚乐团在当年诺切拉人与庞贝人为了一场角斗士比赛而相互厮杀的现场的演出。往北走,经过露天剧场和角斗士演练场所四周的圆柱,我拐进了一条紧挨着一个葡萄园的小巷,在庞贝鼎盛时期城里有葡萄园应该也不算突兀。

我假想那些当年的闹事者就在我身后,于是左拐走到了富饶街,发现自己正站在朱莉娅·费利克斯之家的门前。沿着街面上一段宽广的台阶就可以走到她家门口,来访者因此不需要通过人行道就能直接进入她家的花园和澡堂。我通过一扇门往里面看去。虽然大理石圆柱和园内的景观以及那则招租广告都已不复存在,但我仍然可以感受到它的威严气派。房子呈L型,占据了整个富饶街,转个弯又延伸到朱莉娅·费利克斯巷。从进门处我可以看到她用来接待访客的大厅,再后面就是景观花园。我左边是一个有大理石台面的吧台和一个澡堂。转一个弯还有好几个酒吧和用于出租的私人房间。朱莉娅的这栋建筑被人称为一座岛(insula),因为它占据了四四方方的一整个街区,其中有一半以

第一章 富饶街上的暴乱

上是为了待客而建造的郁郁葱葱的果园和花园。

富饶街并不宽敞，一旦有骚乱必定会波及过往行人，不知道骚乱发生的时候朱莉娅家的租客当时都在做什么。是在花园里看外面的热闹？抑或喝口酒加入混战？如果朱莉娅也住在这里，她更可能是在他人生活空间之外比较隐蔽的楼上看热闹。她或许还能看到体育迷们相互殴打，甚至对她的小酒馆趁火打劫。

公元59年的骚乱其实就是朱莉娅家附近街道上屡见不鲜的酒后寻衅滋事的极端版。她的许多邻居采取的对策就是用砖墙将自家富饶街上的入口封堵起来。但公元79年朱莉娅反而新开了好几个入口，以便更多小酒馆能够对行人和澡堂的常客提供酒水。她的房子装潢讲究，肯定是走累了、兜里有几个钱的人的休憩上选。

朱莉娅·费利克斯之家也是18世纪发掘工作开始时人们在庞贝城发现的第一座建筑。维思大学考古学家克里斯托弗·帕斯洛研究朱莉娅·费利克斯之家已将近40年，他说约300年前一位农民发现自己的地里伸出好几根大理石柱，于是这所房子才开始重见天日。当时统治那不勒斯湾的是西班牙波旁王朝的查尔斯七世，他已经出资挖掘另外两个被掩埋在灰烬下的罗马城市赫库兰尼姆和斯塔比亚。这位深受启蒙运动影响的国王对古代史十分痴迷，它派遣瑞士工程师卡尔·雅各布·韦伯去察看这位农民的发现。深挖后，一排华丽的大理石柱——迄今为止人们在庞贝发现的唯一的大理石柱群——和周围雄伟的建筑映入眼帘。我们从朱莉娅的招租广告中得知这个地方原来还有大面积的二楼，但可能韦伯当年简单粗暴的挖掘方式把火山爆发后的二楼残余都破坏殆尽了。不过这一切已足以说服国王进行进一步的发掘工作。虽然朱莉娅·费利克斯之家后来再次被掩埋,到20世纪才再次被发现,但全世界对庞贝古城遗迹的瞩目依旧始于人们对这所房子的发现。

然而,我们却并不了解这则招租广告中所标明的女主人。帕斯洛跟我说,长期以来大家都认为她在火山爆发前一直住在这里。花园里发现了一具穿戴珠宝的骸骨,大家假设她就是朱莉娅。"我不认为那是她的骸骨,"帕斯洛半开玩笑地说,"我们连骸骨主人是男是女都不知道。"他也不认为她就住在这里。"她的房子的设计风格有点儿像私人住宅,但是里面的空间彼此相连,它太开放了,名义上是私宅,实际却没有私密性。"如果她真住在这儿,"她的卧房又在哪儿呢?"他问。"放在哪儿都不合适,因为总有宾客来来往往。"他猜想朱莉娅对她这片房产采取的是异地管理的方式,或许她在庞贝还有一处宅院。那么"朱莉娅·费利克斯之家"是做什么用的呢?"我想它就是一所休闲场所,"他说,"是人们吃饭的去处和用来休闲娱乐的地方(在澡堂里)。"

不过朱莉娅也不愿意有闲杂人等混迹于此。"朱莉娅·费利克斯之家的档次比较高。"帕斯洛说。这不只体现在大理石柱群上,整座房子处处都有精美的绘画,花园的景观设计也很讲究,比如为连接中央喷泉还设计了几座小桥。他补充道:"如此规格的公共澡堂收费肯定不低,所以它更像成员限制严格的俱乐部。"就像她那则广告所说的,朱莉娅主要赚的是"受尊敬的人"

的钱。

要成为这片房产的所有者，朱莉娅得克服不少障碍。在她生活的年代，罗马法律规定一个女人必须得通过"监护人"——通常是她父亲——才能管理房产。[6] 但看来朱莉娅的情况又不一样。招租广告确实提到了她父亲的名字，但也明确说明了朱莉娅是房产的所有者，任何租客都得跟她打交道。一个可能的解释是公元前17年奥古斯都大帝为管理女性的性与生殖行为而颁布的所谓《朱利安法》。根据这项法律，像朱莉娅这样的自由妇女如果有3个子女即有权管理自己的财产。如果朱莉娅是重获自由的妇女，是前奴隶，她就得生4个孩子才能获得同样的权利。[7] 假设朱莉娅家境富有，那么她很可能不到20岁就早早结婚了，或许到20多岁已经有过好几任丈夫。战争经常会使年轻的新娘成为寡妇，而且当时也允许以种种理由离婚。因此我们猜想朱莉娅可能至少生了3个孩子，才有权管理死去的丈夫留下来的遗产。

从现代视角来看，《朱利安法》似乎很荒谬，但罗马领导人对这项法律却毫不含糊。可见，像朱莉娅这样的人的日子并不好过。奥古斯都自许为社会改革家，并试图在罗马共和国的最后时刻改变年轻人的颓废生活习惯。除了鼓励妇女多生孩子外，《朱利安法》还对所谓"淫乱"的女性苛以严刑。一个广为人知的例子就是公元2年奥古斯都放逐了自己的女儿，因为她拒绝放弃今人所称的自由恋爱。同时，罗马世界也因为这些法规而悄然出现了意想不到的解放。为鼓励人们进入婚姻，奥古斯都破天荒地允许自由男子与重获自由的女性结婚，并给予他们的子女合法地位。如此一来，出身奴隶的妇女就有机会在重获自由后与男性公民成婚，她的孩子就不是奴隶出身。

如果不了解妇女的作用，不了解为什么她们能起作用，我们就无法全面了解庞贝建城的大背景。虽然妇女不能参政或投票，但她们却能拥有自己的财产。她们可以创业，可以成为强大异教的金主。伊西斯神庙庞大的占地和朱莉娅·费利克斯的产业规模均能证明女性在庞贝城所拥有的权力，以及妇女对城市发展的影响。

尼禄其实也做过几件好事

就在朱莉娅·费利克斯在城里经营自己的产业的时候，起码有三代年轻人曾经对《朱利安法》提出过质疑并且做了修改。对妇女的限制时松时紧。尼禄似乎特别不愿意执行僵硬的有关妇德的规定。（加拿大）卡尔加里大学古典学教授丽莎·休斯的研究课题就是这段时期庞贝城中的剧院。我们在一家咖啡店聊起她的发现时，她的一番话着实令我吃惊。

她一边将一绺不听话的棕发捋到耳后，一边带着奇怪的笑容语气兴奋地对我说："我喜欢尼禄！"

我吃惊之余咖啡都洒出来了，差点儿泼到用来记笔记的手提电脑上。她赶忙帮我用纸巾擦拭桌子，我大笑道："这可与一般人对尼禄的态度大相径庭啊。"

休斯耸耸肩,似乎对这样的反应有些习以为常了:"对妇女而言,他其实还真不错。"

尼禄一生受到过多位女强人的影响。他的母亲小阿格里皮娜因为写了一本十分流行的回忆录,细数家庭历史,包括她的兄弟卡利古拉,她的丈夫克劳迪乌斯,还有与奥古斯都关系密切、而后早早被卷入宫廷政治暴力的母亲——大阿格里皮娜,而成为臭名昭著的政治人物。尼禄执政时,妇女正从家庭领域步入公共舞台。她们对罗马传统提出挑战,不甘于做只在家里给丈夫、父亲、儿子织布做衣的贤德女性。

虽然尼禄被广泛抨击为暴君,但他也是一个热爱戏剧和音乐的平民主义者。他参加戏剧演出,不像以前的领导人那样借助"论坛",而是用戏剧来宣扬自己的政治论点。我们甚至可以说,尼禄的做法与现代美国政客利用媒体或电视广告而不用正式演说来传播自己的想法十分相似。据休斯解释,尼禄当政期间在戏剧界投入重金,剧团生意异常兴隆。休斯说:"一个意想不到的结果就是,尼禄统治期间戏剧界变得开放了,更多妇女加入了演艺行列。"女性艺人多了,女性监制人和出资人也出现了。庞贝火山爆发的生还者、罗马评论家小普林尼曾批判性地写过一位名叫乌米迪娅·夸德拉提拉[8]的富有主妇——她拥有自己的哑剧团。

在有两所公共剧院、以娱乐活动吸引游客的庞贝,休斯研究的是1世纪比较不为人知的演艺趋势:私宅院落里的小剧场。庞贝有11个已知的这一类的小剧场,休斯猜测富有人家会在户外宴饮时选择性地邀请亲友、生意上相关的人和政界友人观看特别演出。休斯认为这种现象说明妇女的角色已经在大众眼中发生了相当大的变化。这就给乌米迪娅·夸德拉提拉这样的妇女提供了机会,她的哑剧团很可能曾在私人家里的小剧场演出过。当然,剧院不只是让妇女在经济上更独立,还使罗马人重新塑造了性别角色。

休斯告诉我,就在朱莉娅和乌米迪娅得以经商的几十年里,大力神赫拉克勒斯与吕底亚女王翁法勒的故事突然间特别流行。庞贝起码有两所住宅展现了与这个神话有关的精美壁画,画中反映了故事的主要情节,也就是大力神喝醉了,误穿了翁法勒的衣服的一幕;而女王则穿着赫拉克勒斯的衣服,或佩带他的武器。在"黑山王子之家"的壁画里,她就坐在一般是男主人坐的餐桌主位。"她俨然一副男主人的模样,"休斯若有所思地说,"这等于是说掌管戏剧和家庭的都是女人。"

翁法勒神话让她想起庞贝一位名叫尤马奇亚的真实女性人物,她的年龄可能与朱莉娅·费利克斯的母亲相仿。她出身于一个非贵族家庭,后来成为重获自由奴隶组织的民间团体"奥古斯塔莱"的领导。她还是漂洗工人行业协会——一个代表织造、染色、洗涤衣物的服装制造商的贸易团体——的女主管。尤马奇亚发家致富后捐了一所颇具规模的公共建筑,也就是今人所知的尤马奇亚楼,此楼的位置就在庞贝中心区"论坛"旁边的紧俏地块。当时的罗马或许已经正式成为一个父权制国家,但尤马奇亚却巾帼不让须眉,闯荡出了自己的天下。也许翁法勒就是她的学习榜样。

第一章 富饶街上的暴乱

翁法勒神话不但质疑性别观念，还推翻了种族观念。翁法勒是来自今土耳其西部区域的外族女王。休斯认为这个神话恰恰适用于有大量来自罗马帝国各地的移民——有奴隶，也有非奴隶——且价值观正经历改变的庞贝。休斯说："有人绘制出这些图像，本身就说明肯定有能够接受或欣赏它们的观众和族群。"观看壁画和小剧场演出的人不仅有精英阶层，还有在这些私人空间工作的奴隶和自由民。在发现前奴隶和妇女大量涌入公共领域时，休斯解释道："他们在设法建立自己的身份认同感，但他们并不是模仿精英。"相反，他们可能是从自己工作环境里所接触到的艺术和戏剧里获得灵感的。"戏剧是促进社会变革的关键渠道。"休斯说。而庞贝又是一个热爱戏剧的城市。

厨房里的人

如果你从庞贝市中心剧院区往北走，最终就能穿过位于执政官街上的城门。执政官街街道宽广，平日熙来攘往，它斜穿城市，一直延续到城郊，两旁有多所罗马权贵的豪宅。这条路连接庞贝与附近的赫库兰尼姆，后者是一座更高级但规模较小、同样被维苏威火山灰掩埋的滨海城镇。有些考古学家相信著名的雄辩家西塞罗在小城被掩埋前150年左右在这条街上曾有一座别墅。公元79年保留下来的宅院与西塞罗时代的别墅一样考究，有帝王或精英居所的气派。一天早上，我沿着执政官街前行，只看见当年一个接一个的大宅院如今只留下断壁残垣，华丽的门厅只剩下光秃秃的石头。门厅中间原本都有水池，而今一片残败没落景象。用来彰显气派的豪华水池其实也有实际作用：承接天窗流下来的雨水。几乎每一家罗马住宅都有天窗和水池，不过路旁这几所大宅院里的天窗和水池都特别大，与别墅一样壮观。

执政官街上也有陵墓，纪念那些家人能为其支付纪念碑费用的人。罗马人之所以将陵墓安排在城郊，一方面是有精神方面的理由，另一方面是为了让访客在进城前能知道城里都有哪几个大家族。2 000年前这条路上肯定挤满了来往于赫库兰尼姆和庞贝间的行人车辆，不少人也会好奇地张望我周边的这些建筑。

不过我是在寻找正由旧金山州立大学考古学家迈克尔·安德森和他的团队挖掘的马赛克柱群之家。安德森是执政官街研究项目[9]负责人，这个长期项目专门研究的是当时的人们对这条街的使用情况。我一边看地图一边上下寻索到底哪一座遗迹才是马赛克柱群遗址。与城内多处建筑不同的是，它并没有明显的标记或指示牌。我只找到一个通往蒿草已没膝的花园的拱形通道的入口，入口处被一扇门挡住了。

"有人吗？"我问。我无法相信这就是我要找的地方，因为看不到任何人的身影。但很快我就看到通道那一头转角处的安德森探出了脑袋，还朝我挥了挥手。他打开锁链引导我穿过2 000年前访客使用的入口。当年拱形的墙壁上一定有精美的壁画，而且通道宽得可以容车辆进出。接着我们来到一个四面有围墙环绕的大花园，整个户外考古实验室就设在这里。一个带顶的篷子下面是临时工作室，里面有一张桌子、一台电脑、几箱陶瓷和一排排列整齐的安全帽。学生和其他研究人员穿梭在花园与通往别墅主体建筑的通道之间。在花园里，他们记录下每一件陶瓷，筛着土，正是在这里，王公贵族们曾徜徉在精致的马赛克柱群之间。现在有4根歪歪斜斜的水泥柱支撑在那里。

"马赛克柱群都被搬到那不勒斯博物馆去了，只留下了这些奇怪难看的水泥柱。"安德森苦笑着解释道。一上午他都在顶着热浪工作，黑发被头巾绑在脑后。他耳朵旁边还有一坨漫不经心涂抹时没抹开的防晒霜。"我不知道为什么他们还放了几根假柱子在这里。尺寸不对不说，连摆放的位置都不对。"

这是庞贝考古实际情况的一门必修课，研究人员经常发现他们挖掘的既有此前重建的城市建筑，又有最原始的城市建筑。安德森说他发现了19世纪、20世纪第一个10年和20世纪50年代的展示柜和建筑残件仿制品。他指着两个躺在草丛中棺材形状的锈蚀铁笼说，它们是20世纪50年代被挖掘出来的罗马别墅地下的萨姆尼特人坟墓的遗迹。"20世纪50年代这栋别墅曾一度对外开放。我们还有照片为证。他们重新铺设了水管，这里的花园中有一个喷水的喷泉。别墅中有树，还有假柱子。但这里很快就被人遗忘了。"他在通往别墅的门口进行挖掘时，还发现了1910年被放置在那里的石梁。"你必须准备应付各种情况。"他说。

连续主持了执政官街研究项目14年之后，安德森一直想解决两个谜团：在城市的鼎盛时期这栋别墅是什么样子？以前的发掘工作是否为了迎接20世纪的游客改变过这栋别墅的样貌？庞贝是一个巨大无比的考古场所，既能反映古代史，也能反映考古学的历史。

虽然前面几代考古学家都很想知道这栋别墅过往的主人，但安德森是受华莱士-哈德里尔影响的新一代研究者，他们感兴趣的是一般人的家庭生活。正因为如此，他才立即带着我穿过一道门，从花园走进了别墅的厨房，也就是奴隶和获得自由的奴隶（自由民）当年工作的地方。即便是就这栋大别墅而言，这间厨房也能称得上是一个豪华的空间。安德森发现厨房里竟然非常罕见的有四个灶台。多数别墅顶多就有两个。房间之大可以同时有十几个人工作而不显拥挤，中央工作区旁边还有充足的储藏空间。最令安德森和他的同事兴奋的是他们发现这里早在 1 世纪就重新铺设了铝制管道。管道用来给厨房一角的喷水池供水，使厨师有不间断的淡水供应。单这一项工程就耗资较大且极不寻常，安德森不得不思考主人家如此做的动机。其中一种可能性是他们家经常有大型的宴客需要，另一种可能性是商人们利用厨房对过往人员贩卖食物。

我们回头，经过花园的考古实验室到了执政官街，在这里安德森向我描述了公元 79 年这条街的样貌。他边说边用手指在空中比画，一副在画建筑图的模样。马赛克柱群之家比街面至少高出三层楼，部分得力于花园后面的假山的支撑。最上面一层是开放式的列柱回廊，在那里人们可以直接观看美丽的海景。这层楼的楼面略向外延伸，给下面一层带列柱的步道提供了阴凉。安德森说，延伸部分还可以让街上的人看不到列柱回廊里的一切，也能使人们在欣赏海景的时候不用看到脏乱的街面。

与朱莉娅的宅院一样,这座别墅底层朝向街道的那一面都是店铺。从执政官街的角度来看,马赛克柱群之家就是一家接一家的商铺,像今天的连排商区,而商店门面之间则有几个通道可直达别墅后面隐蔽的花园和厨房。安德森向我指出食品店、酒馆等地的旁边还有一家青铜器作坊。"这是全城第二长的商店街,仅次于富饶街,"他说,"所以我才对它感兴趣。"他停顿了半响,陷入了沉思,我止不住地想象着商店当年顾客盈门,人行道上金属加工作坊的烟味混杂着用橄榄油煎鱼时茴香和香菜炸出的味道。"商户是别墅的支撑,既是建筑支撑也是金钱支撑。这话一点儿都不假,"他若有所思地说,"我并不认为当时的人不知道这种联系。"

"住在这栋别墅底层把它撑起来的人肯定知道。"我回答道。

安德森哈哈一笑,点了点头:"对我来说,他们并不是我们都已太熟悉的恺撒大帝或其他皇帝,而是我们一无所知的人。我们即便永远都不知道他们究竟姓甚名谁,也能对他们的生活状况略知一二。"

那么,向别墅主人家租赁这些店面的人又都是谁呢?他们很可能是依据罗马法其生命与前主人相关联的自由民(获解放的奴隶)。一旦奴隶获得自由,他们的前主人就变成了他们的保护人,而保护人一般充当前奴隶养父的角色。[10] 自由民通常都留在前奴隶主家里,自己经商或帮助他们的保护人管理家产。西塞罗就曾提到,他钟爱的自由民提洛就是他这位政坛名人所有商务的管理者。大多数人都认为罗马城市里有大量的奴隶和自由民，其中部分原因是保护法的规定使解放奴隶成为一个经济上有吸引力的提议。别墅的主人虽然少了一份奴隶财产，却因此获得了一个忠心耿耿的工人——因为他的命运与主人家息息相关。罗马式的奴隶解放往往是有偿的奴隶制。

剑桥大学国王学院史学家、《罗马世界的自由民》一书的作者亨里克·莫里森推测，一户典型的罗马人家中大概有一半人是奴隶，有四分之一到三分之一的人是自由民。[11] 安德森同意这一观点。他推测经营商铺的"可能全是奴隶或前奴隶，或远亲"。很可能三者都有。家庭关系是罗马生活的重要一环，一户需要四个灶台的人家必定食指浩繁，肯定有不少三亲六故。在庞贝，一个奴隶出身的人如果幸运地变成了自由民，又被保护人委以重任，那么他完全有机会爬到近乎社会最高阶层的地位。

不过，政治权力对越来越庞大的自由民阶级来说还是禁区。他们也只能通过像奥古斯塔莱——奥古斯都大帝为愿意获得商界和政界关系的自由民设立的团体——这样的民间组织争取地位。自由民或许希望子女有自己永远得不到的投票权。社会等级正经历重新构建，但男性精英与所有其他人之间的权力鸿沟仍然像发炎的伤口，令人刺痛难忍。

阶级斗争的迹象也隐约可见。英国雷丁大学古典学教授安娜丽莎·马尔扎诺就发现了冲突的例证，它很像发生在现代的穷人与富人之间关于谁能使用那不勒斯湾的冲突。有钱人在海边建造了大型度假别墅，但他们没有在别墅底层开酒馆，而是建造了一直通往海洋的水产养殖池。[12] 马尔扎诺相信此举的目的是引诱更多的鱼游到他们的人造池中。估计负责管理这些养殖池,将主人家不吃的鱼卖到庞贝、赫库兰尼姆以及其他沿岸城市当地市场的都是奴隶和自由民。随着这类别墅数量的增加,当地的鱼贩子发现他们到海边的路都被阻断了。海边的大家族等于是在窃取他们的谋生之道。

就在维苏威火山毁掉庞贝的几十年后,矛盾终于到了一触即发的地步。法律文件显示有两位渔民向时任皇帝安东尼·庇护上书,请他出面为他们讨回公道,因为别墅主人不让他们到自己所在的城镇的海滨捕鱼。庇护大帝于是宣告人人都可以入海,但有一个例外:不得在别墅附近捕鱼。庞贝城被毁正好发生在穷人与富人、男人与女人、移民与罗马人及当地百姓间冲突频发的当口。我们或许不知道参与这些冲突的人都是谁,但他们却给这座古城留下了印记——罗马人采用非洲建筑方式建造城市,女性企业家给奥古斯塔莱提供资金,精美的别墅矗立在获释奴隶经营的小酒馆之上。

第二章

我们在公共场所的行为

公元79年维苏威火山爆发时庞贝已经算得上是灾难频仍之地了。公元62年，那不勒斯湾经历了一次强震，城市大面积被夷为平地，地震还引发了海啸，直击附近罗马帝国的奥斯蒂亚港。地震之后许多居民选择离开，再也没有回来，留下不少直到公元79年都无人居住的受损建筑。从某种意义上来讲，庞贝遭到遗弃就是从那次地震开始的，城市人口锐减，度假胜地的美名也因此褪色不少。不过，尘埃落定后还是有许多人决定留下，急于对城市进行改造升级。尼禄大帝就曾帮忙筹措修复资金，如今我们仍可以从裸露的砖墙上看到当年大面积的修复痕迹。该城守护女神维纳斯的神庙遗迹显示，公元79年工程师曾用厚石墙对其进行加固，他们认为这样能防震。[1] 我们今天看到的庞贝城是一所建设中的城市。地产所有者当时正对房舍进行重新设计，希望能反映更现代的罗马人以贸易而不以军事征服为导向的认知。

换言之，震后的庞贝都市面貌转向更侧重呈现商业。自由民和其他非精英团体将庞贝的许多大型别墅和住房改造成了多用途空间，原来住人的地方开始出现了零售业。也可能朱莉娅·费利克斯的产业就是在这时候跟上潮流，朝商业化的富饶街多开了几扇门。全城都经历了向零售业的改变，原来大户人家的精致门厅和花园不见了，代之而起的是洗衣店和面包店。更重要的是，小酒馆和餐馆变得在庞贝随处可见。有的小酒馆就只有容得下一个吧台的一间房大小，有的不但房间多还附带花园雅座。店主提供热食、外卖冷餐，还有各类酒水。我在朱莉娅·费利克斯之家和马赛克柱群之家都看到过不少小酒馆的遗迹，这还只是开始。

庞贝每一条主街上都有许许多多小酒馆，它们的特点是都配备了L字形的大理石吧台，这是我学到的辨认它们的办法。台面都内嵌约60厘米深的陶瓷罐，其圆形大口与吧台同高。口上应该有木质盖板，只是如今早已不复存在。陶瓷罐内壁平整，或许原来是置放谷物或坚果等干货用的。如今就只剩下这些空荡简约的圆洞。而当年的壁画显示，酒馆吧台上堆满了东西，吧台上方的天花板上悬挂着草药、水果和肉条，盛酒、橄榄油及其他液体的长颈双耳陶瓷罐靠墙放着。酒馆肯定令自己生产一切食材、器皿和炉台等的新石器时代恰塔霍裕克人叹为观止。在庞贝，一个人只要走出家门就能获得餐饮服务，他也可以到专门卖锅具、油、肉、菜的地方走一趟，自己在家做饭。如果你不想自己烧热水，甚至还有卖热水的店铺可供你选择。

在小酒馆之间来回转悠

为了了解庞贝的小酒馆的情况,我与长期合作对象马萨诸塞大学阿默斯特分校的埃里克·波勒和辛辛那提大学的史蒂文·埃利斯一起坐下来边喝啤酒边聊天。埃利斯曾写过《罗马的零售业革命》[2]一书,这本书记述了罗马帝国小生意的兴起。他研究了帝国境内从北非到中东各地的小酒馆,他说庞贝有160多家小酒馆。"这个数目可不得了。"接着他补充说,这个估计的数字还很可能偏低了,因为仍有部分城市至今还被埋在火山灰下。波勒又在餐巾纸的背面做了一个计算:"如果1.2万人居住的地方有160家小酒馆,那么就得有十分之一的人口在外面吃饭才能支撑得起这么多的小酒馆。"这些人都是谁?有钱人家里有的是奴隶,可以在自己设备齐全的别墅厨房里做饭。城里普通住宅都不带厨房,所以酒馆似乎应当是穷人的去处。可是这又与证据不符。即便是在没有自来水供应的楼上的小公寓房内,手头不宽裕的人只要有小烤炉或热炉,也能自己做些吃的东西。

埃利斯认为,经营酒馆与进出酒馆的常客都是不贫不富的所谓"中阶层人士"。他们都是同一条街上从贩卖洋葱、鱼酱到贩卖纺织品、香水的小店主。埃利斯说,多数中阶层人士"都有钱在外面吃个便饭"并进行其他小量的奢侈消费。他们并不是我们所称的中产阶级,因为后者是与现代社会相关联的用词。其实,他们当中既有相当富有的,也有勉强养家糊口的新近被解放的自由民。但他们都属于罗马帝国精英与奴隶之间的庞大经济群体。与其他人最大的不同之处在于，他们的钱是靠经商或贸易挣来的。精英们绝不涉足这类工作，虽然许多罗马帝国富豪的钱来自他们的自由民与奴隶经营的店铺和农场。正如安德森在马赛克柱群之家所指出的，别墅楼下的商户是别墅的支撑，既是建筑支撑也是金钱支撑。

新一点儿的庞贝住房反映出连最富有的居民也得靠工作来养活自己。我们称之为斯蒂芬努斯漂洗厂的建筑看来就是震后重建的，原先一所带门厅的大宅院被改造成了"漂洗厂"，也就是羊毛加工厂。斯蒂芬努斯的名字是在富饶街上的漂洗厂进口处一个与选举有关的漆牌上被发现的。（虽然我们不确定斯蒂芬努斯是不是住在这里的烘焙师[①]的名字，为简单起见就假设是吧。）看来斯蒂芬努斯花了不少功夫，把原先铺了地砖的气派门厅改建成好几大间房间，其中羊毛加工所必需的染缸和工具一应俱全。但他也给家庭生活留了相当大的空间。曾著书撰写古代漂洗厂的荷兰莱顿大学考古学家米科·弗洛尔在考察斯蒂芬努斯漂洗厂时，发现了珠宝首饰、化妆品、炊具以及能证明这里既是工作的地方也是生活的地方的其他迹象。斯蒂芬努斯没有把住房的工作区隔离为面向街道的店铺片区，而是将它作为住家的一部分，毫无疑问，他的奴隶和自由民是与他的家人住在一起的。弗洛尔写道："基本上，这所房子是这些人生活、睡觉、吃饭和工作的地方，

[①] 原文如此。不知漂洗厂怎么会跟烘焙有关，也许"烘焙师"（baker）应改为"主人家"。——译者注

也很可能是他们眼中的家。"[3]

沿着富饶街我们还发现了一处类似的改建房，即人们所称的"纯洁情人之家"，原来的贵族大宅院被改建为从门口可以直接进入的宽敞明亮的面包店。达官贵人曾经低声闲聊的隐蔽空间此时到处都堆放着烤炉和磨。烘焙师更在乎拉磨的驴子的健康而不是奢华排场。前主人曾在奴隶伺候下在餐厅的躺椅上从容进餐，而后来的主人在它旁边修建了一个圈养牲口的房屋。跟斯蒂芬努斯漂洗厂一样，这家面包店也是工作与生活空间兼而有之。它与住宅相连，但波勒说主人家在重建时优先考虑的是面包店，先把面包店安置好后才顾及其余部分的建设。面包店的主人家可能相当富有，但并不是罗马帝国的上流社会人士。他们靠工作挣钱，劳动就是他们家业的一部分。

斯蒂芬努斯和居住在"纯洁情人之家"的不知名烘焙师或许就是那些多到令人目眩的酒馆和餐馆的主要客源。埃利斯称这段时期为庞贝的"零售业革命期"。帝国内部的纷争已逐渐平息，罗马人正享受难得的和平。"这是罗马太平盛世的开始，贸易量激增，"埃利斯说，"人们经历了从个人从事工艺到加入规模化行会的转变。"在庞贝，这就意味着人们不只是彼此进行买卖。他们成了涵盖整个罗马帝国，一直到非洲、亚洲和中东的巨大经济网络的一部分。在斯塔比亚大街，埃利斯发现了能反映这一新型大都会现实的多家酒馆。研究人员从储藏罐、污水坑和菜单上发现，其中一家酒馆只提供当地生产的水果、谷物、蔬菜，外加奶酪和肉肠；而相隔两家以外的另一家酒馆的食品种类就多得多

第二章 我们在公共场所的行为

了。"这里有孜然、胡椒和来自印度的香菜，"他说，"食品有国外的香料佐味。"前往庞贝酒馆就餐的中阶层人士可以选择用进口食材烹调的美味，或当地的家乡菜。过去只有上层社会才能享用的美食现在已可供更多人随时享用。即便生为奴隶的人最终也可以拥有自己的门店，享受上流社会的美食。有意思的是，现代世界的数据显示，一个地方的餐馆越多这个地方就越繁华。[4] 很久以前似乎也是这样。

与埃利斯在庞贝共事近20年之久的波勒说，对这些中阶层人士是如何改变庞贝的都市设计的这一问题，考古学家的看法有了一些转变。他说，一个世纪之前，学者们担心像斯蒂芬努斯漂洗厂这样店面的出现是罗马文化衰落的迹象。他们假设庞贝城中有文化素养的贵族都被一群下层的、低素养的小商贩给挤走了，导致文明每况愈下。这个理论之所以出现有两个方面的原因：一方面是当时的学者受到了维多利亚时代对工人阶级的偏见影响，特别是当时多数考古学家又是上层阶级出身；另一方面是受到了罗马人自己记述的影响。彼得罗纽斯的《讽世录》是描写尼禄统治期间罗马帝国阴暗面的小说，里面对自由民特立马乔举办的乏味宴会做了大篇幅的描绘，特立马乔像《了不起的盖茨比》中所描述的那样喜欢摆阔、挥金如土。几乎所有我们能找到的关于中阶层人士的描述都是出于像彼得罗纽斯这样的精英之手，而且多数语言带有轻蔑贬损的意味。

波勒呷了一口啤酒跟埃利斯一起笑了起来。今天的考古学家对《讽世录》这类小说多数持有怀疑态度，因为它们反映的更可能是偏见而非事实。他和埃利斯反倒认为这是中阶层人士有了发展机会而改变了权力平衡的一段复兴期。

然而，在自由民和其他中阶层人士的想法几乎无迹可寻的情况下，我们该如何证明他们不是破坏帝国的恶魔呢？我们没有找到能为彼得罗纽斯明嘲暗讽的特立马乔翻案的有力辩护。甚至如尤马奇亚楼这样的中阶层人士的权力象征，也因为我们对它是如何被使用的知之甚少而起不到拨云见日的作用。为重现中阶层人士的生活，埃利斯和波勒使用了一种新的历史研究法——数据考古学。他们通过仔细观察，将许多建筑——比如，几百家酒馆——和物件的信息汇集在一起，设法了解一般人的生活习惯。这是探究已经消失的公共生活的最佳方式。

沟渠的数据

"在庞贝，考古学往往着眼于巨大、雄伟和不寻常的东西。"埃利斯说。他指的是针对别墅、大型建筑等的许多挖掘工作。他接着说道："而我们却着眼于那些稀松平常的东西。我想知道街道上最常见的活动。埃里克·波勒想知道街道上都发生了什么。"

他倒并不是在打比方。波勒是《庞贝的交通系统》[5]一书的作者，他的研究需要他长时间蹲在街上，分析曾被粪便、外溢的污水覆盖并被车辆碾压过的石头。过往的车辆十分密集，已经多到使庞贝大多数街道的石头路面被压出了两道深深的凹痕。这就向我们透露出了一些重要信息：车辆的大小，或者起码车辆的轮距，已相当标准化。进而证明在城里驾车或许已经有了一套被普遍接受的社会规范。

趴在沟渠边上的波勒还发现在十字路口路边有明显的楔形豁口。他计算了豁口的数目、记下它们的具体位置并在咨询了一位工程师后发现了原因：这是成千上万名驾驶员驾驶车辆右转时不小心，导致车轮撞击或碾压路边的结果。十字路口的左边就没有类似的豁口，这说明左转弯幅度较大，就像今天的美国街道上的情况一样。即便是驾驶技术很差的驾驶员都不至于撞到左边的路缘石。这些线索显示庞贝古城的人们遵循的是车辆右行制。

我站在富饶街旁边的诺切拉街的十字路口，想象着熙熙攘攘的车辆与我擦肩而过，人们挤进酒馆的场景。庞贝的街道比较深，街沿较高；过街时我得跃过横穿道专用的三块扁平大石块。波勒说它们有点儿像是垫脚石，部分原因是街道上经常有污水横流。我在石块间跳跃，想象下面街上污水流淌的模样。一辆机动车行进到街沿，就在它往后滑动的刹那溅了我们一身污水，引发日常使用拉丁语或迦太基语和欧斯干语的行人的一片咒骂。这就是波勒和埃利斯用数据考古学给我们描绘出的景象，就在那一瞬间，庞贝的过去对我来说要比知道皇帝们到过哪里、执政官住在哪里时更真切。

横穿道本身也暗示车辆已标准化，因为石块的间隔正好供两个车轮经过。当时的文献也暗示车辆只有在晚间人流量较少时才能进城。有些罗马市政管理条例还规定，节假日期间车辆不得进入市中心，避免伊西斯神庙的狂欢者被从斯塔比亚大街驶入的车辆撞倒。

从某种意义上来说，数据考古学是历史的民主化。它要了解的是百姓的生活状况，以便复现他们的社会甚至心理生活。埃利斯用数据剥离了我们对罗马帝国生活的一些先入为主的概念，让我们看到一群喜欢逛街、在餐馆吃喝、过上了好日子的中阶层人士。当埃利斯看一座城市时，他说，他看到的是一个建筑材料和劳动力的"容积矩阵"。"我总在想：这个容积是如何形成的？"他思忖道。说白了，他要问的就是，要怎样在古代世界中将如此大量流动之物聚集在一起。如果我们置身于2 000年前的富饶街上，答案就藏在我先前说到的缺位当中——那块本应由自由民和奴隶填补的空白。

波勒的论点是我们可以从缺位里知道不少东西，这话出自通过研究石块的磨损来了解庞贝城交通情况的他显然不无道理。"我感兴趣的是如今石块上已不复存在的部分，"他跟我说，"磨损的形状是人造成的。"对供许多人重复进行大致相同的活动的公共空间而言尤其如此。"如果你把全城数十万次与石头的互动当作一个整体来看，对于整座城市来说，缺位的部分就是数千人做了同样决定的结果。这样，庞贝城的交通系统情况就会突然呈现出来，而此前我们对此可以说是一无所知。"波勒停顿了一会儿，我不禁想起我的老家人口聚集的地方的缺位现象：公园草地上的几条不长草的小径；地铁车厢被乘客箱包多次撞击后出现的油漆剥落现象；对了，还有车辆转弯过急，或者在碰到旧金山许

第二章　我们在公共场所的行为

多陡坡的坡边后给街道留下的撞击伤痕。波勒认为我们可以从这些磕磕碰碰的地方略窥历史里不留痕迹的无名百姓的生活。

我们甚至可以从街景中"看到"影响人民生活的社会阶层划分。对罗马人来说，修路是一项关键技术，有了修筑的路面才容易用车辆运货拉人，也便于人们行走。可是城市的富人并未出资使每个人都能够享受这一先进技术所带来的便利。宽广壮丽如富饶街这样的街道当然有经过铺设的路面，其他主要通衢大道亦然。但城市东边比较贫穷的地方的很多街道都还是土路。

地震后，城市西边靠近神庙处的街道很快得到修复，但通往一般住宅的小路却没有。波勒讲到城市西北边有一处"豪华住宅区"，几乎每一条街都是石砌街道——只有两条街是用灰与夯土草草铺成的。这两条街的两边不是大宅院的后门就是普通民房的前门。"这向我们表明，筑路技术掌握在城里的某些人手中，他们不打算与每个人分享这一技术。"波勒说。这些人向下层百姓传达的信息非常清楚：他们只配与有钱人家的房屋后侧共用街道。或许庞贝的筑路系统看似是都市基本建设的一个怪诞细节，但我们也由此知道了不少关于罗马帝国城市中邻居之间的相处之道。

自由民的崛起

直到最近，研究人员才弄明白罗马帝国人口中自由民的比例。亨里克·莫里森在仔细阅览了载有罗马和帝国其他几个关键地点所有墓碑名字的汇编资料后做了一个估计。这些名单里隐藏着一个可以预测的数据模式。罗马奴隶主喜欢给自己的奴隶取外国名字，特别是希腊名字，借以强调奴隶属于异类，地位卑下。奴隶在获得自由后，仍用身为奴隶时的名字。罗马政府官员有一套标明自由民身份的办法，他们把原来主人家的姓加在自由民的名字后面。有时候公共记录里也会在自由民的名字旁边加上"L"（*libertus*）字母样，清楚表明此人曾是家奴。为寻找这些自由民的坟墓，莫里森团队统计了所有带"L"字母样的人名以及除罗马姓氏外还有希腊名字和其他外国名字的人。

学者们还试图通过查阅政府文件来推算自由民人口数量。奥古斯都大帝曾通过法律，不让自由民获取救济粮[6]，学者们因此可以计算出自由民被排除在外后领救济粮的人数少了多少。依据这些数字和墓碑资料，研究人员推算出城市里约有四分之三的自由人口是前奴隶或其后代。《罗马的奴隶》一书的作者桑德拉·乔希尔曾用类似的方法来估算奴隶人口数量，她认为城市里约有30%的居民是奴隶。显然我们无法得出确切的数字，特别是因为几乎没有关于奴隶和自由民人群的记录。但不容否认的是，罗马的蓄奴和释放奴隶现象十分普遍，自由民代表的是1世纪罗马帝国都市生活中的新面貌。

我们甚至可以清楚地看到自由民的焦虑如何改变了庞贝的建筑风貌。这些新的中阶层人士对那些有关自己形象的反面描绘有切肤之痛，他们常会通过建造一些外观富丽堂皇但却表里不相称的房屋来融入富人区。办法之一就是给人一种幻觉，以为里面还有更大的空间，"悲剧诗人之家"即其中一例。这栋以装饰考究知名的房子的主人希望给邻人一个印象，即以为他家里像朱莉娅·费利克斯之家一样，也有大理石列柱环绕的大花园，因此在自家小花园中用颇具心机的角度布置了几根大理石柱，让街上的过往行人以为那是大型列柱花园的一角。这些别墅装潢的假象可能就是今人用长镜面和明亮的墙面把小房间"变大"手法的先河。

有些中阶层百姓试图通过附庸风雅来融入上流社会。最形象、最令人难忘的例子就是斯塔比亚大街上的"特伦修斯·尼奥之家"这座宏伟别墅内的壁画。（别墅的名字并非主人名，而是因别墅门外一张吁请过往行人投特伦修斯·尼奥一票的广告而得名。）壁画中站着一对夫妇，这与城里其他精致别墅展示的主人家画像并无二致。但这对夫妻却明摆着是中阶层百姓。男主人是烘焙师，身着公民装束的托加长袍，这说明他既非贵族亦非奴隶。女主人手上拿着簿记用具，一支笔和书写用的蜡版。这说明她很可能是自由民，因为女奴经常从事簿记行业。这对夫妻比照上流社会风范请人绘制了画像，但对自己之前的奴隶身份并不讳言。这是一幅委婉动人的画作，着意强调自由民与其他生而自由的人相比毫不逊色。

有的中阶层人士则选择在房屋外面大肆铺陈装潢来宣泄自己的阶级焦虑，表示对仇己者的轻蔑。最突出的例子莫过于"维蒂之家"。维蒂一家是酒商，可能是兄弟俩，他们在时尚的西北城区豪宅大门旁边画了一幅画，画中是生殖之神普里阿普斯的巨型勃起阳具将秤压斜的搞笑画面。别忘了普里阿普斯的巨大阳具在古罗马是财富的象征，而且当时的人们也并不认为男性裸体有伤风化。尽管如此，这幅画还是给人以低俗的印象，是阴沟中的秽语，而非列柱间的戏言。这两兄弟似乎是有意在提醒他们的贵族邻人，自己虽然出身微贱，如今却富甲一方。[7]

为进一步了解中阶层民众的生活，我与考古学家索菲·海伊在距"维蒂之家"以南几条街的斯塔比亚大街见了面。海伊对一位名叫阿玛兰特斯的自由民所拥有的一家酒馆和相连的别墅进行挖掘已有多年。那是个大热天，正午的太阳十分无情。她来的时候齐肩的金发略显零乱，一脸干渴的模样。我们就像古罗马人那样蹲在路边，一起享用我从庞贝众多已修复的水泉处丘比特嘴里接来的一瓶冷水。随着谈话的继续，索菲·海伊的一番描述渐渐地将2 000年前这里的工人阶层的居住场景生动地展现在我眼前。

从斯塔比亚大街右转进入富饶街后，再右转进入一条名叫齐特拉斯塔的小街，不远处就是阿玛兰特斯酒馆。当自由民在这儿开店时，酒馆旁边一座有数百年历史的老别墅已因年久失修和地震亟待修缮。阿玛兰特斯很想进行一次大整修，但又不愿意花大钱。工匠在房子后半部修复了装饰有壁画的美丽餐厅。说起阿玛兰特斯对门厅的装修时，海伊直言不讳。"屋顶简直是糊弄，"她说，"就用的茅草加石灰。"接雨池也就是简单地在地上弄了一个像水池形状的模子，根本盛不住水。灰蒙蒙的门厅绝大部分用于存放几十个为酒馆预备的盛满酒的双耳瓶。阿玛兰特斯对门厅旁边原有的高级卧室没有做改动，但是他把自家的驴和狗安置在此；海伊在清理火山灰时发现了埋在下面的牲畜遗骸。或许阿玛兰特斯是想模仿同一条街上的漂洗厂和面包店的做法，把当年头面人物谈生意、做政治交易的门厅改成作坊。但这位酒馆主人显然还想让他的房子保留当年别墅的一定气派。否则，他在储藏空间中间弄一个不起作用的接雨池干什么？

不论他如何努力跻身上流社会，阿玛兰特斯的顾客很可能都只是自由民或像他这样的中阶层人士。"这个酒吧很可能规格不高，"海伊笑着说，"光顾它的应该是工匠和作坊里的工人。附近有两三家画铺和鱼酱制造厂。商业活动频繁，对街还有一家酒馆。两家可能都是附近的人吃喝的去处。"她的同事还研究出了酒馆里的菜单。在分析了酒馆锅里以及顾客留在他的厕所粪坑里的大量残留物后，他们发现阿玛兰特斯酒馆以供应鱼、坚果和无花果为主。据海伊说，这家酒馆的菜品丰富，而且质量相当高。庞贝城的阶级划分虽然明显，但市郊的农场食品供应充沛，穷人富人都不虞匮乏。阿玛兰特斯也试着卖进口的葡萄酒，海伊在60个原本盛装克里特岛葡萄酒的双耳瓶中发现了一个装有加沙葡萄酒的瓶子。"那是在庞贝发现的唯一一瓶来自加沙的葡萄酒，"她惊叹道，"我猜他是想让顾客尝尝鲜。"

阿玛兰特斯也像他的许多自由民邻居一样参与了地方政治。考古学家第一次发现阿玛兰特斯——这是拉丁化之后的希腊名字，与他此前的奴隶身份相符——的名字是在他店面外的一个广告牌上，广告牌上写的是请顾客投他中意的候选人一票。可惜画匠不但把他的名字拼错了，也把候选人的名字拼错了。海伊说："也许画匠工作时是处于微醺状态。"阿玛兰特斯的店面旁边就是一家画店，她怀疑是不是阿玛兰特斯用以酒代酬的方式雇用了这位画匠。这幅画作自然谈不上是艺术精品，但却是阿玛兰特斯融入城市政治生活的强有力的证据，与烘焙师和他妻子请别人投特伦修斯·尼奥一票一样。不错，阿玛兰特斯大部分时间都在忙酒馆的事，但他显然对他的中阶层顾客应当如何投票一事特别在意。

品箫女王

距阿玛兰特斯酒馆七条街，在城墙附近的一条阴暗的小道上，目光犀利的旁观者只要一溜达就会发现，对于究竟选谁还有完全不同的建议。有人在街上涂鸦，拼写错误自然很常见，如"Isadorum aed/optimus cun lincet"。译文大致如下："恳请赐票伊萨多罗斯为行政官/此人口交功夫一流。"[8] 一看即知这是对此人的明捧暗讽。或许伊萨多罗斯会对这样的捧杀感到些许自豪，但罗马人一般认为只有奴隶和女性才会做这种卑贱的事。不过这种讽刺性的竞选布告并不罕见，庞贝到处可见与性事有关的涂鸦和绘画。18世纪和19世纪，考古学家在发掘这座城市时，对大量精致房屋墙壁上的春宫图和公共广场、商店门口甚至人行道上毫不遮掩的展示阳具的画作大为震惊。生殖之神普里阿普斯和他超大的阳具并不是只出现在"维蒂之家"一处,只不过是他们家的作品特别令人难忘而已。普里阿普斯的图像在庞贝十分受欢迎。这座城市既作为考古学瑰宝而知名,也因其黄色图像而名扬海外。

然而,所有这些阳具图片其实也是庞贝之所以成为考古学瑰宝的部分原因。对现代西方人来说,它们或许是基督教兴起之前的罗马文化与之后的文化间文化分裂的最极端例证。庞贝人一看到维蒂兄弟的普里阿普斯画作就会心领神会,知道那是表明他们已然发家致富的调皮方式。阳具形状的风铃和雕刻被看作幸运的象征,许多店家都有这样的展示,就像今天许多商家橱窗里都有可爱的招财猫一样。古罗马对这种阳具图像并不太忌讳,也不认为性与性器官是言谈禁忌,这与后来的基督教世界完全不同。

虽然在20世纪晚期和21世纪初期,人们对待性的态度已经有了改变,但在庞贝和附近赫库兰尼姆发现的性物件还是被放在了那不勒斯国家考古博物馆一个特殊的"秘密展柜"区。在那里,好奇的历史专业的学生可以观看一个盛满泥塑阳具的盒子,也可以欣赏带脚、带翅膀、自己还带着阳具的男根(不错,因为好运不嫌多,故而阳具自己也有阳具)。另外,还有不少神明与各种动物和人交媾的优美雕塑。

许多游客就是冲着这段被禁忌的历史而特意参观庞贝城中一个叫"母狼穴"的妓院的。这座看起来很普通的三角形的二层建筑就在阿玛兰特斯店面附近富饶街的路口。母狼穴在2 000年前很可能就像今天一样声名远播,只是理由不同。如今,曾在学校里被迫学拉丁文的游客被这样一个想法所刺激:当年塑造我们文化的伟人也会在墙上满是春宫图、有着炕的房间里寻欢作乐。而在阿玛兰特斯生活的时代，在华盛顿大学考古学家萨拉·莱文-理查森所说的"专门的妓院"[9]，嫖娼算得上是一种特殊娱乐。她之所以用"专门的"来形容这个妓院就是为了强调它是一家"专卖店"。好色的罗马人几乎在所有娱乐场所都能嫖娼，一般来说，妓女都在酒馆或别墅内店铺的房间里做交易。也有人在比较繁华的论坛区等地拉生意。一个专门用于性交易的场所——就像一家饭店只兜售巧克力食品一样——是比较罕见的。因此这家店可谓非比寻常。也许这就是考古学家在古罗马世界迄今只找到庞贝"母狼穴"这一家开设目的明确的妓院的原因。

我前往母狼穴参观的那一天，人数就数这里最多。不断有游客从街上的前门鱼贯而入，匆匆穿过一条两边都是带炕单间的过道后，很快又从另一扇门拐入另一条街。在能讲意大利语、日语和英语的导游的带领下，他们观看门框上端的春宫图：男男女女成群嬉戏，姿势各异。这些春宫图看起来有点儿像是成人网站首页的实体店版。我在成长过程中对网上的淫秽图片有一定的熟悉程度，关于壁画中半裸露人物出现在到处是枕头的床上的模糊形象，我认为还算收敛。虽然今天此处相当透气敞亮，但当年生意兴隆的时代，许多房间必定又挤又暗。

从事性工作的有不少自由民，但也有被迫干这一行当的奴隶。不过，莱文-理查森还是发现了在母狼穴工作的妇女的经历并不像《使女的故事》描写的那么水深火热。许多人对自己的工作还感到相当自豪。她花了好几年的时间研究城里的这家

"专卖店"，寻找有关雇员的线索。结果在淫秽的涂鸦中间找到了答案，正如那张有关"口交"的恶搞竞选海报能提供信息一样。虽然长期以来人们都相信母狼穴里多处涂鸦乃男人所为，但莱文-理查森指出其中也有不少涂鸦出自女性之手。许多庞贝的女性是识字的，识字的奴隶可以帮助主人家记账，"特伦修斯·尼奥之家"女主人的画像就是一例。起码有几位性工作者肯定识字，因为她发现了一位自称是女性的涂鸦人。母狼穴墙上有这么一句话——"fututa sum hic"，大意是"我（女性）在这里与人交媾"。[10]

还有一些涂鸦则是关于女人吹嘘自己的性功夫的。好几个女人还以"品箫人"或"品箫女王"自居。特别值得玩味的是一句写在妓院走廊上的话——"穆尔蒂斯·费拉特里斯"（Murtis·Felatris）。字体工整，中间还带一个点，是在模仿"论坛"墙上有一定地位的男性的名字和头衔的书写方式。穆尔蒂斯这位品箫女王写自己的名字的时候就像写一位罗马总督的名字一样，把妓女这样的边缘人物抬到了总督的高度。还有女性自称"fututrix"，意味着性事中的主动方。这样自称的女性并不是只想像穆尔蒂斯那样用一个政治名号开玩笑，她们还表达了自己想扮演一个占据主导地位的社会角色的想法。罗马文化对房事的主动方和被动方有强烈区分；被动方，一如妇女、奴隶，地位较低。一个女人如果自称"fututrix"，她就是主动方，她的顾客就是从属于她的被动方。

我从进出母狼穴的人流中走出来，进入一间有矮炕的小房间。公元70年左右，这里应该堆放着许多毯子、枕头，屋里有灯，墙上满是新鲜的壁画，宣示着这里的客人与主人家一样都是精英。越过富人的著作，看向阴暗的街道和奴隶的住处，我们发现这是一个自下而上把僵硬的罗马社会角色重新洗牌的社会。像阿玛兰特斯和维蒂兄弟这样的前奴隶后来获得了财富与影响力，像朱莉娅·费利克斯这样的妇女已经有了财产权，像穆尔蒂斯这样的性工作者的名字几千年都不会被人遗忘，而她的顾客的名字却早已灰飞烟灭。

尽管研究人员在庞贝挖掘已有两个世纪之久，但直到最近才有人了解穆尔蒂斯和阿玛兰特斯所生活的世界。这一方面是因为数据考古学为我们探讨非精英人物的生活提供了新方式，另一方面也与我们研究历史的方法存在根本问题有关。虽然19世纪和20世纪的人都珍惜庞贝，多次回来进行进一步的挖掘，但他们也想忘却庞贝的某一部分文化。他们看到生殖器雕塑或淫秽涂鸦时，就把这些东西都锁在"秘密展柜"区，因为他们很难跳出自己的基督徒价值观，用古罗马人的眼光来看待这些文物。直到2000年，那不勒斯国家考古博物馆的"秘密展柜"才向公众开放。罗马人当年的性观念与西方现代人的感性认知大相径庭，令现代人几乎无法理解。过去几个世纪，那不勒斯国家考古博物馆馆长把作为幸运符的阳具当作色情物品来对待，历史学家也不认为妓女是值得研究的对象。

可是不去理解这一部分的罗马文化，他们无法全面理解像庞贝这样的地方的社会结构——这里的隐私也十分公开。

罗马的如厕礼数

我只是随便瞥了几眼论坛的拱门和基座。我要找的是这个政治精英眼中的神圣厅堂东北角一个不起眼的小房间。终于找到了,是高墙上端远高于视平线之处的一扇窗暴露了这个房间的位置。但见里面挨着墙有一排满是泥土和杂草的槽。这就是庞贝城里少有的几间公共厕所之一,它的设计非常扎眼,就像在商店门旁看到一个裸露的阳具绘图一样让人觉得不协调。今天我们已经很难判定当年这个厕所的具体形状了,但可以肯定的是,当年它是一个阴暗密闭的地方,从那一扇高窗排放难闻的气味。布兰迪斯大学古典学教授奥尔加·科洛斯基-奥斯特罗夫曾对庞贝的下水道系统做过深入研究并发表了文章[11],在她的协助下我终于有了一个大概了解。挨着墙有一条水流不断的深沟,沟中的污水直通城市的污水管道。沿墙有几块凸出来的石块,上面原来是有一条长凳的,长凳上等距离切出好几个 U 形口,供政坛先贤们撩起托加长袍方便。"每个座位约相隔 30 厘米,"科洛斯基-奥斯特罗夫告诉我,"这是当时的标准尺寸。除非你很胖,否则是不会跟旁边的人大腿碰大腿的。"

不过,当时的公厕并没有今天厕所都有的隐私隔断。人们几乎就是挨个儿坐着。至于如何使用厕纸,个人的空间就更有限了。当论坛访客办完大事——这些公厕基本上都只供男性使用——他就拿起一头带着海绵的长棍,在脚下浅池的流水中将其沾湿,然后通过座位下面的一个圆洞用它来擦屁股。不论是公共厕所还是私人厕所，海绵棍都是共用的。

其实，真要了解一个自认为文明的社会，往往要从它最乱最脏的地方才能挖掘出真相。从论坛的厕所来看，罗马的道德模范们显然并不像基督徒那样坚持人们必须遮挡住身体部位或掩盖身体的生理活动。他们关心的是要对人们如何在城市空间里流动有所控制。正如科洛斯基-奥斯特罗夫所说，论坛的厕所与害羞无关。"我确信许多罗马人都是在街上、巷弄和城墙外面方便的，"她说，"我们在城市边缘的墙上看到'禁止在此大小便'的涂鸦，如果根本没有人这么做自然就不会有这样的警告。"她说，公厕的建造是为了约束人们的不文明行为。"罗马精英之所以在此处设立了公厕就是因为不愿意在论坛地面上看到有人的粪便。他们对街道不关心，但希望光鲜亮丽的论坛是一片净土。可以说这是他们的空间管理办法，等于是告诉所有人，'要办事得上那儿去'。"

我与庞贝专家交谈越多，就越能听到他们说起罗马人如何想要对空间进行"管理"。从街道到小酒馆，每一个公共区域都有一系列正式和非正式的规则要遵守。甚至在母狼穴，其中的涂鸦也反映了这是一个十分在乎性交姿势社会意义的社会。

罗马人的自我与城市内居民的实体组织之间有一种象征性的联系。与正处于与土地建立情感和政治纠缠初期的恰塔霍裕克居民不同，罗马城市居民出生在一个距游牧生活已有数千年之遥的定居生活的世界。随着时间的推移，在恰塔霍裕克人家中所进行的各种手工制作及其他活动都已经向外扩展，形成了城市里的公共场所：面包店、漂洗店、坟场、神庙、珠宝店、雕塑店、绘画店、小酒馆，还有厕所。城市与其说是住房的聚集处，不如说是光鲜夺目、复杂的公共空间的聚集处。人们的住所基本上也是开放的，前厅面街，是接待商业伙伴和宾客的所在。这一趋势因中阶层人士将住房改成商住两用空间而加剧，进一步模糊了商业生活与私人生活之间的界限。或者可以说，罗马人与土地的纠缠就表现在他们将城市划分成专门的公共区域上，有专门用于从事性工作和方便的地方，有娱乐的地方，有可从事政治活动的地方，有洗澡的地方，每个地方各有其用。在这些空间流动来往，是作为庞贝人生活的一种方式。

如果我们退几步用广角镜头来看，同样的概念或许也适用于整个罗马帝国。每个城市都各有专职，在这个环抱地中海全域的广大文明古国中发挥着自己的作用。庞贝是一座寻欢作乐的、以美景美食著称的城市。它是雄伟的权力中心罗马城的继女，淘气但又得宠。当它因天灾而毁于一旦后，其所造成的历史创伤远远超过了数千条性命的丧失。公共空间被摧毁，罗马帝国的部分身份认同也随之而毁。因此，罗马对维苏威火山爆发的反应也与我们在恰塔霍裕克所见的逐渐的、长时间的疏远不同。没有人决定抛弃庞贝城。对人们来说，它葬身于灼热的火山灰之下是几乎无法忍受的损失，许多幸存者迅速赶往其他城市重建自己的生活，并致力于再造他们失去的公共空间的新版本。

第三章

火山爆发以后

一开始是地震。生活在那不勒斯湾附近城市里的居民对地震已习以为常，公元79年秋[1]那天的震动很可能没有引起任何人的警觉。他们继续忙着手边的事，忙收成，或者在论坛口若悬河。但是后来维苏威火山开始冒烟了。以前罗马世界从没有过关于火山爆发的记载，后来有人用拉丁文撰写维苏威火山时说到山顶被一层"黑压压骇人的乌云笼罩，间或有雷电般的之字形闪光，背后但见各种形状的火焰：就像片状闪电，只是规模大得多"[2]。这场触目惊心的大灾难肯定很难用笔墨来形容。起码有一两天的时间天空都笼罩在烟雾之中，继而火山开始喷发石块，有的石块竟有庞贝高级街道的铺砖那般大小。

地还在震动。此时，人们开始慌慌张张地逃离。他们用车拉肩扛的方式将值钱的家当带上，就在大大小小的石块如雨点般打在屋顶上、敲坏墙、敲裂瓷瓦的时候匆匆朝北方或内陆逃去。只有一位目击者记录下了这次逃离火山爆发的场景，他就是小普林尼。他在自己的叔叔与数千名赫库兰尼姆人和庞贝人罹难几十年以后才记录下自己的经历。他说他和婶婶与众人逃生时只见烟尘弥漫,遮天蔽日,大家只能跌撞前行。

尽管大难当头,我们知道还是有许多人没有走。自由人不走是出于自己的选择,奴隶留下来则是奉主人之命。当路面上的灰烬和石块堆了有 1 米高时,坚持不走的人肯定也意识到已经到了非走不可的时候了。告诉我阿玛兰特斯故事的索菲·海伊说,我们在灰烬下面发现的是已经乱了套的庞贝城。人们已经把值钱的东西打包装箱,把它们搬到较安全的去处了。"所有的东西都已不在原地。"海伊说。每个人都上路了。一半以上的城市居民就在北边的灰烬和泥泞汹涌袭来时丧生在南逃的街道上。[3]

或许庞贝城外赫库兰尼姆富人区码头的景象,是对人们劫难临头最后时刻最为深刻的描绘。在那里,考古学家在原来用于货物装卸的货仓内发现了几十具尸骸。赫库兰尼姆的位置更接近维苏威火山,地处火山的北面,遭受祸灾的时间比别处早。骸骨成堆挤在仓库后面,许多人手中仍紧握着装有贵重物品的袋子。他们是在等待久候不至的救援船只时被烧焦的。这座美丽碧绿的大山曾是他们无数场花园宴会和节庆活动的背景,如今却爆发出令人望而生畏的滚烫岩浆,他们经历的恐怖自不待言。这些原来穿着讲究、斜躺着享用仆人端上的美酒的人,如今却像奴隶一样死在这不起眼的库房里。前来救援的人也惨遭不幸,小普林尼说他的叔叔就是在驾船救援他人的途中遇难的。

考古学家在庞贝一共发现了 1 150 具尸骸。考虑到未挖掘区可能会有更多遗骸，考古学家普遍估计该城 1.2 万人中约有十分之一人口丧生。

对庞贝造成致命一击的并非火山爆发而带来的石块和灰烬，而是地质学家所称的火山碎屑流，亦即能将火山附近 10 千米半径内所有生物烤熟的过热气体的多次喷发。在灼灼热流之后，灰烬继续从天上落下来，将庞贝埋在 6 米高滚烫的有毒物质之下。人、马、狗及其他动物的尸体在灰烬下慢慢腐化，只留下空洞的骨骼。19 世纪 60 年代，考古学家朱塞佩·菲奥雷利将石膏泥打进空洞，使这些受害者的姿势甚至面部表情都变得栩栩如生。因此，如今到访庞贝的游客在进入古罗马剧场旁边的园区时会经过两个装有这些石膏尸体的大型展柜。它们状甚恐怖，极具震撼力——虽然是早已腐化加注了石膏的躯体，却仍如死尸般令人一见难忘。有的人知道死之将至，他们举起双臂保护头部；有的像是在睡梦中安详去世。这让我想到了恰塔霍裕克被遗弃之后的样子。恰塔霍裕克被弃置后数百年，生活在科尼亚平原的居民将该地用作坟场，认为这是一块神圣的土地。

同样，庞贝也变成了一个用来缅怀逝者的地方。我们虽然在它的街上和店里处处可见当时的人们生活的迹象，但访问这座城市时却无法回避它当年被掩埋的惨状。对经历了公元 79 年维苏威火山爆发的罗马人来说，他们的感觉就更强烈了。这场灾难震撼了整个帝国，痛失家乡难以抚平心中伤痕的难民纷纷涌入附近的城市。或许就是因为这是一场骇人听闻的大灾难，所以人们似乎急于将它从历史中抹去。当我就此问题与街道专家埃里

第三章 火山爆发以后　　113

克·波勒讨论时,他也惊叹为什么罗马世界的人对这么一件大事几乎都闭口不谈。不过他说在知道 20 世纪的历史中灾难发生后有"沉默的一代人"之说后,也就觉得这一现象并不是那么难以理解了。1918 年到 1919 年数月内造成 67.5 万美国人死亡——超过美国在第一次世界大战中的死亡人数——的西班牙大流感发生后,也出现过类似的文化沉寂。流感波及面如此之广,政府和媒体却总是轻描淡写。这场疫病过后也没有多少人做过报道。[4]

罗马人对庞贝被毁一事保持沉默或许正说明了火山爆发所带来的伤痛有多么严重。与多次摧毁罗马的大火不同,也与让罗马共和国多次遭受痛击的战争不同,这是一场无法用金钱或人力挽回的大灾难。

"一场绝对的梦魇"

一开始研究庞贝城遭受遗弃的问题时,我也不明白为什么人们突然选择一走了之。公元 79 年的罗马帝国论财富、论影响力都如日中天,为什么提图斯不派遣奴隶,去把庞贝和赫库兰尼姆从灰烬中挖出来?我想,这当然不是一项小工程,可是罗马城不是因为屡经祝融之灾却得重建而远近闻名吗?重建工程不可谓不艰巨,修建水渠不也同样不易吗?再说,提图斯也并不怕花钱。在他父亲苇斯巴芗当政期间,提图斯曾斥巨资攻击耶路撒冷。上任第一年他又不顾一切地完成了由他父亲开始下令修建的罗马斗兽场项目——一项经费令人咋舌的大工程。工程师们兴建的罗马斗兽场能储水，罗马人可以在此观看模拟海战。如此复杂的东西都能建成，提图斯为什么不重建庞贝来展示一下自己的威风呢？

对这个问题的一般回答是，人们因恐惧让大地喷火的超自然力量而不敢回到庞贝城。其实，罗马人要比他们想的务实多了。公元 62 年大地震的幸存者也曾回到自己的家园进行重建，中阶层人士还借机把被弃置的别墅改为商铺。因此，不能说来自地球内部的大灾难会使庞贝人止步不前。我陷入了迷茫，开始猜想是不是罗马精英并不那么看重庞贝。虽然在维苏威火山爆发的一个世纪以前它是罗马数一数二的度假城，但帝国进一步扩大疆土之后忙里偷闲的人有了到西班牙、葡萄牙海边度假的选择。北非的城镇那时正经历高级转化改造，在迦太基和附近的乌提卡，古迦太基的传统布局已逐步被罗马风格的城市网格所取代。[5] 这也意味着这些地方有了更好的鱼酱来源，鱼酱曾是庞贝的主要出口物。也许庞贝已经过时了，或者已经变成了政治负担？我觉得提图斯和罗马精英一定是几经斟酌后认为庞贝的重要性已不如以前，不值得花大功夫重建了。

后来我与一位康考迪亚大学教地质学的火山碎屑流专家雅尼娜·克里普纳谈及此事。她曾前往美国华盛顿对圣海伦火山爆发事件进行一手研究，也曾走访过经历类似维苏威火山爆发的其他灾区。我在电话中问及维苏威火山爆发后的情况，她斩钉截铁地告诉我："就像人间地狱，而且会持续数年之久。""修复工作要花几代人的时间。那绝对是一场梦魇。"对于我的主要问题——为什么人们不能把庞贝挖出来——她很快就给出了答复。"新雪的密度是每立方米 50 千克~70 千克,灰烬的密度是每立方米 700 千克~3 200 千克。没有挖掘机,要挖出这座城工作量实在太大了,"她停顿了半晌,似乎是在思考,"除此之外,火山碎屑流的热度还会持续很长一段时间。"泥浆灰烬的温度一开始是 340 摄氏度,由于上面有层层石块和灰烬覆盖,热度不容易散去。再者,灰烬本身还散发有毒气体和颗粒物。在这种条件下工作必定炙热难熬,吸入火山灰也会很快令人病倒。

灾难的波及范围超越了城市边界。这场环境浩劫影响了整个那不勒斯湾。克里普纳指出,给庞贝提供用水的河流会被大量有毒灰烬堵塞,淡水供应途径被阻断,这座沿岸城市与周边城市的交通网络也被切断了。当然,土地也受到了长期影响。克里普纳说维苏威火山爆发带来的影响应该与圣海伦火山相仿,后者在爆发后有 40 年时间附近几乎寸草不生。起风时空气中的尘埃被卷起,气味依旧难闻。庞贝素以农地肥沃、食品香甜著称,这一切瞬间都被维苏威火山消灭于无形,即便砂石冷却后人们能去除灰烬,昔日种种也终将成为绝唱。"如此大量的火山灰使得土壤无法吸收氧气,导致土壤酸化,"克里普纳解释道,"作物的营养会因此减少,以后种植什么都困难。"火山爆发致使数千名庞贝人和赫库兰尼姆人丧生,也使得周围大量土地绝产。土地等于是被毒化了。

自然灾害猛然从居民手中夺走了他们的城市。他们渴望回去却又无法回去。提图斯曾亲赴庞贝视察仍冒着烟的废墟，寻找减轻损失的办法。[6]思来想去均无良策。即便有现代技术，仍存在无法逾越的障碍。不过他们还是挺了过来，带着对庞贝的记忆开始了新生活。庞贝的命运让我们有机会看到人们被迫背井离乡时会发生什么。过去几年，学者们已证实有大量难民在各地被安置，附近城市如那不勒斯和库迈等还出现了新建筑群，其中住的都是试图重新立足的前庞贝人。

盖乌斯·苏尔皮奇乌斯·福斯图斯的运气

那不勒斯是一个喧嚣的城市，到处是鹅卵石铺就的窄街，不断有从那不勒斯湾爬坡上来的汽车和摩托车飞速穿梭其中。这些城中心的街道都是为方便古罗马和中世纪时代罗马的主要交通工具驴车通行所建，如今行人与金属机车抢道的情景，是穆尔蒂斯和她住在母狼穴的朋友们做梦都想不到的。不过，也有很多东西没有变。墙上仍然涂鸦处处，酒吧随处可见。

公元79年这座城市的名字还叫那波利时，人行道上飞扬着火山灰，来自庞贝的难民开始缓缓流入。有的赶着车带着一袋袋的家当，有的除了衣缝中的黑沙一无所有。许多人因吸入了克里普纳描述的火山颗粒物而身体不适，出现了咳嗽、呕吐等症状，因自庞贝连续几天赶路而疲惫不堪。有的人逃到这里投亲靠友，有的人之所以来到这里，是因为这是附近他们唯一知道的城市。

我们不确定灾难发生以后几天的情况，可能城里的客栈已经不堪负荷，后来的人都只能露宿街头。神殿和露天剧场肯定也接待了不少担惊受怕、身无分文的百姓。那情景应该是今日经历过飓风和野火之灾的人所不陌生的。

在看到罗马政府的应急反应与21世纪初我们希望在西方民主国家所看到的反应竟如此类似时，或许我们会感到吃惊。提图斯巡视了灾区，后来还给生还者提供了财务资助让他们得以重新立足。公元120年年初曾出版提图斯传记的苏埃托尼乌斯解释道："提图斯第一时间就用抽签方式在前任执政官中选出专人来修复（意大利南部的）坎帕尼亚大区；他将葬身于维苏威火山又无继承人生还的人的财产捐出，作为修复受灾城市之用。"曾对庞贝生还者进行过开创性研究的迈阿密大学古典学学者史蒂文·塔克说，"修复坎帕尼亚大区"看来指的是在好几个沿海城市为难民建筑全新的居民区，包括建造专门供奉最受庞贝人崇拜的维纳斯、伊西斯、伏尔甘的神庙，还有澡堂和露天剧场。部分资金来自罗马国库，但苏埃托尼乌斯说也来自"葬身于维苏威火山的人的财产"。由于不少巨富在赫库兰尼姆和庞贝都有别墅，我们假设这笔钱十分可观。

塔克追踪到生还者搬迁到那波利、库迈、普特奥利、奥斯蒂亚的轨迹，他使用的方法与学者们查找自由民的方法相同：查看墓碑。当只有在庞贝才有的姓氏和族名在其他城市的墓碑上出现时，就说明这些人是难民。凭借他的努力，我们知道那波利的生还者包括维蒂家族的人，就是他们家在庞贝门店前展示了令人一见难忘的画作——画中的普里阿普斯在用秤称他那与整个身体一般大的阳具。我们不确定生还者就是那家店的店主两兄弟，因为他们也可能是与这个家庭相关的众多自由民中的两位。但起码，维蒂大家族中有人逃到了那波利，并试图与其他生还者扎堆居住。难民家庭之间的通婚现象十分普遍，这表明可能大家都住在附近，彼此继续有交集。一位维蒂家族中名叫 L. 维蒂·萨比努斯的人在一块墓碑上纪念他的妻子卡莉迪亚·诺米南塔，她的姓氏也是火山爆发前在庞贝才有的姓氏。那波利另一座墓葬纪念的是维蒂·萨比娜，她丈夫在墓碑上留下的文字中有一个词源自庞贝的原始语言欧斯干语。

据塔克说，我们知道的生还者多数是自由民。他认为其中部分原因是逃难时都是全家人——包括自由民和奴隶——一起走。他还怀疑是不是在维苏威火山爆发时，自由民正好在城外经商因而得以幸免于难。自由民获得自由之身后经常还是留在前主人家干活，经常担负主人家在庞贝城之外的经济利益和农地的管理职责。塔克说这样的工作安排也可以用于解释为什么许多庞贝难民喜欢在那不勒斯湾北岸沿线城市重新定居。这不仅是出于方便的考虑。有钱的庞贝主人家在那里有商业资产，自由民可以在主人故去后继续管理这些资产。

塔克有一位他最喜欢的庞贝生还者——一个名叫盖乌斯·苏尔皮奇乌斯·福斯图斯的人，他是被庞贝的一个银行业家族释放的奴隶。盖乌斯和苏尔皮奇家族都留下了历史学家梦寐以求的文字记录。我们知道他们逃离了庞贝，因为逃难途中他们丢弃了一个保险箱，里面有大量书证证明苏尔皮奇家族拥有一个小小的"金融帝国"，包括在普特奥利的几个货仓。这正是像盖乌斯这样的自由民为他们的前主人家所管理的资产类别。公元79年，普特奥利是古意大利的主要港口，大货船运载的大理石、木材、谷物和酒等大宗商品都在此卸货。苏尔皮奇家族先是将这些物品存仓，然后再用小船将其运到罗马。盖乌斯的行踪后来又在美丽的海滨城市库迈出现，塔克在这里发现了好几个刻有苏尔皮奇家族自由民名字的墓碑。塔克猜想盖乌斯和他的家人一定是迁居到了与庞贝十分相似的库迈，并在灾后继续管理主人家的资产。同庞贝一样，库迈也是在普特奥利有生意的人方便的住处。塔克注意到这种安排十分普遍，因为普特奥利基本上就是一座仓库城市，并不宜居。

持有这种想法的还不止苏尔皮奇一家。塔克发现，提图斯以及他后来继承帝位的弟弟图密善，都曾拨款在库迈建造新区收容难民，新区内澡堂、露天剧场、供奉庞贝神明维纳斯和伏尔甘的神庙等一应俱全。另外，提图斯还出资修建了连通库迈与罗马路网的一条崭新道路。新城区还有供自由民协会奥古斯塔莱使用的集会所，这应该也不令人意外。"并没有从外地运进奴隶劳工，"塔克说，"而是给当地人提供了就业机会。"道路更使这座城市如虎添翼，大大便利了来往罗马贸易和旅游的人们。在普特奥利，皇帝还出资修建了跟罗马斗兽场完全一样的露天剧场。"［生还者］享受到了各项美轮美奂的设施，"塔克赞叹道，"这是前所未有的特例。我可以想象人们在看到［露天剧场］时会说，

'我们拥有的露天剧场跟罗马的一样好'。"

虽然庞贝有千余人丧生，但看起来罗马政府也给数以万计的难民在坎帕尼亚顺利定居排除了障碍。我们无法确知是否人人都得到了公平待遇，毕竟我们手边的档案多半来自比较富裕的自由民。不过，难民在他们的新家依旧来往密切，彼此通婚，往往都还经营着与此前在庞贝所经营的同样的生意。没有什么人公开书写过那段痛苦的记忆，但他们都坚持认为自己是庞贝人。

有一点他们倒是在一代人的时间里就弃而不用了：他们的自由民身份。所有来自庞贝的自由民后代都不再使用父母亲的奴隶名字，这样一来，库迈、那波利或普特奥利的本地居民就不可能知道他们的奴隶出身。大家只知道他们是维蒂或苏尔皮奇，是来自庞贝、财富与帝国一起蒸蒸日上的望族。

人们从庞贝到库迈和那波利的移动，与从恰塔霍裕克回归乡村的历程完全不同。虽然有些恰塔霍裕克居民或许移居到了其他的大型城市，如有尸坑的杜姆兹特佩，但大多数人放弃了高密度的城市生活而选择了小聚落。庞贝人却选择与他们失去的老城相似的城市，维苏威火山的难民因此得以在几乎一无所有的情况下继续原有的生活。这其中的大部分原因是罗马的殖民统治已涵盖整个地区，建立了不少在有些方面可以相互替代的公共空间。

庞贝人失去的是他们城市中的混合文化，在曾经的庞贝，说欧斯干语的当地人保留的传统与来自埃及、迦太基、罗马等的十几种新观念相互交融。不过，苏尔皮奇家族的故事清楚地告诉我们，地中海上的国际贸易仍在继续。城市的中阶层人士得到了

第三章 火山爆发以后 121

可能比在庞贝更高的地位。他们已将奴隶的记忆、他们父母为他们的自由身付出的代价抛诸脑后。他们对这一切果决的忘却与所有罗马人试图忘掉灼热的火山灰落下时发生的一切颇为相似。

在庞贝城的最后一天，我赶在日落前在城里逛了几小时。今天在庞贝漫步时我竟然有一种身处2 000年前的庞贝城的感觉。街上的人使用的语言多种多样，孩子们在马路横穿道的石块上欢声跳跃，热得难受、疲惫的人们把头浸入街上的喷水池里以驱除热意。当日的热闹繁华景象似乎就在眼前，烤肉的香味、酒洒出来的刺鼻味、鱼酱特有的咸臭味，夹杂着街道上的各种异味——垃圾、污水和动物（包括人）的粪便的气味。我从论坛周边的别墅走到富饶街，红日西沉，街上的人流也逐渐稀疏。最后几乎就剩我一个人站在朱莉娅·费利克斯庞大别墅的街角。

在我对准一家小酒馆有缺口的大理石吧台拍照的时候，一名游客正在用她的水壶在街对面修复后的公共饮水池前接水。这座人工打磨、齐腰的方形石头水槽的管嘴中不断有干净清凉的水流出。这一处古老的城市设施已有数千年历史，其实它的设计很简单。它的存在所依赖的是一个比较先进的公共空间概念，以及一个能供应石块、管道和城市规划的经济体系。背后还要有让人们——商人、奴隶、贵族、妻子、保护人、妓女等——根据成文和不成文的规定各司其职的政治等级制度的支撑。在庞贝的街道上我们能看见这些社会角色已经开始出现变化，但基本层面上的变动不大，就像埋在6米高的火山灰石之下已经存在了几千年的罗马道路一样。

第三篇

吴哥
水库

吴哥

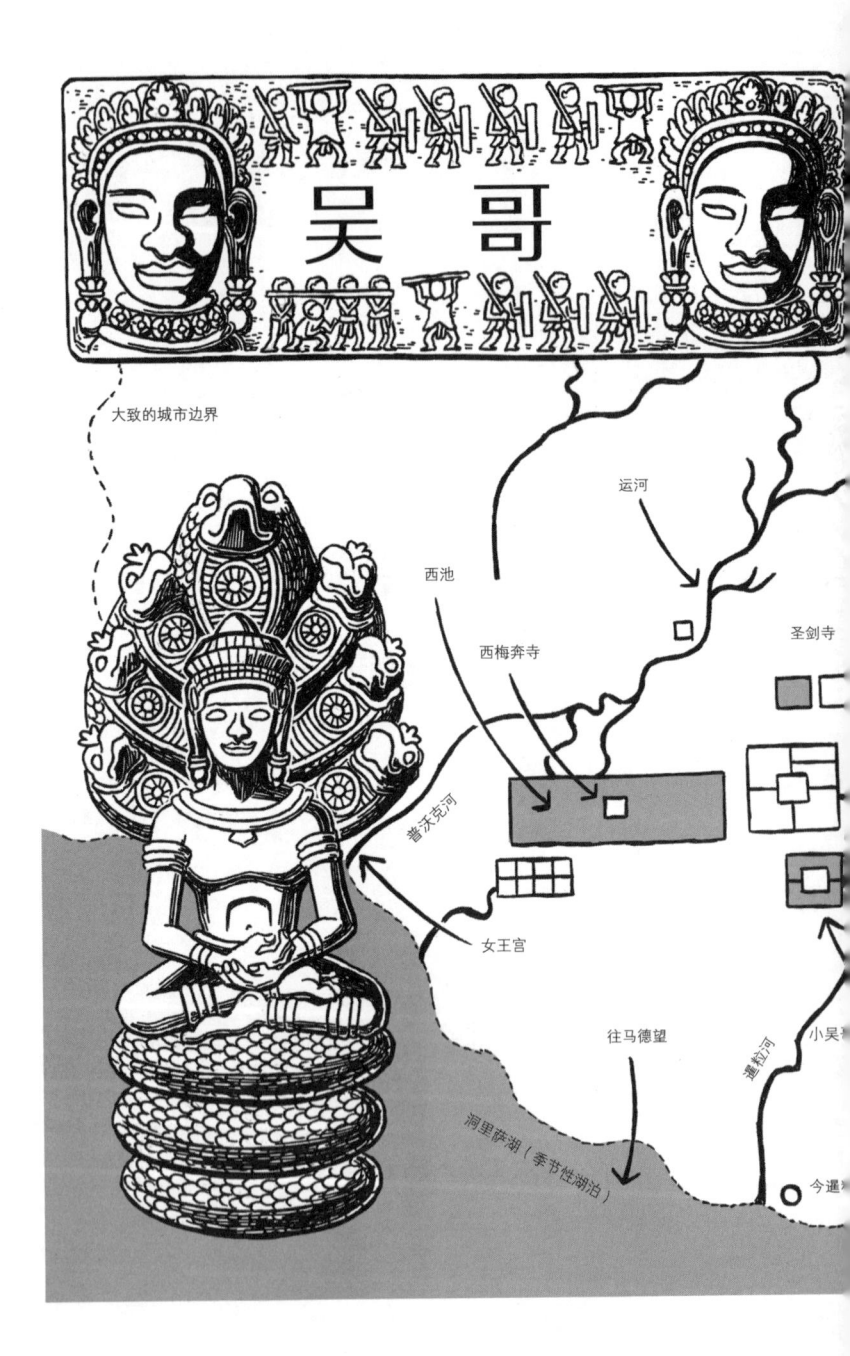

大致的城市边界

运河

西池

西梅奔寺

圣剑寺

普沃克河

女王宫

往马德望

小吴哥

暹粒河

洞里萨湖（季节性湖泊）

今暹

吴哥城

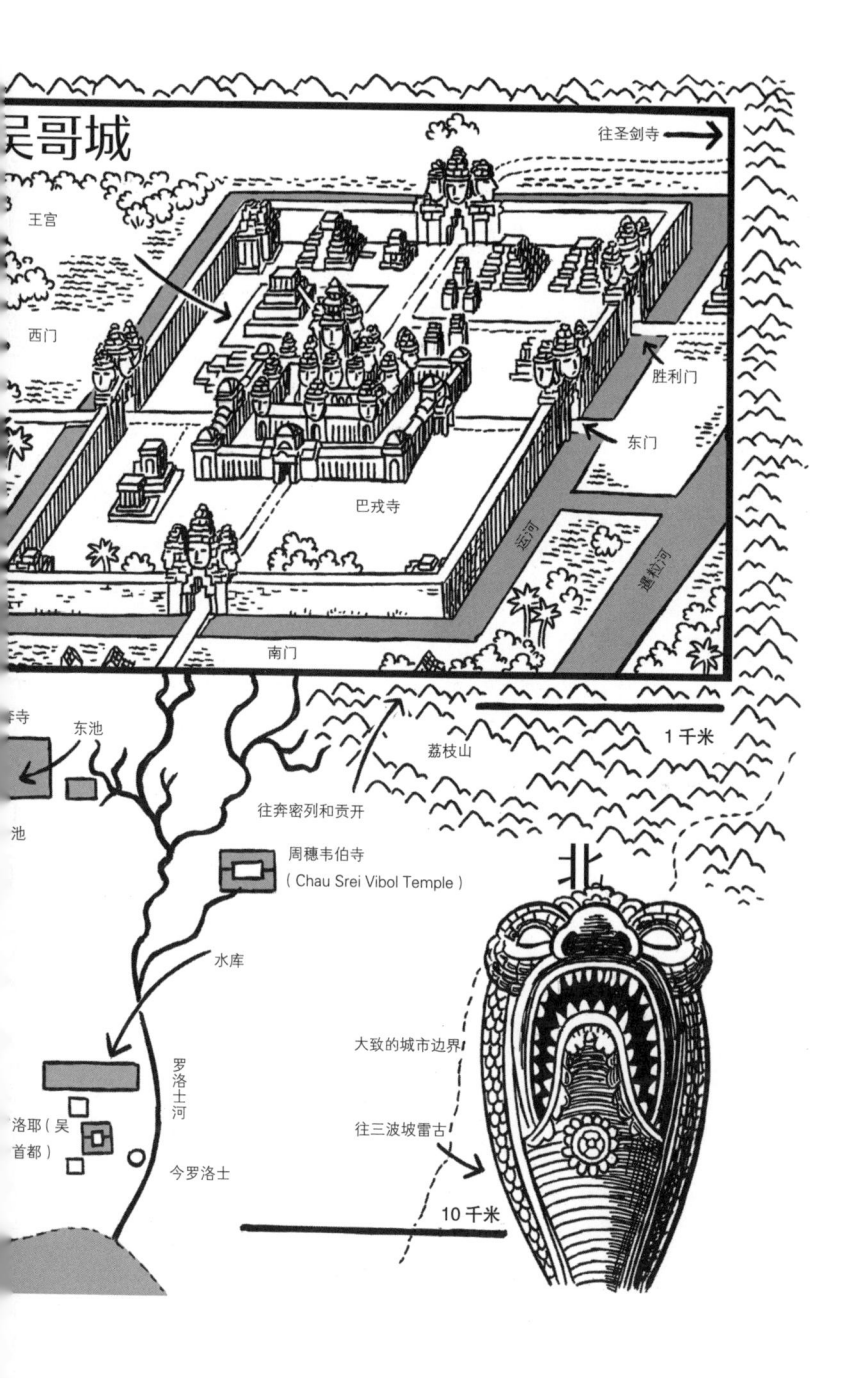

王宫

西门

往圣剑寺 →

巴戎寺

胜利门

东门

暹粒河

南门

东池

1千米

荔枝山

往奔密列和贡开

周穗韦伯寺
(Chau Srei Vibol Temple)

水库

北

罗洛士河

洛耶(吴首都)

今罗洛士

大致的城市边界

往三波坡雷古

10千米

第一章

农业史外传

我到金边时正值柬埔寨一月份干季，旅途的疲乏让我步履蹒跚，对城市周边密密麻麻的一切都没有看真切。我心里一直想着那些高棉千年古刹，原来金光闪闪的寺庙如今只剩下被盘根错节的粗根紧紧缠绕的残损石块。至少两个世纪以来，这些从高棉王朝吴哥王城留下来的建筑是失落之城神话的同义词。你甚至可以在《古墓丽影》系列电影的第一部中就看到劳拉·克劳馥在吴哥著名的塔普伦寺掘宝的情景。但与古罗马文明不同的是，高棉传统并未失落或灭亡。在吴哥大放异彩的文化——一种掺杂着国家中央集权色彩的小乘佛教——今天仍然继续在影响着柬埔寨生活的方方面面。在 15 世纪，吴哥衰败，王族都城南迁至金边，补足睡眠后的我在这里的街上处处都能见到这一文化的体现。如今，这个有近 600 年历史的古都中的建筑被交错的电缆而不是树根遮挡，现代王宫围墙顶部的铁丝网，在阳光下像珠宝那样熠熠生辉。

金边通过洞里萨河与吴哥相连，而洞里萨河在经过这座现代城市后继续蜿蜒北去，最后汇集成面积更大的洞里萨湖，每年给当时古都的农田提供洪水滋养。1 100年前，吴哥是世界上最大的都会之一，有近百万名居民、游客和信徒穿梭其中。据13世纪访问该地的中国使节周达观的记述，那里的城墙考究，雕塑精美绝伦，王宫金碧辉煌，还有中间带人工岛的大型水库。但是就在他随着人潮争睹国王出行的风采时，这座城市就已经埋下了消亡的种子。高棉国王对外已逐渐控制不了多个下属省府，对内则忽视了至关重要的水利基本建设。有几年雨季来临时多处发生溃坝；还有几年，淤泥导致山泉在运河中水流不畅。灾情每发生一次，维修就益发困难。农耕受阻，贸易放缓，政治局势随之紧张。到15世纪中叶，城市人口已经从几十万人骤降至数百人。

虽然事后看来这些问题显而易见，但是当年，当人们意识到这些微不足道的灾难累积的严重后果时为时已晚。这也是吴哥被遗弃如此令人不安的原因。如果只是一天天过日子，那么生活在那里的人不一定能感觉到这座城市正经历天翻地覆的转变。并没有大标语警告大家末日或将来临，有的只是越来越多的不便和失望。运河亟待修缮却无人动工，水库老是淹水。一度繁华的街区因居民流失而归于沉寂。节假日也不再有欢快的游行活动了。年轻人意识到他们的致富机会不如上一代人。14世纪时，有天赋的吴哥孩童长大后有可能入宫担任全职乐师或成为学者，也可能在前去熙熙攘攘的吴哥窟和吴哥城的路上做香料买卖，生意兴隆。但到15世纪晚期，年轻的吴哥人的选择就所剩无几了。多数人只能务农，有的做了祭司或和尚，看管破败的寺庙。

从吴哥的缓慢衰败过程中我们可以直接看到政治不稳定与气候灾难叠加的后果。这与现代世界中的城市的经历何其相似,不得不令人警醒。但从高棉文化的凝聚和存续的这段戏剧性历史中,我们可以看到一个同样强大的东西:人在面对极度困难时的复原力。

刀耕火种

虽然吴哥地处柬埔寨雨季患水、干季患旱的极端气候区,却能以大城市——人口甚至超过许多现代都市——的面貌存在好几百年。就在他们的国王对外南征北战而宫廷内部发生斗争之际,高棉人民将热带丛林夷为了平地,代之以井然有序的城市网格——既有防洪的高脚屋,又有提供饮用水和灌溉用水的运河网络。高棉人建立了城市、医院和官僚体系,其速度之快足以令罗马皇帝艳羡。这个中世纪文明是如何在连今人都觉得有相当难度的环境里蓬勃发展起来的呢?

考古学家们给出的答案既否定了高棉人智慧超前,也否定了他们曾与古代外星人合作。(当然,还是有人坚称吴哥是外星人所建。[1])相反,他们指出,这是因为高棉的城市人口沿袭了热带建城传统,这一点与我们在黎凡特和欧洲这些较北区域见到的情况非常不同。在近 4.5 万年的时间里,高棉人的祖先就一直在完善在丛林地带建筑和耕种所需要的技术,改造土地和水流来建立王朝，而王朝的遗迹往往会回归自然，无迹可寻。

或许一切都始于一场森林大火。5万年前，东南亚人乘坐芦苇船横跨南太平洋，最远到了澳大利亚。也就是在这段时间里他们定居在后来属于高棉王朝的土地，以及我们今日所知的印度尼西亚、新加坡、菲律宾、新几内亚等岛屿。在所有这些地方，居无定所的人群在茂密的丛林边缘觅食，靠植物和小动物维持生命。他们肯定在某一时刻发现森林发生大火不一定是一件坏事。一开始确实致命，但火焰所到之处也清除了林下灌木丛，并留下一层焦炭。丛林被焚烧后人们最喜欢的某些食物，如地瓜、芋头反而长得特别好，其中部分原因是它们有了更多的生长空间，还有部分原因是焦炭碎粒增加了土壤的肥沃度。德国马克斯·普朗克研究所考古学家帕特里克·罗伯茨表示，在看到野火带来的好处后，人们明白了他们自己也可以生火并从中受益。

罗伯茨是《史前、史后和现代的热带森林》[2]一书的作者，这本书对赤道丛林如何孵化出不同于像恰塔霍裕克这样的黎凡特文明，做了饶有趣味的调查。远在东南亚和亚马孙这些地区，罗伯茨和他的同事都发现了明确的人类进行可控焚烧的证据。有时他们在焚烧后会用手将炭屑与动物骨骸及粪便混入泥土中，以使其起到增加土壤肥沃度的作用。经过几千年的摸索，他们学会了如何促进某些树木及其他植物生长，他们遍撒香蕉树、西米棕榈、芋头及其他淀粉含量高的作物的种子，最终改变了他们所觅食的森林里的树种。随着他们的船只在岛屿间来来往往，种子和焚烧技巧被带到各地，他们再从小岛上将自己喜欢的植物和小型哺乳动物带回东南亚，还从东南亚用船只把活鸡带到了南太平洋岛屿。他们的行为还称不上是农业行为，只能说是农耕的原型。做出这些行为的人可能仍然是游牧者。几千年之后，科学家们仍然可以用地层学方法来辨明这些先民如何改变了丛林。较下（老）层满是自然生长的各种植物的花粉和种子化石，较上层则满是人类明显偏好的植物残留。

恰塔霍裕克人在造砖搭建第一批房子的时候，远在地球另一边新几内亚高原的人们则在挖深沟，给一个如今被称作库克的沼泽地排水。人们在库克沼泽地建立了复杂的居住结构，他们在排水之后的农地上种植香蕉、甘蔗和芋头。好几代人在土地上劳作后他们终于得以定居。罗伯茨和他的同事于2017年在学术期刊《自然-植物》上发表的一篇具有里程碑性质的论文中做了一个总结："现在有明确的证据表明，生活在婆罗洲和美拉尼西亚（西南太平洋群岛）的人类在大约4.5万年前开始利用热带森林，南亚人在大约3.6万年前，南美人在大约1.3万年前。"[3] 到吴哥时代，东南亚人民已然累积了在极端环境中建立居民点的大量经验。

罗伯茨说这并不意味着热带都市人民在建城竞赛中"打败了"北方先民。"显然，世界上不同地方的城市化也不同，"他对我说，"对它下定义的时候我们必须灵活。"世界各地的城市使用的建筑材料不同，设计也不一样。罗伯茨接着说："热带的情况使我们认识到，要确定农业和城市化之间的界限十分困难。"所以考古学家有时很难在没有石墙和泥塑这些容易辨认的物件下明确判定某处是不是城市遗迹。为了在东南亚找寻古城，科学家们要从"人类地貌学"下手，即找寻并研究人为因素在地貌形成中的作用及所形成的地貌现象。"人类地貌学"这个术语包含了所有人类塑造土地使其为己所用的各种途径，从种树、在土壤中加肥料，到给沼泽地排水、将小木屋的地基建在人造小丘上等。

通过人类地貌学了解城市的远古起源是判断像吴哥这样的地方为城市遗址的关键，因为它只有极小一部分的城市网格属于石建。从热带农业漫长的历史中发展而来的城市与恰塔霍裕克或庞贝不同，它们并不是被农地包围的高密度石头建筑群。它们的建筑布局密度较低，大片农地也被纳入城市结构。住房和公共建筑的建材就是土和易腐朽的植物。虽然壮观，但一旦被弃置，都市的特色建筑很快就会回归荒野。欧洲考古学家第一次抵达吴哥时，他们习惯于找寻西方的都市发展模式，故而对城里大量的住房视而不见。他们火速赶到吴哥窟和吴哥城的石塔处，以为这些寺庙群是带石墙的小城，而不是一座大城市里面的一处带围墙的建筑。他们对一度拥挤的城区、水库和农田在大片土地上留下的印记一概熟视无睹。

一切因为有了激光而清晰

到了三波坡雷古以后，我对考古学家犯错的理由才有了顿悟。三波坡雷古是7世纪柬埔寨真腊王朝的繁华都城，而如今却只见散落在各地的几座古刹和掩盖在矮树丛之下的山丘——它其实是一处拥有1 300年历史的城墙遗迹。坐在一块大石头上放眼四望，我无法想象这些断壁残垣曾有一段大都会的过往。然而，拥有印度寺庙和大型水库的三波坡雷古在很多方面都像极了吴哥的原型。三波坡雷古在高棉语中的意思是"密林中的寺庙"，我就在密林树荫之下与考古学家达米安·埃文斯仔细查看当地的地图。"这里曾经有过一座巨型的木造城市，"埃文斯挥动手臂指着被落叶覆盖的土路的方向说，"衰败后只剩下护城河、护墙和山包了。"这是他从地图上得到的信息，其中的细节显示我们四周的地块略高。

埃文斯和他的同事使用一种激光雷达技术（光探测和测距法）为吴哥地区绘制了这张以及许多张其他地图。该技术先是用激光漫射地球表面，再捕捉反射回来的光子。用专门软件分析光带后，地图绘制者即可遵循一定比例重建地面高度，准确到厘米级。这项技术特别适用于研究人类地貌学，因为光可以穿过叶隙，揭开森林覆盖，把当年的城市网格显露出来。利用美国国家地理学会和欧洲研究理事会提供的资金，埃文斯协调了一个团队于2012年和2015年对吴哥进行了激光雷达勘测。虽然是高科技，但也需要自己上手。他们的测绘装置配备了型号为徕卡ALS70 HP的激光雷达，体积和重量相当于两个手提发电机。操作时先将激光雷达仪器罩上塑料保护套，再将整个平台绑在直升机的右橇板上。它旁边还外挂着一个普通数码相机全程拍照，这样就能将激光雷达数据与照片对接。这套系统很有效，只是直升机上

第一章　农业史外传　　　　　　　　　　133

的乘客比较难受。"为了给供电系统和硬盘驱动器留地方，我们不得不将飞机上的大部分座位拆掉。"埃文斯回忆道。不过，难受一点儿也是值得的，因为他们的发现有助于改写全球的城市历史。

埃文斯和他的同事借助用激光雷达技术绘制的地图破解了长期以来围绕吴哥和它附近地区的一个谜题。几百年来，考古学家和史学家一直对吴哥寺庙中记载这座城市有近百万人口的铭文甚感困惑。若果真如此，那么它可以算得上是当时世界上最大的城市之一，与鼎盛时期的古罗马不相上下。可是，从吴哥窟和吴哥城的遗迹来看，这似乎是不可能的。这么多人怎么可能全挤在围墙之内呢？19世纪的西方学者不愿意相信亚洲城市能有如此规模，后来研究人员又对国王差人书写的铭文提出质疑。直到埃文斯和他的团队用激光雷达技术揭示了吴哥及其周边地区的样貌，大家才意识到铭文的记载不假。今天，埃文斯称当时的居民在80万人到90万人之间，换言之，鼎盛时期的吴哥确实曾是世界上名列前茅的大城。在展示了激光雷达技术的神奇作用后，研究人员还对高棉王朝其他地方做了同样的勘测。

其中一个地方就是三波坡雷古这座早于吴哥存在的城市，也就是我和埃文斯仔细查看激光雷达地图的地方。我很快就发现比较激光雷达地图和眼前的所见是一件令人目眩的事情。我四周都是枝叶茂密的大树和起伏的丘陵，但在地图上我却能看到8世纪末的都市规划：测高仪显示出几千个作为寺庙和住房地基的正方形土堆和长方形土堆。我们午休的石块区是当年的市中心，周边是一个近乎完美的正方形,那里原来是有墙的,外面可能还有护城河。原来我以为是自然形成的地面低洼处其实是深水库和运河的遗迹。再仔细查看地图,我发现了几百个像鸡皮疙瘩那样的小土堆围绕在寺庙周围。

"那都是什么?"我问埃文斯,还以为是某种农业专用建筑。

"白蚁堆,"他指着附近的一个土堆答道,"它们最喜欢这个高度。"

并不是激光雷达地图所展示的一切都是消失的文明的遗迹。不过,那些白蚁堆提醒了我们技术力量有多么强大——连地面上一点点小东西也不放过,而研究人员也的确学有专长,能分辨古建筑与现代森林在自然特征上的差别。我设法忘掉四周地面上的昆虫"城市",转而集中思考人类的杰作。寺庙进口处有一直延伸到洞里萨河的高架水渠,潋滟的水面上依然可见如手指般伸入水域的土地。真腊王朝的国王在三波坡雷古敬拜印度的湿婆神,而吴哥国王敬拜的是毗湿奴神。这里最引人注目的寺庙群之一是暗赭色砂石的八角形庙宇。其中一面墙上雕刻出了一个飞行的宫殿,高塔、回廊都由飞鸟背负。这里和其他寺庙遗迹里的铭文都显示,当时的撰写者对这些印度国王极尽赞美之能事,不过在记录了第一位吴哥国王阇耶跋摩二世于802年自称为神君之后就很少再有记载了。随着此时吴哥的兴起,三波坡雷古逐渐没落。

时至今日,三波坡雷古在高棉人心中仍有重要地位。在一座寺庙里我发现有一篮新鲜香火、纸花和给菩萨像遮光的金色阳伞。不过,这尊有几百年历史的菩萨像也有现代气息。它被建在

第一章 农业史外传

古老林伽神殿之上，林伽象征着印度教湿婆的权力。在高棉王朝寺庙内随处可见的林伽有多种表现形式，最常见的是矗立在方形基座中间光滑、抽象的阳具形状。阳具四周还有一道沟，连接到台面边缘一块稍微突出的喷口，它有时被称为瑜尼（象征女性生殖器）。祭司们将敬献的液体倒在阳具上，液体流经旁边的沟，再从喷口流出。这让人想到孕育过程，再现了水从山石流下滋养了生命的故事。对于生活在河谷、靠荔枝山的水源浇灌土地的人来说，这个形象应该特别具有力量。

埃文斯的激光雷达地图显示出围绕三波坡雷古城中心的方形围墙，以及从古寺伸到洞里萨水域的"泥手指"，这让我陷入深思。它不就像是林伽神殿的放大版本吗？当我穿梭在吴哥王朝众多寺庙和市中心时，我能够不断地看到"方块"与水渠的连接模式，只是大小不同，从微型男根到镶嵌在吴哥城四周的巨大方池。

不过，令埃文斯感兴趣的并不是城市的宇宙观设计完美与否，而是庙宇围墙外的百姓居住区。他说，外面"并没有僵硬的城市网格"，虽然激光雷达地图清楚地显示在那里居住和农耕的居民数以千计。建筑史专家斯皮罗·科斯托夫认为所有的城市布局可分为两大基本类型：有机型和网格型。[4] 有机型的城市规划属临时起意，道路蜿蜒，建筑物不断变化，恰塔霍裕克就属于这一类型，许多中世纪的欧洲城市亦然。有的城市则属于网格型，如多数罗马城市，它们的发展往往由中央政府规划。吴哥王朝传统的城市则两者兼而有之，中间部分有严格的网格，四周则呈有机型发展。这些呈有机型发展的吴哥住宅区通常住的是城市的修建者和给居民提供饮食所需的人。他们的历史在西方考古学家的雷达中是看不见的，直到埃文斯和他的同事用激光雷达设备让众人注意到他们的存在。

城市之前的城市

今天的吴哥遗址就在围绕着洞里萨湖的繁华都会暹粒旁边。和现代的庞贝城一样，暹粒如今也吸引着大量人群前来，与数百年前无异。城里游客众多，热闹得像过节。在商店里游客可以吃到用晒干的大麻调味的"快乐比萨"，嘟嘟车司机将车停靠在人行道边拉生意，可以带你去寺庙或夜店。小商贩用回收酒瓶盛装汽油，论升卖给骑机车的赶路人。当地的时髦人士和学生经常在布朗咖啡店出没，这是一家像星巴克那样的连锁店，只是它们卖的饮料和点心都更美味。街上能买到的东西或许与1 000年前吴哥王朝鼎盛时期的不同，但整座城的精神面貌却没变。在城市寺庙群聚集处能听到来自欧亚大陆各地的语言。我们很容易认为，1 000多年来一直有四方八面的人前来见证吴哥文明的辉煌。

其实不然。

在吴哥初创时期，谁也不知道它的发展能否一帆风顺。夏威夷大学考古学家米里娅姆·斯塔尔克将自己学术生涯的大部分时间花在了围绕吴哥的发掘工作上，她对该城的初创阶段最感兴趣。就在她准备出发开启2019年夏天的发掘之行前不久，我和她进行了一次视频通话。她坐在火奴鲁鲁（檀香山）家中的餐桌前休息，随意聊起20世纪90年代中期她在柬埔寨挖掘时如何避开红色高棉的事。睿智诙谐的她谈起吴哥的历史时难掩兴奋之情。

与散落在该地区的许多曾经的吴哥村庄一样，沿洞里萨湖北缘的社区都是以顶部建有木造神庙的土丘为中心的。"吴哥就像其中一个被打了生长激素的寺庙一样。"她笑着说。她说的不错。如果你在赞叹寺庙之余能静下心来，就会发现它们基本上就是夯土平台上寺庙的放大、考究版。寺庙四周广阔的城市同样是出于打造地基、铺平道路、修建水池、有改变大地模样本领的市民之手。这是自三波坡雷古沿袭下来的传统，甚至还可以回溯到当年刀耕火种的更新世先祖时代。

斯塔尔克认为吴哥的兴起不只是都市规划的登峰造极之作，更是一段精神历程。"人们为宗教所吸引，"她沉思道，"也醉心于奇观。人们陶醉在仪式和实践中。"她认为人们起初就是因为拜访当地的寺庙和萨满，被宗教吸引而来到这里的。阇耶跋摩二世就是在荔枝山上的一次宗教大典上自封为高棉王朝第一任国王的。他在吴哥附近继续他的国家建设，建立了一个名为诃里诃罗洛耶（今天被考古学家命名为罗洛士）的城市。阇耶跋摩二世在此修建了寺庙和水库，并举行大规模庆典及祭祀仪式。虽然城市的兴起靠的是它能让人致富，使人感到安全，斯塔尔克说我们也不能否认阇耶跋摩二世宗教大典所附带的娱乐活动的吸引力。吴哥一开始就是凭借壮观华丽的盛会和政治排场发展成大都会的。

最近，斯塔尔克和她的同事俄勒冈大学人类学家艾莉森·卡特，一直在洞里萨湖以南的马德望省发掘平民住房。马德望省基本上算是吴哥的郊区。她们在那里发现了有数千年历史的住宅区，换言之，这里的居民是在这个季节性泛滥大湖的对岸目睹吴哥发迹的见证者。"我们说吴哥始于802年，"卡特对我说，她指的是阇耶跋摩二世宣称后来成为吴哥的这片土地为其所有的那一年，"可是马德望的人认为吴哥始于哪一年呢？不知道他们是如何看待湖对岸的发展的。"这个问题切中要害，因为我们都知道吴哥早在阇耶跋摩二世来到之前就有人居住了。马德望的村落有自己的领导人，还有铭文记载了他们的功绩，可见他们也并非静候国王指令的单纯的农民。眼看对岸的都会日益壮大，他们在好奇之余肯定也有几分恐惧。

有些历史学家认为吴哥的早期文化受到了印度的影响，印度教和佛教均首先发源于印度，后来才传入东南亚。阇耶跋摩二世明确表示想建立一个印度教帝国。他死后铭文中曾记述他在宣布自己是高棉人的神君时操办了一场加冕典礼，这场典礼就借用了印度教传统中的君权神授概念。不过，斯塔尔克和卡特都认为实际情况要比印度教的传入复杂得多。"不是什么印度化——应该说是全球化。"卡特如此说道，因为吴哥的早期文化所受到的影响来自亚洲多地。"再说，"她补充道，"吴哥兴起之前，柬埔寨当地的文化发展就已经有了1 000多年的历史。"像马德望这些地方的当地人对吴哥发展的影响与国外思潮一样重要。

考古学家尤其重视高棉历史上的一段过渡期。在阇耶跋摩二世统一该地区之前的几个世纪,人们就不再埋葬逝者。约从公元前500年到公元500年,东南亚居民区的墓地随处可见,墓中还有文物,考古学家可借以了解当地文化。但到第一个千禧年晚期即不见任何墓葬。遗体或许是被火化了,抑或是置于城外丛林给鸟兽吃干净了。学者们以为这一葬俗的改变是印度教和佛教在该地区兴起的结果,不过也可能是受到其他传统的影响。吴哥的起源与它的消亡一样,都是一段复杂而漫长的故事,后人很难清楚地划定它究竟始于何时。

然而,说到人口,9世纪时马德望对岸的这块土地则不可不谓兴旺。夏威夷大学人类学研究员皮法尔·亨对我说,阇耶跋摩二世宣称为己所有的这块土地能吸引百姓前来的原因大体不外乎两种。第一个原因可以追溯到人们几千年来对土地的使用模式。皮法尔·亨强调,该地存在已久的居住区布局都十分相似,住房集中,四周是大片稻田。"这意味着整座城市,除核心部位之外,都是居住区与稻田兼而有之。"皮法尔·亨说。城市里有稻田则具有双重优势。显然,不种庄稼的精英及其家人不愁没有粮食。另外,城市会像洛杉矶那样呈现横向发展趋势,而不像曼哈顿那样人口密集。如此一来,吴哥领导人就要比周边潜藏的敌人更有战略优势。"他们可以控制更远处的土地,控制范围达到湖或湖的北边和西北边。"皮法尔·亨指出。包含农地的城市面积一定比较大,更具震撼力,要比像恰塔霍裕克那样的密集型城市更能在远距离范围内吸引居民。

吴哥能吸引人的第二个原因就远非农地面积大小这么容易衡量了。当来的人多了，精英们就有机会动员足够的劳力来修建并维护城市的水利工程。吴哥王朝前的城市一般有被他们称作池的大型水库，可用来蓄水供旱季使用，可以说这是由来已久传统的延续，只不过吴哥王朝时的规模比以前大多了。为了保证稻田四季有水，吴哥需要有在当时的世界历史上前所未有的最大的水池和运河网络。因此在9世纪的这一时期出现了这样一个互为因果的循环：吴哥不断膨胀的人口需要蓄水，而蓄水系统如果没有大量的劳动力就无法得到维修。为了解决饥渴问题，这座城市不得不继续发展。

在整个城市存续期间，它的蓄水系统并不是只发挥保证农田用水的实际作用，它们也是这座城市举办祭祀典礼的重要"见证者"。访问寺庙的信众需要乘船穿越人造水库和护城河。吴哥窟是敬拜印度教神明毗湿奴的寺庙，庙里最有名的绘制众神与恶魔大战的浮雕中就有其身影。这次大战就像一场拔河比赛，双方手中的绳索却是掀起乳海中巨浪的一条巨蟒。由于毗湿奴的介入，宇宙得以幸免于被恶魔掌控。高棉人民起源的故事由此而生，这也是许多吴哥最精美的艺术作品都描画毗湿奴漂浮在乳海忙着创造世界的原因。吴哥窟最有名的雕塑之一就是那尊6米高的毗湿奴斜倚着将头靠在自己的一条手臂上——他有四条手臂——的青铜像。他身下是一方水池，周边是一座方形的人工岛，而这座岛则位于长方形的西池水库正中。这座岛就是我在导

第一章　农业史外传　　　141

言里描述过的岛,也就是埃文斯抱怨符合星象的设计并不一定符合水利工程要求的所在。

与所有大型都市的基建项目一样,吴哥的运河和水库系统也一再出乱子,而且还是大乱子。它给我们提供了城市可以创造生态系统也可以摧毁生态系统的警示。此外,吴哥的劳工政治也是一个生态系统,而且我们将会看到它还是一个十分脆弱的生态系统。

第二章

水王朝

当中国使节周达观在13世纪末访问吴哥时，他感叹这里的天气怪异。"半年有雨，半年绝无，"他写道，"自4月至9月，几乎每日都在下雨。"用今天气象学家的话来说就是，柬埔寨地处两个不同季风系统的交汇处。从5月到10月，西南季风从泰国湾和印度洋带来大量雨水。洞里萨河河水暴涨，淹没两岸，流入吴哥的稻田，大水所到之处只见树梢。从11月到次年3月东北季风自喜马拉雅山呼啸而下，给印度一些地方带来雨水的滋润，但却将东南亚锁在独特的季风槽低压圈内。虽然季风槽边缘区经常会有强烈的热带风暴，但在槽中心部分，天气却酷热干旱。由于夹在这两个强季风带之间，柬埔寨的气候才出现干湿两极化现象。要满足近百万吴哥人口的需要，高棉必须建立一个能够调节水量的社会系统。

服徭役者和他们的主人家

10世纪初，大约是阇耶跋摩二世自封神君之后的一个世纪，耶输跋摩王将都城往东北方向稍作迁移，并责成吴哥人开凿东池这个巨型水库。通常帝王登基时都会建池纪念[1]，但这个东池却不一般。首先，它是一个巨无霸。7.5千米长、1.8千米宽的东池呈长方形，可蓄水5 000万立方米，相当于2万个奥运游泳池的蓄水量。为了积蓄如此大量的水，工人们还开凿了一条运河，把暹粒河的水引入吴哥城中心。

当年在市中心区并不密集的寺庙高台、木造高脚屋、洞里萨河西岸一片片稻田的衬托下，东池应该是最突出的景观。当时还是吴哥城的初创期，200多年以后工人们才开始用砂石建造吴哥窟令人瞩目的高塔。耶输跋摩还勒令不少居民区整体搬迁，好给他这项不朽工程让地。他肯定还得召集大军来建造这项工程。这是东池与以前的水库又一点不一样的地方。它是第一个需要从不断扩张的王朝各地调集大量劳力的吴哥基建项目。

可是等我到访时，东池已经全然回归丛林，岁月也已将它四周的土质护墙消磨殆尽，仅留下长满树木和分布着零散农地的缓坡。我完全无法想象这就是耶输跋摩当年带领衣着华丽的随从举行气派非凡的盛典的地方。也许问题就出在这儿。必须有劳动大军才能把这一大片荒地变为一个对称的水池，如今没有了劳动力，水池自然也就不复存在。吴哥最了不起的奇迹是它的工人，但历史记载或吴哥寺庙墙壁的铭文中对他们却几乎只字不提。他们是将耶输跋摩的意志付诸实践的无名英雄。

每当与考古学家谈起吴哥的城市规划时，我总会问是谁修建的这些水池。想到罗马，我猜测建设者应该是奴隶。可是他们的答案都不是那么简单，因为很难将罗马与高棉王朝的劳工组织方式画等号。吴哥的铭文显示国王和其他精英都有自己的工人，可是古高棉语对这群人的称呼——高努（khñum），也用于形容许多不同的角色。[2] 高努可以指代寺庙里一辈子被奴役的工人，通常是一些少数民族（周达观称之为"野人"）或战俘。[3] 也可能是契约劳工，有时被称为服徭役者[4]，以劳役方式替代赋税。有时寺庙铭文中会将这些工人与值钱的纺织品、贵重金属和牲口一起列为财产。高努与罗马奴隶一样，既有干苦力的，也有饱学之士。他们的称谓很多，包括 gho、gval、tai、lap、si，意思从"工人""仆人"到"奴隶""百姓"不等。为简单起见，我就将他们统称为高努。

高努以劳役还债听起来相当残酷，其实西方大多数资本主义文化也有与之类似的做法。美国不是就常有大学毕业生欠下了大量学贷，得工作一辈子才能还清的情况。为买房子、买车而借贷的人也有的是。虽然从理论上来讲，我们有选择工种来还债的权利，但能做自己想做的事的人毕竟不多。不少人都感觉自己像是听命于某个遥远的大公司而去挖壕沟的，不干不行。我们最终因为种种理由不敢违抗银行只能继续工作。或许我们不愿意大做文章，是因为我们的日子还过得去，或者不舍得放弃可以用来给孩子支付住院费的医疗保险，又或许我们自认不是大公司的对

第二章 水王朝

手。这些感觉可能也是让高努循规蹈矩的原因。

吴哥社会建立在徭役还债制度之上,负债的概念充斥在公共生活的每一个层面。寺庙和宫殿墙面上的铭文显示高棉社会里每一个人都欠别人的债。[5] 连国王对子民也有债,他得为人们提供清洁用水、道路和其他方便。通过高棉的进贡体系,债务也巩固了高棉与偏远地区的王国之间的政治关系。偏远地区的小国对耶输跋摩的敬贡有送贵重金属、上好纺织品的,还有答应给优越贸易条件的和提供人力劳工的。作为回报,耶输跋摩则为他们提供大量耕地。如果对方并不因获得农地而满足,耶输跋摩还可以请他们来都城享受各种乐趣。记录显示,吴哥王朝曾设立过一些奇怪的虚衔,包括摇扇子、理发、保管衣物等专职。[6] 我们猜想这些职位的待遇都十分优渥,这些盟友也因此有借口在吴哥王宫过上优哉游哉的生活。

耶输跋摩不只是跟贵族们分享他所收到的贡品,他与其他国王们还经常离开吴哥,踏上探访他们子民的危险之旅。表面上看,他们出行的目的是接受膜拜,但实际上这也是承认他们子民重要性的一种方式。国王权力虽大,但如果没有众多劳动力将吴哥变成光鲜亮丽的大都会,他就什么也不是。

劳动力是吴哥最珍贵的财富。这并不是因为高棉的经济不先进;其实直到19世纪,蓄奴社会主要是依赖奴隶的劳动来创造财富的。社会学家马修·德斯蒙德在写到美国南方的奴隶劳工时就说,南北战争开始之际,"被奴役人口的总价值已超过全国所有铁路和工厂的总价值"[7]。高棉王朝就是依靠将奴役正常化的制度而得以维系的，即规定百姓有为领导人服劳役的义务，并将此融入公共习俗。正如米里娅姆·斯塔尔克所说："领导人用的更多的是诱导法，而不是强制法，用展示排场和军事实力并举的办法来使自己的统治合法化。"[8]话说回来，吴哥的许多名胜之所以存在，是因为人们觉得自己有建造它们的义务。一个什么都不给百姓的国王最终也不会从百姓那里得到任何东西。

斯塔尔克强调，这样的安排缺乏稳定性，因为它依赖的是社会阶梯每一层的忠诚。最上面是国王和他的家人；在他们之下的是住在吴哥的其他王族，以及给国王出谋划策的僚属、官员和世袭的僧侣阶级；再下面是各省乡这些半自治地方政府。与国王的钦差大臣和地方官员一起理政的还有村长和村里的乡贤，他们下面的人最多：由奴隶、百姓和仆人组成的高努。为扩大王朝，国王需要所有这些群体。因为没有继承方面的规定，所以上面的人可能会下台，下面的人也可能会上去。为争权夺位经常会有战争、地方叛变等乱事发生。斯塔尔克在思考吴哥没落的问题时不禁思索："如果分崩离析的不只是社会，物理环境也同样崩塌了呢？"[9]

都市人口爆炸

就在建造东池的100多年后，一场旷日持久的王位继承战终见分晓。11世纪初苏耶跋摩一世成为吴哥王朝第一位喜好扩张的国王，他将高棉王朝的疆域向北扩展到老挝和泰国，向南扩展到越南的湄公河三角洲。他之所以能做到这一点，部分原因是他与当年印度南部的朱罗王国之间的关系坚不可摧。在他任内朱罗既是吴哥的战争盟友也是吴哥的贸易伙伴。但苏耶跋摩一世之所以能够成功，还得因于他一直致力于城市建设。他在统治期间沿洞里萨河以及湄公河、森河和蒙河这些从吴哥区向外辐射的自然河流建立了许多新城。国王发展出了以水域相连的都市网络，水域既能方便达官贵人来往，也可方便通商。据鲍尔州立大学史学家肯尼斯·霍尔说，高棉王朝用"城市"（柬文"pura"）结尾的地方名称在苏耶跋摩一世统治期间增加到47个之多。而50年前，文字记载的只有12个。[10] 苏耶跋摩一世的高努在遥远的地方筑路、修庙，有时候还留下一个林伽神殿用以象征王权。

在吴哥，苏耶跋摩一世对都市化的激情或许就体现在他最为人熟知的西池工程上，今天它仍然被视为有史以来在没有工业设备协助下所开凿的最大蓄水池之一。西池离东池只有几千米的距离，它把王宫变成矗立在两个巨大长形人工海中间的宝石。虽然西池的地理位置较高，但从埃文斯的激光雷达地图中我们就能看出，西池和东池的长方形线条都清楚地落在一条东西向的轴线上。西池大概有8千米长、2.1千米宽，显示出比东池耗费了更多的劳动力。沿池边漫步从一头走到另一头需要一小时，要绕完两个水池可能需要一下午的时间。为保证西池蓄满水，工人又开凿了一条运河，从已经给东池提供水源的暹粒河引水入池；他们还修建了联通西池与洞里萨河的运河。河水之外还有季风雨补充水源。丰水期西池或可容水5 700万立方米[11]，相当于2.3万个奥林匹克游泳池的容水量。建造西池的工期很长，直到11世纪中叶苏耶跋摩一世死后才完工。今天这个蓄水池借助20世纪的工程之力仍在发挥蓄水功能。

即便是在西池完工后，它和全城的供水基本建设仍需要不断维修。可以想见，当年苏耶跋摩一世利用他与远方王国的从属关系，召集了数千名来自四面八方的工人参与劳动。有的人是被地方领导作为敬献国王的贡品送来的，有的则是以徭役替代赋税而来。修筑西池也是维系脆弱的政治等级制度的一种方式。

苏耶跋摩一世还利用都市设计来修正历史。高努开凿水库时必须将耶输跋摩旧王宫附近的所有城区、道路、农田夷为平地，可能还需要对居民进行动迁。在挖到水库最深处时，苏耶跋摩一世的建筑工人开始清除恰塔霍裕克考古学家伊恩·霍德所称的"历史中的历史"。西池池底下埋藏着有3 000年历史的居住遗址。[12] 我们之所以知道这一点，是因为2004年5月西池全面干涸后，法国远东学院主任克里斯托夫·鲍狄埃乘机对该处进行了发掘。他和他的团队在表土下面发现了墓葬遗迹、碎陶片，甚至还有一些织物和青铜残件，这表明公元前1000年此地曾有人居住。11世纪苏耶跋摩一世的工人是不会看到这些遗物的，但很可能他们曾发现一些其他证据，可以用来证明苏耶跋摩一世的水库是建筑在远古城市原型之上的。修建西池等于是将数千年的历史民居挖出后再将其埋葬在几百万加仑[①]的水域下。

[①] 1加仑（美）约等于3.8升。——编者注

第二章 水王朝

取得王位的苏耶跋摩一世人本并非王族出身,他是高棉王朝第一位信奉佛教的国王。也许他是想表示一个新时代已经开始,因而刻意将过往的历史消弭于他新修的人工海之下。

考古学家们对西池究竟有没有实用价值颇有争论。显然,这里的水是人们重要的饮水和灌溉用水来源,但谁也不知道有多少水确确实实满足了百姓家用和农用需要。城里大大小小的运河本来就不少,每一条街都有蓄水塘——它们在激光雷达地图上显示为大片的点状针眼。因此,要说西池主要用于祭典也说得过去,而且这与西池本身或许是一个华而不实的大工程的证据不谋而合。由于要与东池的方向完全配合,它其实是修筑在一个坡地上的,西边老有水,东边却是干的。池子满水的时候极少。直到今天仍然如此,这使它看起来像一块被人吃掉半边的长方形物体,它的水位几乎永远到不了通往王宫典礼路面所需要的高度。[13]

为了解吴哥水库在鼎盛时期的大小,埃文斯和我在吴哥城寺庙附近一处高起的堤道乘坐小船进入一座中型水库。如今已完全干涸的东池曾经就在我们泛舟水域的正南方,微雨轻轻敲打着附近的莲叶。虽然这个水库只有耶输跋摩时期那座庞大东池的一半大小,但水面的宽阔仍然给人一种置身天然湖面的感觉。埃文斯极目四望,指出水库的护墙建造得很精致。这又使得我们谈起西池设计全然不合理的话题。

我说,不知道1 000年前工程师们听到国王坚持西池一定要修建成东西走向时会不会有拿脑袋撞墙的冲动。

埃文斯笑道:"有的话也肯定是不会被记载在铭文中的。"

他这一句玩笑话倒是提醒了我们研究吴哥都市生活可能会遇到的问题。关于这一段文明的1 200~1 400件寺庙铭文其实只反映了这座城市故事的极小部分。我们知道印度教和佛教的精神传统影响了城市的东西走向，因为这符合天上星宿的运动轨迹。但工程师或建筑工人对于修建一座显然高低不平的水库有什么想法，我们却找不到任何记载。我们甚至也不知道，高努们在拆除邻居的房屋给这座可能纯属装饰性的水库让位时心里做何感想。不过，从他们的劳动成果来看，还是有很多人相信吴哥这套债务和馈赠系统的。这些免费劳力得到了什么？

加利福尼亚大学洛杉矶分校考古学家莫妮卡·史密斯曾参与多处城市遗址的发掘工作，她认为城市的诱惑力是社交的诱惑力。同斯塔尔克一样，她也说原来村民一辈子进城一两次为的是参加祭祀，可是后来进城变成是为了认识陌生人、看热闹。随着城市的发展，人们因为喜欢常年生活在这样热闹的环境里而决定在城市定居。他们的决定已经与精神上的盛宴无关，而与每天可以与数以千计的他人互动有关了。"只有远远超越祭典空间的城市，才能让人们不断有机会与他人为了各种各样的目的（社会、经济和政治目的）而密切交往。"史密斯解释道。[14] 村庄是熟悉而单调的场所。她写道："然而城市的人际关系特点却是陌生。"移居到吴哥的村民又成了后来移民的吸铁石。研究现代城市的社会学家萨斯基亚·扎森也发表过类似的观点，他认为城市是愉快偶遇和无意间改变一生命运的地方。[15]

苏耶跋摩一世如此热衷于搞城市建设，却达到了他自己也不明白的一个目的。他越是鼓励高努扩大吴哥的城市建设，这座城市就越是劳工阶级的避风港。圣菲研究所的网络理论家杰弗里·韦斯特在《规模》[16]一书中曾根据今天迅速发展的城市探讨过这个问题。他发现城市基本建设发展一般都跟不上城市人口的增长速度。韦斯特的研究显示，如果将城市的水渠规模扩大一倍，居民人口的数量就不只是翻一番了。高密度人口的资源共享优势，使都市居民对城市基本建设的需求要比单靠人口数量核算出的少15%。简而言之，都市人口的增长速度要比他们的都市空间增长得快。

苏耶跋摩一世在吴哥专心搞基本建设必将导致都市人口呈爆炸式增长。那些水池只不过是引导荔枝山河水的运河工程中最引人注目的部分，而且据周达观的记录，吴哥人也因此得以一岁中三四番收种。有了良好的水利工程，种植面积不断扩大，高棉王朝靠河运连接的城市也随之人口日增。如果韦斯特所提出的关于都市发展的理论是正确的，我们就必须假设吴哥人口的增长速度要比城市面积增长得更快。

有财富却没有钱

这些都市人口不耕地、不挖运河的时候都在做什么呢？留存至今的对古吴哥人生活的唯一描述来自13世纪末的周达观，而他又是把它当作为中国人介绍高棉风情的游记来写的。因此从他那里我们对一般城市居民的想法所知甚少，倒是知道了周达观对在吴哥如厕（不用厕纸！）觉得尴尬，还有国主竟然有数千名美貌的妃子（他自称曾在能俯视她们住处的楼台上看了个真切）。

高棉人自己在寺庙墙上留下1 000多条铭文，或许可让我们约略知晓吴哥人眼中的世界。可惜，这些记载多出于庙内官宦之手，其中不是对领导人的溢美之词，就是记载寺庙收到了多少捐献。好在近来数据考古学给我们提供了一种方法，使我们可以从这些少得可怜的记录中寻找百姓寻常生活的蛛丝马迹。

我们从高棉人用自己的语言书写的铭文中找寻高棉生活状况的能力，是不久以前才有的。一个多世纪以来，探寻吴哥的西方人专注研究的都是比较容易翻译的梵文铭文，它们或引述佛经或赞扬国王。因为梵文来自印度，所以这些铭文就使学者们误以为高棉文化已被"印度化"，基本上是南亚社会的翻版。直到高棉语言学家萨韦罗斯·布将古高棉铭文翻译出来以后，我们才开始看到吴哥较为全面的历史。

古高棉语是该地特有的语言，据我们所知，它只出现在吴哥的铭文中。在柬埔寨长大的萨韦罗斯·布一直想解开这个谜团，20世纪中期，她移居法国师从语言学家乔治·克代斯。克代斯曾在东南亚生活了几十年，吴哥的梵文铭文大多是他翻译的，他也曾著书宣称吴哥被"印度化"了，该书影响深远。因为萨韦罗斯·布受现代高棉文化熏陶颇深，所以她选择走一条不同的路。20世纪六七十年代，她集中精力探讨特定的高棉语言传统。在潜心钻研高棉文版的《罗摩衍那》史诗后，她最终完成一本古高棉文字典的编写工作。为此,她还不得不自创了一套音译系统,因为古高棉文有它自己的字母。然后她又煞费苦心地将吴哥时代的铭文翻译成法文和英文,供当代学者参考使用。如果没有她的努力以及她对"印度化"假设的纠正,我们可能到今天还弄不明白吴哥人是怎么组织劳动力的。

　　古高棉文的铭文中记载了梵文诗句绝口不提的关于吴哥人生活的众多琐碎细节。它们以散文的形式叙述吴哥人的经济生活,偶尔还不厌其烦地说到什么人欠什么人什么东西。有意思的是,寺庙里的工作人员用梵文记述像宗教这样的严肃的题目,却用古高棉文记述日常的交易事宜。国王和上师等上流社会的追求与经济往来两者在语言上被区分开来。赋税或许是上交给寺庙的,但人们书写宗教事务的方法就与书写财政事务的有所不同。

　　1900年,法国探险家艾蒂安·艾莫尼耶曾经把关于高努的铭文斥为"没完没了的奴隶名单"。他的态度也反映在20世纪有关吴哥的许多学术报告中,这些报告几乎无一例外只关注上流社会的生活。但最近,悉尼大学考古学家艾琳·卢斯蒂格使用数据考古学方法深入研究了这"没完没了的奴隶名单",她给每一段铭文中的每一个字都做了对照检索的数据库,试图从中看出一些端倪。[17] 第一个引起她注意的是寺庙雇用人员名单中60%是女性。因为早在恰塔霍裕克时代我们就发现了男女从事不同工种的现象,她相信农耕和其他的寺庙工作是由妇女承担的。有证据显示,高棉妇女也负责寺庙外的耕作。因此以吴哥城内部的生活情况为例,我们应设想干活儿的主要是女性。

看来在吴哥人们的工作日不是按周计算，而是按两周计算的。有一段铭文记录了苏耶跋摩一世统治期间的一组寺庙工人名单，都按两周为单位组织工作：

> 奴隶的工期安排：塔伊·坎苏（tai Kanso）；另一位塔伊·坎苏（tai Kanso），塔伊·卡姆维尔克（tai Kaṃvṛk）、塔伊·特肯（tai Thkon）、塔伊·坎卡（tai Kañcan）、斯·瓦迪希普拉（si Vṛddhipura）——这些人的工期是月盈的两周。工期为月亏的两周的人员名单是：塔伊·坎丹（tai Kandhan）、塔伊·坎布（tai Kaṃbh）、斯·卡姆维特（si Kaṃvit）、塔伊·萨马库拉（tai Samākula）、斯·萨马普（si Samap）、斯·卡姆瓦伊（si Kaṃvai）。[18]

其中每个人，如坎苏或萨马普，名字前面都带个"tai"（女奴/女仆）或"si"（男性平民）。工作轮班不是月盈的两周就是月亏的两周。寺庙还按照月亮的盈亏举办节庆和祭典仪式。我们在 11 世纪建成的一所寺庙中发现了下面一段铭文，即关于寺庙工作人员应向神明提供什么样的贡品的指示：

> 月亮盈亏转换时，两 pāda 融化的奶油，两 pāda 奶酪，两 pāda 蜂蜜，两 var 果汁；柬埔寨的传统节日宋干节时，一 thlvaṅ 磨好的米；月亮盈亏转换时，只能用一 je 磨好的米……[19]

可见他们用的量词是"pāda"和"thlvaṅ",究竟是多少或因时代而异。整个高棉王朝似乎并没有标准的度量衡。此外,神圣的柬埔寨宋干节究竟是哪一天,学者们也有争论;根据地区的不同,可能是每两星期一次,也可能是每年一次。

他们的薪酬也是每两周发一次。有的铭文记载寺庙给高努每两星期发放一次米及其他食物。连政治周期也是两周一计,有铭文表明,国主希望主要的经济交易——包括缴纳赋税和土地——周期,能够与月亮的周期重合。看来吴哥的两星期工时与节庆日和治理政事的日子是高度重合的。寺庙的工作人员通常也包括观测月亮移动轨迹的天文学家,他们以此定夺工期轮班和节庆日。他们还要决定两周内哪一天是吉日,这无疑也关系到人们的重大采购时间和给当地寺庙捐赠贡品的时间。

既然是每两周发一次薪酬,我们就不禁要问劳工们要怎么生活的问题了。如果高努每个月根据两个星期的工期得到一次大米及其他食物,那么另外两个星期的粮食从哪里获得?我们知道寺庙里的高级工作者可以吃一部分每两个星期给众神献祭的听起来十分可口的祭品,地方高层也可以得到民众在祭日捐献给寺庙之物的剩余。或许高努也能从中捞取一些额外的米饭,但更可能的是他们没事干的时候干脆回家与家人一起吃喝。在吴哥这么做并不难,因为庙墙之外就是居民区。

这一点我们有地面证据支撑。埃文斯的激光雷达地图让我们看到这些房子的地基都整齐排列在寺庙四周。出于好奇,2015年艾莉森·卡特在吴哥窟围墙内的一个土堆上进行了挖掘。她发现了一个看起来像是石砌灶台的遗迹,还有烹调用的陶瓷具。[20]化学分析显示残留物中有柚子皮、姜类植物的种子和稻米。这就是考古学家所谓的"地面验证",它进一步证明寺庙就坐落在聚落中心,居民们主要从事贸易、农耕、织布及其他家务劳动。在这里生活的人以役代税,起码有一部分时间是如此。但他们也是信众。在这些寺庙附近,妇女与书写梵文诗篇赞美国王的僧人并肩劳作。

这些居民区与寺庙之外的居民区也许并不完全一样,但也让我们大概了解了像坎苏和卡姆维特这样每隔两星期就要去寺庙工作的人的生活状况。正如斯塔尔克所警告的那样,使吴哥王朝伟大的正是这些地方,但同时它们也是王朝的软肋。让老百姓听话可要比保证池子里的水不漫出来难多了。

卢斯蒂格的铭文数据还让我们看到了一个强而有力的信号,或许应该说是信号的缺乏。古高棉文的经济记录里从未提及货币。同时,铭文里又说寺庙卖出大量物件:约有75%的买卖都是大宗土地买卖,18%是高努买卖,7%是与丈量土地以便对土地进行估价有关的服务买卖。剩余的应该都与寺庙供应物品有关。[21]这并不是说吴哥人不知道货币为何物。他们也与使用货币的其他王国通商,如果愿意自己铸币也不乏所需金属。有证据显示,早先的高棉人曾经使用过货币。卢斯蒂格也在吴哥时代以前的铭文[22]中发现史官用银子当作计算稻田和女奴价值的单位。高棉的数学相当发达(已经有了革命性的"零"概念),计算债务、利息和兑换都有较为复杂的算法。

然而，自阇耶跋摩二世建立吴哥后，我们就再也没有见过用银子或其他单位来对物或人计价的做法。那么，吴哥货币的价值何在？有些历史学家猜测也许吴哥人有一个普遍接受的值钱物品计价单，如此一来就可以用它而不用货币了。[23] 从12世纪早期的交易中，我们看到有一块地换到了"2枚金戒指、1个银碗、各种单位的银子……1个容器、2个水瓶、5个盘子、3件炊具、1件烛台、20尺上好布料、2头斋戒用牛、2段10尺长的新布和3只羊"。一名高努和她的四个孩子被卖到"60件衣服"。一般来说，我们看到的是混杂着动物、人、金属和上好家用物件的比价清单。吴哥人在交易中之所以不需要钱，是因为他们可以根据贵重物品的公价达成对个别买卖的协议。由此可见，上层人士的财富是以土地和耕地所需的工具（包括人）来衡量的。

至于高努阶层的日常财务往来就不一样了。周达观在13世纪末访问吴哥时说"国人交易，皆妇人能之"，又说"无居铺，但以蓬席之类铺于地间"。顾客使用来自中国和其他地方的钱币，也用米、谷物和布匹替代货币。看来，不贵重的物件可以用"货币"买到，特别是在比较非正式的市场内。当然，也有这样的可能性，即有钱的吴哥人也有用钱的时候，但书写铭文的人认为货币价值不言而喻，没有记载的必要。从周达观对在吴哥市场上的妇女的观察，我们推测还有一种可能性，即书写铭文的人认为从事货币交易是女人工作的一部分，不值得记载。

寺庙的铭文加上周达观的观察让我们对吴哥当时的状况有了深入了解。中央似乎并没有全面控制经济交往。地方王国可以对土地和寺庙中的高努随意定价，而普通百姓则或以物易物，或使用外国钱币。这套制度对我们这些完全在钱币社会长大的人来说似嫌烦琐，但对一个土地和劳动力是任何人能拥有的最珍贵的东西的文明来说也不无道理。当然，吴哥领导人一样爱金惜银，或许他们也与觊觎这些东西的外国人进行交易，但他们并不积攒钱币。相反，他们积攒的是可用来改变土地面貌的纳税人。多数吴哥国王就是凭借这源源不断的像塔伊·卡姆维尔克和塔伊·特肯这样的免费劳动力发家致富的。

石头的脆弱性

在苏耶跋摩一世的劳动大军对西池破土动工近200年之后，国王苏耶跋摩二世即位。与他的同名国王一样，苏耶跋摩二世的王位也是经过一番血腥的争夺战而非继承得来的。这位国王来自国家边缘——现属泰国，他喜欢上了吴哥的生活，给吴哥留下了举世闻名的建筑：坐落在东池和西池两座水库南边山上的寺庙群吴哥窟。苏耶跋摩二世并不好大喜功，也并不是一个特别伟大的军事国王，人们之所以记得他，是因为他在连通吴哥与王朝各地及更远处的运河和公路的维修工作方面做得特别好。当然，与他刻意在吴哥窟许多极具震撼力的浮雕上留下自己的各种英姿形象也不无关联。他是第一位在艺术作品中出现的吴哥国王。浮雕上的他坐在宫中软毯上，众多仆人为他在头顶上撑起多重阳伞的模样的确令人一见难忘。

苏耶跋摩二世颇具魅力的自我刻画固然有趣，我却更想了解那些为他撑着阳伞的人。因此我才与达米安·埃文斯在一个宁静的早晨去了一趟建造吴哥窟的地方。奔密列①这座带围墙的建筑群位于吴哥东北约 50 千米处，是苏耶跋摩二世众多建筑项目之一。如今这里游人罕至，修复工作才刚刚开始，它有层层方形回廊、图书馆和流经整座寺庙及宫殿核心区的运河，在精心打造的步道之间是一片粼粼波光。很久以前，它周边还有一个占地面积是建筑群两倍大的水库。但如今，水库和环绕奔密列的深护城河只留下大片筑墙用的巨型石块。进入宫殿十分不易，埃文斯带我从后西门进入，一路没敢离开小径，因为别人告诫我们丛林里可能还有地雷。

周边的地形忽高忽低，隔不多远处就有一个小山包，它们有规律地分布着。"你可以看到这里的地形并不自然。"埃文斯说。他再次提到人类地貌学的概念，也就是对土地的人为变更。我们所看到的就是当年分散在奔密列周围老百姓的木屋居住区。到达建筑群残留的墙边时，埃文斯停了下来。"我们现在就在人口密集的市中心，周围都是寺庙工作人员的住处。"他直截了当地说。我想象着四周的大树突然消失了踪影，代之而起的是一条条街道和两旁整齐的茅草顶高脚屋，上层住人，底层的灶台升起袅袅炊烟。孩童叫闹，牲口低鸣。

---

① 奔密列的意思是"荷花池"。——译者注

接着我们爬上结实稳固的木梯，跨过长满青苔已然破败的走廊，进入了建筑群。穹顶之下的回廊有长窗，窗户上的石制窗杆起到了遮光作用。每一根窗杆都有波状沟纹，折射出婆娑光影。建筑群中心的石地板有支柱支撑，这样水就可以在下面流淌。

埃文斯跟我一起爬过进门处突出的岩块，脚下的木梯发出微响。到达护墙外缘最高处时，我低头看了看下面曾经是奔密列外护城河一部分的石砌运河。今天看来，石砌运河中流淌的似乎是大象大小的巨石，就像是时间把整个墙体都冲到了如今已然干涸的河道中。时间还早，在从硕大石块中长出的大树下面，空气中仍然带着清晨的凉意。耳边只听到鸟儿和昆虫的鸣唱。在埃文斯打开这座建筑群的激光雷达地图时，我则在心中"重建"着这处遗迹的当年模样。几千名高努在我们身旁忙碌，穿梭在通往四方的步道上。他们来往于护城河外附近的农村与在奔密列堤道上闲逛的精英之间。他们的日常工作就是维修寺庙、耕种农地、照看每两周举行祭典仪式时必不可少的香花花园。但此地人口密集，有别于一般的偏远省城。

苏耶跋摩二世对奔密列人所擅长的工业特别感兴趣。奔密列地处两条主要道路和几条水路的交会处，战略地位重要。一条道路通往北边荔枝山的砂石矿区，另外一条通往西边磅斯外圣剑寺寺庙群的冶铁中心。[24] 奔密列和吴哥窟都是用荔枝山的砂岩建造而成的，堆放在我四周的砂岩就像刚刚从山里运来的一样。高努们在奔密列负责运输、接收，有时还负责物品的加工。砂石是通过运河运到这里的,他们把大砂岩切成石块,供自己的寺庙群使用,或者将它们运往吴哥。圣剑寺的铁矿运到此地时,将它们装船通过高棉王朝人工开凿的水道长途运送至吴哥的也是他们。很可能内地的稻米及其他货物也是经由他们发往吴哥的。苏耶跋摩二世本人就是在这类省城长大的孩子,他一定非常了解奔密列在吴哥王朝中发挥的关键作用。

有的研究者认为奔密列是吴哥窟的测试版。它是工程师们试验新型拱门和高墙的第一个地方,而这些拱门和高墙在吴哥窟是无处不在的。说起都市布局,两者也有相似之处。埃文斯给我展示,从激光雷达地图上来看,奔密列周围对称的街道与吴哥的街道极其类似。但此地地处内陆,居住区的形状与布局显示出更多的变化。不过,吴哥人看见这一排排房子中间隔着鱼塘的街景,一定会感到像在自己家一样。通过激光雷达地图我们才知道奔密列的主要功能是什么。它给我们展示了荔枝山的砂石矿场,研究人员这才将运河路线与建造吴哥窟和奔密列的所有砂石的来源联系在了一起。

我们还有很多不知道的东西。激光雷达地图让我们看到了两个过去没见到过的建筑物,但迄今也没有人能够解释它们是做什么用的。其中一个是被人称为"盘圈"、"螺旋"或"地画"的长方形复杂迷宫。研究者在2012年对吴哥窟护城河进行测绘时第一次发现了它,后来于2015年在测绘奔密列和圣剑寺外围时又发现了类似的盘圈。乍一看,它似乎是一项水利工程,可是埃文斯和他的同事有鉴于盘沟太浅,且与城市水利总工程不衔接，故不认同这种观点。目前流行的假设是，这些直线盘沟是培育寺庙祭典用植物的专门花园。经常盛水的盘沟里或许养过莲花，埃文斯和他的同事在论文中指出，高起的地方可能是种植"檀香树等含有芳香物质的植物"用的。[25]

更神秘的是在吴哥最大的水库和运河附近的一片山包。与卡特和她的同事们挖掘的住家山包不同的是，这里并未发现陶瓷器残片和食物残留。它们就是山包，显然是高脚屋或建筑的地基。从它们的地点来看似乎与城市的水利工程有关，然而有关并不等同于有因果关系。盘圈和山包群提醒我们，关于古代高棉修建城市的方法我们还有很多不知道的地方。

要是没有那么多百姓和高努切割砂石、冶炼铁矿石、收割稻子并将它们运往首都，苏耶跋摩二世和他的先辈们就不可能留名青史。参观吴哥窟时，须弥山（梅鲁山）——传说中的宇宙中心——寺庙群内精雕细琢的高塔，耸立在人工开凿的金灿灿的水域之上，虽然这十分震撼人心，但我却老想着采石场里堆放着的石头和作坊中成千上万的无偿劳动者。我与一大批游客走进了灰墙，付了香火钱，祈求城中神明保佑，神明的化身就是坐在寺庙群一座古塔之上身穿金袍的佛像。浏览描绘苏耶跋摩二世迎战占族（这里指的是如今的泰国）的著名浮雕时，我主要看的是给他抬轿子的人。吴哥的高努基本建设搞得越多，他们的国王维护基本建设的责任就越大。正如斯塔尔克所说，这套欠债与偿债的体系总处于崩溃边缘。

第二章 水王朝

第三章

帝国主义的遗留

吴哥曾多次以不同方式被遗弃，遗失已经成了吴哥身份的同义词，但起码1860年记述自己吴哥窟之旅的法国探险家亨利·穆奥要为吴哥这"失落之城"的头衔负一部分责任。他的旅行日记在他死后才付印，该书轰动一时，激发了法国人对柬埔寨文化的一阵狂热，一种类型特别的狂热。就在穆奥到访后不久，法国便将柬埔寨纳入保护国。勇敢的法国自然科学家是如何"发现"这块法国新殖民地宝库的，这个故事在法国国内颇受欢迎，尤其是因为穆奥曾暗示现代的柬埔寨人并不知道珍惜自己的瑰宝。[1] 穆奥甚至表示现代柬埔寨人十分野蛮，吴哥不可能出于他们之手，而一定是古埃及或希腊人建筑的城市。只有欧洲科学家去研究吴哥才有可能令人信服，因为柬埔寨人自己都任由吴哥在丛林中朽坏。考古学乃白人肩上的担子。

之后的一个多世纪，西方谈起吴哥时表达的就是这种情感。这种想法不仅与事实不符，也一笔抹杀了吴哥从一座大都会演变成由佛教徒看管的偏远圣地的复杂历史。首先需要了解的是这座城市从来没有完全荒废，即便在15世纪初王室全面迁出后也一直有人居住。[2] 在这座城市处于所谓"失落"状态的16世纪，柬埔寨国王安赞一世还出资在吴哥窟完成了几处浮雕。几十年以后，葡萄牙修士安东尼奥·达·马格达连纳造访该地。他应该是第一位欧洲访客，比穆奥还早上300年左右。17世纪，曾有一名日本朝圣者绘制过一张吴哥窟地图，18世纪时一位柬埔寨显贵在吴哥窟给自己的家族建造了一座佛塔。所有这些证据都说明世界各地的人都知道吴哥，它是香火很旺的圣地。19世纪法国殖民者抵达吴哥时还赶走了一批住在该地的僧人。穆奥的记述是明目张胆地改写历史，与苏耶跋摩二世将西池之下的老吴哥全然抹杀之举并无二致，两者均影响深远。

法国人受穆奥启迪，对东南亚文明的痴狂于1878年到达巅峰。那年的巴黎世界博览会展出了法国学者从吴哥和高棉王朝其他地方搬走的古代高棉艺术品。1900年，一群法国研究人员常驻东南亚，在河内创立了法国远东学院。1907年，法国远东学院开始监督吴哥考古工作，时至今日依旧如此。这就更坐实了20世纪初有关法国人发现吴哥并对其了解最多这一普遍想法；同时导致法国学者误以为吴哥窟是欧洲式的城堡建筑，还说高棉人没有自己独特的文化传统。

1907年以来情况有了很大的改变。达米安·埃文斯在领导激光雷达地图测绘工作时是与法国远东学院合作的，激光雷达地图也反驳了欧洲学者称吴哥并不像它铭文所说那样人口众多的谬

恰塔霍裕克的女性泥塑，摄影：Nevit Dilmen

恰塔霍裕克遗址内部，摄影：Murat Özsoy 1958

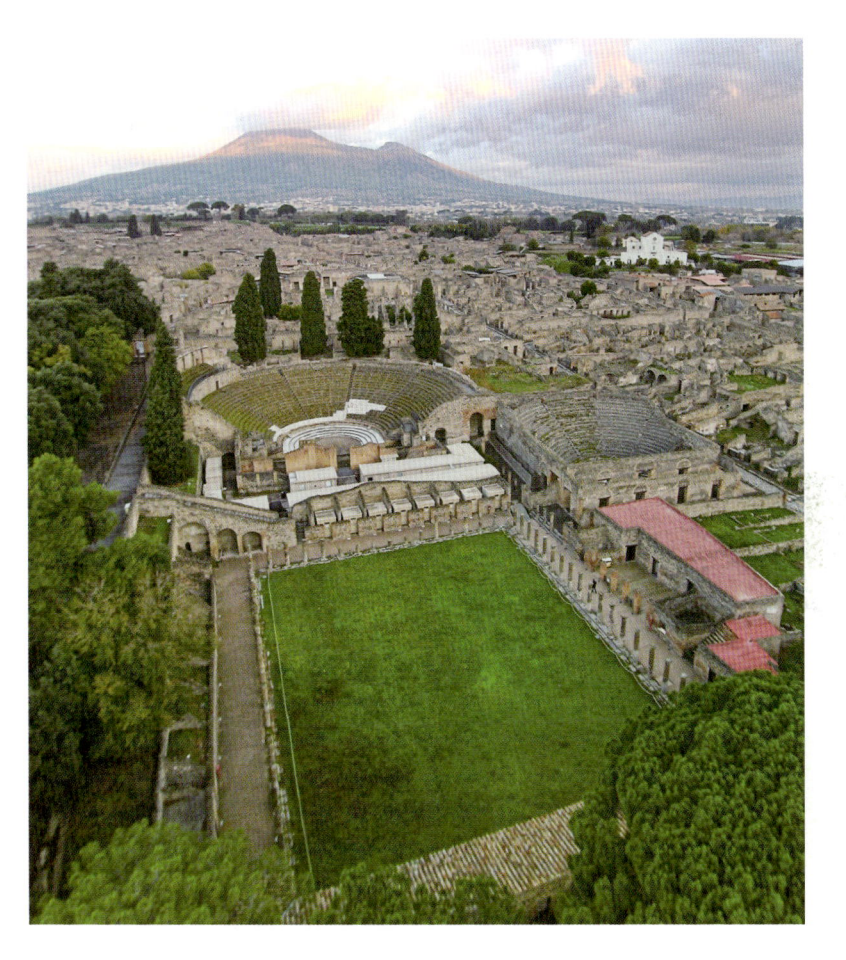

庞贝与维苏威火山，摄影：ElfQrin

卡尔·布留洛夫《庞贝城的末日》

特伦修斯·尼奥肖像画

吴哥城，摄影：LBM1948

浮雕中的苏耶跋摩二世，摄影：Michael Gunther

巴戎寺内的雕像，摄影：Jean-Pierre Dalbéra

卡霍基亚僧侣丘（1882）

僧侣丘出土的石雕，摄影：Paul Sableman

误。同时，许多现代学者也推翻了吴哥曾一度消失的说法，吴哥被其殖民宗主国的研究者无意间"发现"，而他的同事们正好能把寺庙文物送到巴黎世界博览会展出——这也太巧了吧。

一如既往，真相要比传说更离奇、更曲折。

第一次洪水

吴哥古城的足迹形象地告诉了我们，这座城市究竟在哪里出了问题。激光雷达地图和挖掘结果都让我们看到城市的运河、堤岸、护城河和水库数百年来曾几经疯狂修复与改造，而且施工越来越复杂。正如埃文斯在我们访问西池时所说，有的改造是因为国王和僧人希望城市布局与宇宙的理想比例相符。但有的也是应对气候不稳定以及基本建设经千万人使用后遭受的一定损害而进行的必要维修。不过，到14世纪洪水大泛滥时，人们可能还是没有意识到他们的城市已无望全面恢复——因为吴哥人过去经历过更严重的灾害，而每次他们都能浴火重生并且更加壮大。

928年，也就是耶输跋摩将都城迁至今天的吴哥城的几十年后，阇耶跋摩四世当政。他再一次迁都，整个皇宫都被搬走了，我们至今都不清楚其中的原因，这回是迁往西北部的繁华城市贡开。国王在此命令高努用当地开采的巨大砂石建造宫殿、修筑公共工程。当然，他最了不起的成就就是要开凿一个前所未有的大水库。工人们在隆基亚（Rongea）河谷建起了7千米长的堤岸，阻挡了几条大河,将其汇集成一片一望无际的水域。在堤岸的正南方,阇耶跋摩四世的工人打造了王国中最高的寺庙——大塔寺。这是一座气势恢宏的金字塔,塔身四面是阶梯层,就像层层山坡,给人一种渐行渐远的感觉。大塔寺的顶端是一个已遗失多年由青铜或木头制成的巨型林伽。如今金字塔还在,每一层台阶上都呈现一片草木绿,一旁的河谷仍然散落着1 000多年前河水两次漫过堤岸最终将其冲毁而带下来的大石块。

阇耶跋摩四世显然是想让来访者进入城市时有一段非凡的体验。贡开坐落在吴哥与今日老挝瓦普庙之间一条主要公路的边上。堤岸不仅有挡住水流的作用,也是从吴哥直通贡开城中心寺庙区的风景秀丽的大道。沿堤岸往南前往首都时,大塔寺上竖立的林伽很快就能映入眼帘。在之后整整7千米的路程中,这个生育、神圣和权力的象征就一直在视线内。[3] 很明显,阇耶跋摩四世这样做既有政治用意,也有实际用意。他希望他的堤岸与已有的道路相连,又想让它与城中的寺庙位置对应。与西池一样,这是意愿先行的水利管理而不是扎实的水利工程。

为什么阇耶跋摩四世要花费如此多的精力再建设一座城市,而不愿继续扩建吴哥呢?法国考古学家乔治·克代斯提出了他的看法,他说由于阇耶跋摩四世篡夺了王位,因此对吴哥并不留念。金边皇家大学历史学家董乔则认为,这个一度被人所接受的说法其实是西方学者对东南亚文明中继承规则的误解。历史学家以为王位的"正当"接替应当是父子相传或兄终弟及,但他们却没有看到,这样的继承在吴哥王朝反而是例外。[4] 董乔指出更现实的可能是阇耶跋摩四世来自贡开，若非如此，本来在那里已经有一座讲究的王宫了，为什么要搬迁呢？这个解释与最近研究人员对该区的环境进行研究得出的结果也不谋而合——在它成为高棉王朝都城之前和之后人们在此开荒农耕了数百年。[5]

假设阇耶跋摩四世不是吴哥本地人，那么他应该与好大喜功的苏耶跋摩一世和苏耶跋摩二世等这些来自偏远地区的国王同属一类。通常外地人一旦称王总会因为自己与地方的联系而有能力统合分散的地区。我们在贡开也能看到类似的结盟的证据，只是盟友与此前非常不同。我们发现贡开有"没完没了的奴隶名单"，数量以千份计，铭文专家艾琳·卢斯蒂格认为这揭示了阇耶跋摩四世的盟友都是谁。这段时间地区纷争不断，高棉王朝国势已大不如前。吴哥暹粒文物保护局（Aspara National Authority）研究员昆西亚·春[6]说，从贡开的名单中我们可以看出当时的社会结构十分复杂，高努也有了各种各样的称号。

卢斯蒂格认为，阇耶跋摩四世有可能与叫"斯"（si）的平民阶层联盟，贡开的铭文里显示他们的地位高于被称为"苟"（gho）的平民。阇耶跋摩四世或许提升了某一工人阶级的地位，使其成为他的盟友。突然间，这些奴隶名单不再显得"没完没了"，反而能帮助我们了解工人阶级之间的等级了。国王与叫"斯"的平民阶层结盟可能也标志着高棉社会等级制度的一大变动，这与罗马帝国自由民身份的改变有点儿类似。卢斯蒂格写道：

> 将中心从吴哥搬到贡开或许是阇耶跋摩四世的策略，

意在借助联合"斯"（平民）来壮大自己的声势，并削弱反对派的力量。从贡开又回到吴哥后，随着许多官员和叫作"苟"的平民阶层影响力日增，社会政治权力结构的改变就更加明显了。[7]

就在他的贵族邻人彼此争吵不休时，阇耶跋摩四世决定退居贡开，与平民为伍。他的下一个动作可能就是与他自己的一部分高努——叫作"斯"的平民阶层——联盟，建造新城市，巩固自己的权力。阇耶跋摩四世统治结束后，首都又回归吴哥，另一群叫作"苟"的高努兴起。卢斯蒂格因特别注意奴隶的名字，才察觉到精英们曾与不同劳动群体结盟。

不过，贡开的光辉岁月是短暂的。为了弄清楚帝国最大的水库出现了什么情况，一组考古学家和土木工程师用他们对筑坝的现代知识来探讨城市北界的堤坝兼大道究竟出现了什么问题。问题似乎并不少，但看来主要的问题出在工程师没有设计足够的泄洪通道。遇到季风雨量特别大的时候，水流的速度和高度都会超出预期。最终不仅是水漫过了堤坝，就连堤坝的石块结构也在快速水流的冲刷下被侵蚀，导致溃坝。[8] 有迹象显示，事后人们试图加固泄洪通道，在溃坝处四周将坝体提高好几百米，但修复从未完工。不出几年，洪水再次漫过了泄洪通道。部分城市被淹，国王似乎对他的水库也就听之任之了。944年，首都迁回吴哥。以后几百年继续有少数人在与首都吴哥有道路相连、已经大大缩水的贡开居住和耕种。

贡开的故事是吴哥日后命运的缩影。外部政治纠纷不断，内部基本建设年久失修，城市由原来人口密集的枢纽变成分散的聚落。当然，吴哥是经过几个世纪的扩张以后才全面沦为和贡开一样的命运的。在此期间，苏耶跋摩一世利用劳工建立起了王朝的通商路线和官僚制度，而苏耶跋摩二世则改善了城市的基本建设。

1181年，吴哥进行了最彻底的都市化。一位新国王阇耶跋摩七世登基，人称"神王"。他的工人修筑了数以千计的道路、医院和学校。吴哥历史中经常提及他的统治，考古学家也给他起了一个别名"J7"。他是将吴哥向外扩张最成功的国王。可以说阇耶跋摩七世也是一个外来者，他曾在占城（今属越南）流亡多年，后于高棉与占城交战时才回到吴哥。他从占城部队内部策反，媾和成功，阻止了占城对吴哥的入侵，后登基为王。J7命令寺庙史官书写他致力实现和平的铭文，不过占城的大片领土还是他用武力征服的。他是一位集合了多种矛盾的人物，他振兴了高棉王朝，今天考古学家研究的正是他的城市规划遗迹。在他统治结束后，我们就进入吴哥大改变的最后阶段了。

千面国王

皮法尔·亨在柬埔寨长大，自幼就对吴哥考古极感兴趣。他告诉我，在20世纪90年代初他的孩提时代，J7国王有名的巴戎寺所在地吴哥城的游客还很少。"我11岁那年跟家人一起去附近的一座塔寺,"他回忆道,"他们在烧香拜佛的时候我往寺庙上面走去。到达中心塔时我发现自己迷路了。四面没有人,只有一幅幅巨型人面像,我被吓坏了。"我立刻知道他讲的是什么。大概在他去过那里的30年以后,即我参观巴戎寺的时候,那里到处都是游客,但还是相当可怕。

作为阇耶跋摩七世几大建筑之一的巴戎寺没有围墙。绵延的回廊靠众多粗壮的支柱撑起,再往上是大大小小高度不同的花苞状高塔。远远望去,这里就像是一片丛林中的天际线。J7当政期间,这里应该是被漆成了白色和金色,像一朵洁白的莲花闪闪发光,坐落在整齐的庭院当中,来往其中的有数百名僧侣、工匠、仆人和王室家族成员。如今,砂石被灰褐色古老的树木根枝缠绕,上面长满了藻类[9]。疯长的树木占据了当年当地人和善男信女漫步的花园和池塘。因为那些瘆人的面孔,所以爬到最上层颇需胆识。

J7登基以后成为高棉王朝继苏耶跋摩一世之后第二位信奉佛教的君王。两人最关键的差别在于:苏耶跋摩一世容许他的子民信奉印度教,J7则将佛教定为国教。[10] 据铭文记载,J7自称再世佛,与802年阇耶跋摩二世以印度神王自诩的做法大同小异。J7在统治期间命令王室雕刻师和工程师在王朝各地摆满佛像,许多学者相信佛面借用的就是国王的面孔。更有可能的是,他们有意将J7的面孔与菩萨的合而为一,意味着政权与宗教权的完美结合。在巴戎寺,这合而为一的面孔共出现200多次,大多与成人身高等高。

带有J7面孔的四面佛柱还真不少，每一面都正对东南西北四方，给人一种幸福的安宁感。我第一次远远看见它们的时候，它们似乎加强了我的祥和沉思之感。但就在我朝中心塔前行的路上一再遇到这些面孔时，不禁有一种被监视的感觉。就像J7要高棉人知道他们到哪儿都逃不过他的法眼一样。当我爬到佛塔顶部，更觉得每一个平面都是一张面孔。J7并未将其面孔与菩萨的融为一体，他是与城市的基本建设本身融为一体了。

如果米里娅姆·斯塔尔克说的不错，人们就是被吴哥壮观的景观吸引而来到这里的，那么巴戎寺肯定是他们绝不会错过的一景。数百年来，有好几百万人都曾被它潜移默化，但影响他们的应该不只是国王无处不在的面孔，还有那段到巴戎寺的人人必经之路。为那些远道而来受自己保护的贵族，J7制定了一套聪明的办法，确保他们以后还会再来。据斯塔尔克说，巴戎寺共有439个放置单独的雕像的佛龛。"学者们猜想它们是观世音菩萨的雕像，是国王以铭文注明分给至少23个省会的，"她写道，"得到雕像的人必须每年将其送至吴哥用于祭祀。"这可是让地方领导不得不前来向J7汇报的最佳借口，而吴哥城也因此成了信徒的朝圣之地。目睹远方的领导人前来谒拜的吴哥人必然会认为这些人与自己一样，大家都是国王的仆人。

从空中俯瞰，巴戎寺就像是在吴哥城这个大四方块里面堆积起来的小四方块，J7华丽的王宫就在东池和西池两池之间。寻常信众可能会穿越吴哥城城墙的东门，然后沿直线从东门前往巴戎寺。一路上他们会经过一系列令人目眩的雕像——其中有许多蛇头呈扇形的那伽蛇神像、伸展着鹰翼不可一世的金翅神鸟像、一排排恶魔和其他的神明像——远处还能瞥见J7精致的皇家花园、池塘和住房。但在进入吴哥城区之前，游客们就已经路过一部分城市了。南边就是小得多的吴哥窟园区。在城市两座最大的长方形水库——东池和西池——以北，J7还加建了一个人工湖，即阇耶塔塔迦湖。另外，沿吴哥城东墙还有一条宽广的从暹粒河引水的水渠。

J7在位期间前来吴哥的人还会发现，城中心的居住区十分整齐，一如讲究的、有高墙围绕的寺庙群区。同以前好大喜功的国王一样，J7也给首都带来了劳动力。这些人似乎改变了城市的布局，打造了在曼哈顿游走过的人都十分熟悉的井字棋盘式城市网格。街道两边的木屋密集而有序。皮法尔·亨猜想，这种程度的协调肯定需要一个中央都市规划局。从J7的儿子写的一段短铭文中或可见端倪。"铭文说阇耶跋摩七世强行征用土地。"皮法尔·亨的描述简单明了。为了把城市里自然发展的城区改成网格式排列，国王曾强迫臣民搬迁。如此强制性的都市规划也是镇压反叛力量的好方法，而开疆扩土的国王正好经常为此起彼伏的叛乱所苦恼。"镇压叛乱的其中一个方法就是夺取人民的财产，将其家人变成寺庙的仆人。"皮法尔·亨思忖道。

J7显然是在内陆地区强夺了人民的财产，征用他们为劳工，为他在全国各地打造这些知名的公共工程，给我们留下了今日的都市遗迹。他或许是吴哥最伟大的君王，但历史告诉我们，他或许也是将吴哥王朝用徭役换取保护制度的纸牌屋推向灭亡的人。

气候大灾难

　　1218年左右J7去世，他的儿子因陀罗跋摩二世登上了王位，虽然在位时间不长，他却曾目睹吴哥从都市中心缓慢退化为乡村圣地的初步阶段。在之后的200多年，高棉王朝的疆域急剧萎缩，大片土地落入他人之手，成为今日的老挝、越南和泰国。不过吴哥仍然是高棉领土毋庸置疑的核心城市，吴哥人仍然是邻近地区以及中国和更远的国家的密切通商伙伴。城市里居民的生活依然富足，对上流社会而言尤其如此。不要忘记，周达观有名的《真腊风土记》就是对13世纪晚期吴哥的记述，在他笔下，吴哥仍然是一座繁华的文化重镇。

　　然而，随着高棉领土的大片流失，原有的保护制度也逐渐崩溃。高棉国王得以依赖的劳动力已大不如前，只能从吴哥和附近的地方征用劳工。尽管如此，但凡乐观的人环顾四周，便可见街道上骈肩杂沓，运河四通八达，也难怪他们觉得一切仍岁月静好。从不断改变的水利工程中，我们能看出城市的演变轨迹。13世纪，工人把运河系统变得更密集、更复杂了。他们在北边加建了几条人工水道，将城市与荔枝山上流下的河水相连，把原来西流的河水改成向南流。一旦山上的流水进入城市的边界，就会分流入众多的运河和水库内,大致就是朝东南方向自高向低流。那么,问题就随之而来了。

地质学家发现,山间径流的泥沙堵塞了运河网的关键点,使得河水进不了城。水流还没进入城市的主要运河网就被挡住了,这个问题导致更多运河的疯狂开凿。就在14世纪晚期和15世纪初,突然间又出现了多条其他方向的水渠,将城里大量的洪水引入洞里萨湖。[11]曾研究导致吴哥衰亡的环境因素的悉尼大学地质科学家丹·彭妮将这个问题称为"网络连锁故障"。[12]简而言之,就是网络某一关键点出了问题连带下游故障灾难性叠加。

这一网络连锁故障背后的罪魁祸首就是气候波动。彭妮写道,14世纪晚期到15世纪初,吴哥人面对的挑战非同一般。几十年连年干旱使得吴哥人修建了更多的水渠拼命从山上引水。但是干旱突然结束,又赶上罕见的连年大雨,随之带来了两大灾祸。首先,原来从山上尽可能引水入城的水渠引发了洪水,于是人们又修建水渠将大量径流引入洞里萨湖。其次,季风雨迅速侵蚀了干旱松软的土壤,将大量杂物冲进了运河系统。淤积日益严重,阻断了必要时水的供应渠道。更糟糕的是,连年暴雨洪患之后又是几十年的干旱。

现代世界不乏类似的例子。研究气候灾难对经济的影响的加利福尼亚大学伯克利分校公共政策研究员所罗门·项,引述了古代和现代的许多实例。他对我说,当一个区域再三遭遇风暴袭击,"不管这个国家多富有……区域经济都很难恢复到基线GDP"。修复基本建设需要大量资金,恢复到过去的经济基准几无可能。每经历一次风暴，GDP 就越往下滑。他管这种现象叫作"沙堡损耗"[13]，同时指出，任何文明，不论其发达程度如何，都经不起一连串的打击，只有逐渐消亡一途。吴哥所经历的可能就是某种形式的沙堡损耗，它的基建每承受一次打击，城市的繁荣程度都会因此递减。

所罗门·项的解释也让我们得以想象，经济不断受到环境危机重创的吴哥是如何一步步被笼罩在大灾难之中。贡开的洪水是开端，国王不愿面对难题而决定重新迁都吴哥。后来的统治者用建造更多水渠的方式来解决缺水和泥沙淤积的问题。我们假设，国王每次命令劳工开凿新水渠都是为了解决农田缺水或基本建设工程故障。此时可能就会有吴哥公民决定搬到农耕比较容易的地方，搬走了自然就不需要每年服徭役。城市每经历一次气候危机，人口的流失也就相当于金钱的损失。

当吴哥城多次经历水患时，还有足够多的高努能够迅速开凿新运河，留下一个个疏通洪水径流的工程。但是只这样忙活还不够，仍有住房和农地被毁，致使更多的人迁往不容易遭灾的地方。用激光雷达追踪城市不断变化的水道的达米安·埃文斯说，这一阶段的吴哥历史与目前各大城市所面临的问题雷同。城市规划人员都在为几百年前遗留下来的"古董基建"头疼，因为当初的设计都未将气候危机带来的极端情况考虑在内。"考古学让你认识到这其实是一个老问题。"埃文斯说。排污管道和水道改建起来十分不易——尤其是它们多半被深埋在路面和街道之下——让它们适应新环境十分困难。此时，吴哥的经济机会较

第三章　帝国主义的遗留

以往少了许多,它已不再是能吸引人们与陌生人相遇相知的灯塔了。

就像吴哥遇到的麻烦还不够糟糕似的,来自阿瑜陀耶(在今泰国境内)的军队已兵临城下。此时不攻,更待何时。吴哥的劳动力不断流失,防卫已有心无力。阿瑜陀耶的军队于1431年攻入,并占领吴哥数年之久,给该地连年不断的忧患加上了政治不稳定因素。眼见仆役人数不足,洪灾无休无止,外国军队索要无度,高棉王族与宫廷受够了。15世纪中叶,他们将都城迁出吴哥,搬到金边附近去了。阿瑜陀耶的军队跟着也离开了。

不管最流行的论调怎么说,这并非吴哥"陷落"之时。上流社会的人确实离开了吴哥,并带走了他们的徭役制。艺术家、僧侣和舞蹈家们也到其他城市另谋生路,有人去了阿瑜陀耶大城。可是城里的劳工却没离开。埃文斯指出,15世纪的吴哥人用14世纪寺庙的石头修复了一座重要的桥梁。吴哥的老办法是从荔枝山采石,强迫仆役在奔密列加工石料,再通过运河将石料送往吴哥。但自城里的精英离开后,人们觉得搞修复工程最好还是通过废物利用。耶输跋摩曾强拆过百姓住房给东池让位。500年以后,百姓却将精英的不朽之作拆了,用于修复老祖先留下来的基本建设。

为了证明这一点,斯塔尔克与艾莉森·卡特、皮法尔·亨以及其他几位研究者于2019年发表了一篇论文,谈到他们在吴哥窟寺庙围墙附近的新发现。[14]他们在发掘过程中发现了王室成员离开吴哥很久之后百姓仍在该地居住的遗迹。在城市"陷落"

后，高努们还一直在那里生活得很好。另外，2019年丹·彭妮也伙同埃文斯和另外两位研究人员，即地质科学家泰根·霍尔和考古学家马丁·波尔金霍恩，发表了一篇论文。他们使用激光雷达和实地勘探的方法对吴哥的生命周期进行了长达20年的研究，并整理了所获得的证据。论文的标题就很好地总结了他们的调查结果："地质考古学证据显示，柬埔寨吴哥经历的是逐步衰亡的过程，而不是15世纪的灾难性崩溃。"[15]

这些论文的连环出击终于改变了以往人们对吴哥的看法。其实并没有突如其来的转折点；吴哥是逐渐萎缩的，它的人口流失也历经了好几个世纪。这些研究人员都不否认吴哥崩溃的事实，只是认为它的衰落是一个非常缓慢的过程。吴哥之所以崩溃，就像垃圾场失火那样，是领导不力、城市规划不当、运气不佳混合导致的。

皮法尔·亨特别感兴趣的是，吴哥的转变与高棉人民从J7时期的大乘佛教到如今柬埔寨盛行的小乘佛教的信仰转变十分同步。"今天，佛教仍然围绕着皇宫，但是佛陀只有一个。国王并不是佛陀，"皮法尔·亨告诉我，"大家的心态不一样了。"还有一点不同的是，小乘佛教的庙塔都属地方所有。这种新型的信佛方式打破了寺庙世世代代由富有家族和僧侣传承的习惯。皮法尔·亨解释说，大乘佛教规定，寺庙都由精英家族传承，而这些家族就通过寺庙来肯定他们对土地和奴隶的声索权。他认为，在小乘佛教教义下，"僧侣家族的关系被打破了"。僧侣不能再将寺庙传给家人，因为"寺庙归社区所有，社区归寺庙所有"。他相信这一信念的改变在13世纪和14世纪吴哥的变化中发挥了主要作用。

吴哥人口以考古学家所称的城市人口流散的方式纷纷离去，回到了以小乘佛教寺庙为中心的农村生活。这里与恰塔霍裕克有相似之处，恰城的人口也是从拥挤的城市中心搬到科尼亚平原的小村落去的。斯塔尔克指出，湄公河下游"有许多由小村镇形成的农村农业系统，农民和工匠得以继续维持生计——国家的直接干预或许较少"。由此可见，崩溃的并不是吴哥的文明，而是"精英的政治和都市核心"[16]。

经历了这场转变之后，有证据显示王室在16世纪仍企图迁回吴哥。诺埃尔·伊达尔戈·丹是东南亚教育部长组织考古和美术区域中心的考古学家，学生时代的他在吴哥进行发掘工作时有了一个意外发现。他是古代岩石艺术方面的行家，在一天发掘休息的当口不经意走进了一所寺庙的上层。在那里，他凭借一双训练有素的眼睛发现石头上似乎有前人作画的痕迹，于是他拍摄了几张照片带回实验室。他用专门的数码技术对图像进行了相关性延展分析，强化了颜料色彩。突然，他看到了大象、乐队、人骑着马走在一个像是吴哥的地方的图像。在原来有一座印度教风格高塔的地方，上面还有一些抽象的设计图案和一幅佛塔画。这些画作似乎是16世纪这所寺庙从印度教向小乘佛教转变的历史期的作品。

"我原来的假想是吴哥被弃置后首都才南迁。可是16世纪时国王安赞一世又回到吴哥，希望重新在此建都，"丹在曼谷办公室跟我通电话时如是说,"似乎还有很多其他证据表明16世纪时吴哥还有不少活动。当时的铭文也记载说国王将吴哥变成了一座佛教寺庙。"他认为,铭文再加上那幅佛塔画明确表明,这些画作描绘的是曾有一位信奉佛教的国王试图重振吴哥。显然,他的努力以失败告终,安赞一世又回到了金边。但这进一步说明,即便在大多数吴哥居民已回归田园生活时,还是有人留了下来。吴哥继续存在,但已逐渐不复昔日荣耀。

我在暹粒见到最令我感动和叹服的建筑既不是寺庙也不是王宫,而是现代主义柬埔寨建筑群中一套并不起眼的房舍,即用来保存吴哥的无价之宝——雕像——的库房,部分库房还是露天的。有的雕像正在修复中,但大多是为免遭盗取而保存于此。有的雕像上还有盗宝人硬生生地将其弄下来时留下的痕迹和凿印,幸亏被当局及时发现了。

由于埃文斯与当地考古部门之间的关系,我得以进入库房一睹几百件佛首、铭文和鬼头的风采。我很快发现,这个地方与美国高速路边常见的、被人遗忘的用于堆放物件的库房正好相反。它展示的是活生生的高棉历史,几乎可以称得上是圣地。有穿着金色袈裟的佛像,它们脚下是信徒敬献的香火。一尊已有几百年历史的佛像有自己的佛龛。埃文斯说,这可是在惯于炸毁佛像的波尔布特军队的袭击下幸存下来的佛像。据说,他们把一捆地雷绑在它身上,可是引爆后它却未受丝毫损坏,只是原来佛首上方的保护伞——七头蛇神那伽造型——被炸飞了。库房的工作人员将那伽造型的保护伞修复后,把佛像放到佛塔内,自此它脚前的香火不断，还经常有人敬献莲花。

埃文斯和我在柏威夏寺也参观了一座类似的佛塔，这是10世纪劳工奉苏耶跋摩一世之命建造在悬崖边的巨型建筑。1 000年以后它成了1998年投降的红色高棉部队的最后据点。在悬崖边接连爬上五座一座比一座高、一座比一座讲究的寺庙之后，我终于到达了可以俯瞰柬埔寨和泰国广阔田野的绝壁上。第五座寺庙后面的草原上仍可见到地堡、武器库和巨型炮台的遗迹。原本近似佛塔形状的炮台如今已被改造为佛龛。边上堆着花、金属丝带、香火及其他祭品。柏威夏寺的建筑所在地至今仍有争议，寺中随处可见柬埔寨士兵，他们不时帮助年长的柬埔寨访客上下各层塔寺间的巨型阶梯。我们在为古老的雕刻拍照时，一名警卫正在手机上看视频。站在现代生活和古老历史的交汇点，我很想知道是不是每一座城市都命中注定要经历瞬间膨胀和被遗弃的无尽循环。

回到金边时我还在想这个问题，而金边的大批城市人口曾在20世纪70年代中期被强力疏散。我很难想象如此生机勃勃的城市被清空后的模样。今天，金边街上挤满了车辆，从体形庞大的越野车和轰鸣的摩托车到坐满游客的嘟嘟车和人力车。人行道上每一处空间都得到了充分利用，在砖头和煤块堆旁边有人搭起了临时烤架来做午餐。还有推车小贩，他们卖的东西从水果、面包到卫生纸、咖啡，不一而足。除了远处洞里萨河对岸的豪华楼层外，没有不住人的空房。老电影院已经被改建成简易蜗居；一家从前的法国百货公司如今挤满了公寓，家家都在雅致的屋顶上晾晒刚刚洗完的衣服。人们回到城市后就在废墟上到处建造房屋，连老教堂屋顶下方和庙檐之下的空旷处也不放过。放眼四望，不论是墙上、街上还是巷子里，处处都迸发着活力。

不过，正如红色高棉受难者纪念碑所证明的那样，就在几十年前这里的全部居民曾被暴力遣散。城市居民被迫在田里劳作，到劳动营劳动，田间成了杀戮场，营地成了坟场，中学和寺庙成了施刑和拘留中心。这让我想到了让首都改头换面、强征民地、对王朝各地数以千计的工人发号施令的 J7。

政治灾难与自然灾难一样，肯定都会在大地上留下印记。但随着时间的推移，这些印记会变成叠加的人民生存方式的见证。高棉人在国王离开吴哥以后很久仍留在吴哥生活，在他们的改造下，这里又逐渐变回公元 700 年左右农田、村庄的模样。同样，波尔布特军队往北逃窜到柏威夏后，高棉人又重回金边开始了新生活。我们似乎可以说这种现象是反复遗忘和重复黑暗历史的循环，但这样说未免太过简单了。另外一个可能的解释则是，高棉的城市传统要比撕裂它的力量大得多。吴哥并不是一个失落的文明，它是寻常百姓永不言弃的精神彰显。

第四篇

卡霍基亚广场

卡霍基亚中心

僧侣丘

往巨木阵 ←

大广场

双子丘

蛇尾堤道

春湖地带

1 千米

血腥岛

密西西比河

东圣路易斯辖区（城区）

大土丘和西圣路易斯辖区（城区）

卡霍基亚

北

卡霍基亚溪

取土坑

卡霍基亚中心

卡霍基亚中心辖区（城区）

响尾蛇丘

莴安湖

辛伯格运河

春湖

季节性湿地

河流

3千米

第一章

美洲的古金字塔

1 000年前，在今天伊利诺伊州南部的东圣路易斯大平原上曾存在巨型金字塔和土丘。密西西比河冲积平原的黏土上曾耸立着宏伟的都市建筑，还有高架人行道在密集的居住区、公共广场和边远农场之间来回穿梭。装点着祭祀物件的漆柱像路标一般直立在土丘顶端。卡霍基亚这座城市威风十足，声名远播，密西西比河及其支流上下，北起威斯康星州，南至路易斯安那州，对它可谓无人不知无人不晓。成千上万的人因传说中的盛大宴会、庆典和赛事慕名而来。有的人纯粹是为了游乐，有的则是为了追求一种新型文明。许多人对这里印象深刻，以至于再也没有离开。

各地移民纷至沓来，挤的到处都是人，他们来自美国南部，拥有不同的文化背景。1050年鼎盛时期，卡霍基亚人口暴增至约3万人。它被后人称为前哥伦布时期北美地区的最大城市，比当时的巴黎还要大。

它最雄伟的建筑就是今天人们所熟知的土制金字塔，即僧侣丘,中心城区的标志性建筑。它有30米高,南坡分三级,每一级都有祭典用建筑。整个土丘的占地面积约与埃及胡夫金字塔的一样大。站在最高处发言,声音可以传到其南部基座处占地50英亩(约为20.23万平方米)的大广场。有一条1 000米长的祭典用高架堤道从僧侣丘往南延伸,行经洪涝地段,直通被考古学家称为响尾蛇丘的另一座土建筑。

金字塔西边是一圈巨木,一个由高木桩围成、用于标记夏至和冬至的圈阵。东边则是被许多人称作"取土坑"的深坑,卡霍基亚人的土丘就是用这里的土搭建而成的。大多数取土坑内面都有有色黏土涂层,按季节需要储水。这些人造山丘、池塘、人行道和计时的巨木阵都是南北走向,给游人的印象是这座城市不只住着人,还住着来自人世上界或下界的异界灵幻。[1]

虽然这座城市最突出的建筑物是它的土丘——方圆数千米内大大小小散落在各处的土丘就有好几百个——广场却是它的心脏。城市居民将僧侣丘脚下的大广场的土地平整后又铺上一层薄薄的碎石,以方便来参加祭典或赛事的群众。大广场的占地面积相当于38个美式足球场那么大,全城许多小广场也以它为样本。有的小广场比庭园也大不了多少,四边分布着十几所住房;有的则与大广场不相上下。城里人随时保持这些广场的开放与整洁,为社会活动做准备。广场是城市规划的关键部分,因为它是为组成特定公共领域而建造起来的"社区",在这个公共领域内,人们的想法可以改变大地,反之亦然。所有城市都为居民提供了体验公共身份认同感的机会——恰塔霍裕克有它的历史之家,庞贝有街道,吴哥有寺庙群。但在卡霍基亚，我们看到的是全城各地都有专供群众聚会的场所。不管是为了观看赛事还是听宣道，人们都可以在广场聚集。它们是卡霍基亚的主要社会特征，一如逛街是庞贝的主要社会特征一样。这是座深信公共生活能成为改变力量的城市，到处都是精心设计的会场，让许多个体能汇聚成超越自我的庞大力量。

虽然它气势不凡，但城市的原名却已被时间遗忘。人们称其文化为"密西西比文化"，因为它的遗迹遍布连通美洲大陆南北的这条大河两岸。欧洲人在17世纪来到伊利诺伊探险时，这座城市已经被遗弃长达数百年。当时居住在该地区的是伊利诺伊邦联的卡霍基亚部族。于是欧洲人决定将这座古城命名为卡霍基亚，尽管卡霍基亚人没说过自己是该城的建造者。这个名字就这样流传了下来。

经过几个世纪，卡霍基亚人的兴衰史仍是一个谜。到1400年，居民已基本四散，在这片完全被人类改变了的大地上只留下稀稀落落的村庄。密西西比文化常见于苏族（北美印第安人），特别是欧塞奇人的传统中，许多部落的现代土著人仍受土丘的启发。但我们还是不清楚这座城市的兴衰原因。为了寻找线索，考古学家对这片卡霍基亚人当年用于建造土丘的厚重、潮湿、顽固的黏土进行了挖掘。地面一米之下埋藏着一层层千年建筑的地基、垃圾坑、公共祭祀的不明残留物和墓葬。它们共同向我们诉说了一段文明的故事，关于一个也许从一开始就无意久存的文明的故事。对卡霍基亚人来说，城市被弃之不顾并不意味着失败或损失，而是他们预期的都市生命周期的一部分。

参与运动

用罗马历推算，人们垒砌卡霍基亚的第一批建筑始于10世纪晚期。当时，欧洲文明正深陷中世纪迷信和君主暴政之中。反观北美洲，既没有根深蒂固的中世纪权贵，也没有古拉丁文文献所暗示的曾经的伟大文明，有的是能暂时联合部落、部族的汹涌澎湃而又变幻莫测的社会运动，堪与现代的政治革命或宗教复兴相比拟。于是，我们在这段美洲的鲜活城市历史中看到了始于几千年前的大型土建工程和石碑。

根据土著人的口述历史和18世纪、19世纪欧洲人的考古发现[2]，我们得知，卡霍基亚很可能是由一群承诺要实现精神和文化复兴的领导人，或一位极具魅力的领导人所建立的。有人说，卡霍基亚是建立在宗教上的城市，其实它的起源要复杂得多。也许应当这么说：它是席卷美国南部和中西部密西西比河沿岸的社会运动的产物。

卡霍基亚人没有留下文字记录，我们没有办法准确地说这是一场什么样的社会运动。但这场社会运动的灵感来自创始人对北美历史知识的了解。在北美大陆的这一隅，土丘城市的历史由来已久。第一个为人们所知的北美土建筑在路易斯安那州。最古老的土建筑——沃森湿地土建筑[3]——建于5 500多年前，比埃及的金字塔还要早好几百年。另外，路易斯安那州北部靠近密西西比河处一个叫"波弗蒂角"的土丘也有3 400年的历史。今天，"波弗蒂角"月牙形的土丘仍以层层圆弧包裹状高高耸立在陡峭的岸边，俯瞰着下方已干涸的河床。"波弗蒂角"被弃置后约1 000年，来自霍普韦尔文化的人在俄亥俄州以及美国整个东北部建立了更具震撼力的土丘城市。卡霍基亚人大概是从先人历史中熟悉这些土丘的，可能也在密西西比河沿岸见过，当然他们也可能是受到了当时更南方的玛雅和托尔特克大都会的金字塔的影响。

建造卡霍基亚的人或许有意比照这些古文明建立一个城市。他们建城的速度极快，就像背后有充满激情的信念推动一样。伊利诺伊大学厄巴纳-香槟分校的考古学家蒂姆·保科塔将自己职业生涯的大部分时间花在了研究卡霍基亚上。他说，这座城市的土丘在考古记录中出现得如此突然，就好像它们是在今日被称为"东部林地部落"的人的一系列小镇上面直接建立起来的。[4]随着城市的发展，农田面积也增加了，耕地从卡霍基亚一直向外延伸到伊利诺伊的高地。我们在河两岸都发现了密西西比文化的痕迹，那里的小城镇都有土丘，有些祭祀仪式也与卡霍基亚的相同。可能卡霍基亚与吴哥一样，它的建筑风格和官僚势力曾一度影响至离它有几千千米之遥的地方。

卡霍基亚与吴哥在其他方面也有相似之处。它的都市设计类似于一座热带城市，住宅区之间有大片农田，土丘变成了城市中心。卡霍基亚早期居民遍布密西西比河两岸，用农作物和土丘改变了土地的面貌。该城占地辽阔，考古学家有时说城内还分"辖区"：围绕僧侣丘的人口密集区，东圣路易斯中心区，还有一个区在今天圣路易斯城的所在地。它们可能并非单独的城市，

第一章　美洲的古金字塔　　193

而更像是中间隔着农田的中心城区。

卡霍基亚的修建全靠人力。工人用石制工具在后来成为取土坑的深沟里采掘黏土，用篮子抬到土丘处。黏土被倒出来后，他们将土夯实，直至其坚固如山。几个世纪以后，考古学家在僧侣丘边上挖掘时仍然可以看出泥墩呈圆形，每一块泥墩的颜色略有不同，这说明黏土来自不同的土源。[5] 卡霍基亚人如此辛苦劳作建造土丘，或许是为了祭祀。他们挖土、运土或许只是为了让城市更卓尔不群、更具震撼力，又或许他们像吴哥的高努一样只是在服劳役。

与庞贝不同的是，卡霍基亚没有商业街。考古学家只知道卡霍基亚的都市规划中没有永久性的市场，也没有商贩会馆。但20世纪初的考古学家很难相信如此规模的城市竟然不以商业为中心，也不重商。部分原因是他们受到了戈登·柴尔德的影响。柴尔德是"新石器时代革命"这一术语的发明者，他相信只要是城市就一定有货币、赋税制和长途贸易。[6] 就像早期吴哥的欧洲探险家一样，他们也假设世界上的每一座古城都必然有中央市场和城墙。但过去几十年来，像保科塔这样的考古学家则认为，这座城市与其说是贸易中心还不如说是精神中心，并以人们从卡霍基亚拿回家的物件为佐证。

人们从该城拿回家的最常见物品是一种形状独特的祭祀用的陶器——拉眉（Ramey）陶罐，这一物品是卡霍基亚独有的。拉眉陶罐外形美观，技术难度大。制作时要先在黏土中和入碾碎的牡蛎壳，以保证它超薄的胎体不会在烧制时出现裂痕。罐身雕有代表下界的复杂图案,有些拉眉罐还有纤细的动物脑袋为耳,并绘有红白两色鲜艳抽象的螺纹。考古学家发现,整个密西西比居民区都保存有拉眉陶罐,这进一步证明人们从卡霍基亚带回的是符号物件,而不是像盛酒瓶或专用工具这样的实用性物件。

考古学家还在威斯康星州和路易斯安那州发现了来自卡霍基亚的其他小物品——泥塑、装饰性矢镞和祭典用的大口杯。这些发现表明,卡霍基亚与其他地方交流的是观念和精神信仰,而不是像食物、工具或纺织品这些实用商品。当然,还是有小规模的以物易物,但显然它与以商业为中心的庞贝文化不同。卡霍基亚人相聚是为了参与某一种文化世界观,他们因为有共同的公共目的而拉近了彼此之间的关系。我们只要留意城市的布局,就能够让这个公共目的部分地浮出水面。

密西西比河沿岸的公共生活

卡霍基亚的大广场虽然面积不小,但大部分时候是一片空旷,就好像它的职能就是告诉大家集会有许多种不同的方式。不同类型的活动或许需要竖立木屏风和礼柱,但却没有永久性的店铺或寺庙等建筑。[7]

有时候,对大广场进行一番收拾是为了给一种用圆盘和矛来比赛的活动——冲击(Chunkey)——做准备。保科塔将他想象中的赛事场景描述如下:

酋长站在黑色夯土的金字塔顶部,双臂举起。下面大广场内1 000人喊声震天。接着,人群被分为两队,两队人马绕场,发出刺耳狂叫声。几百只长矛朝着一个小小的石制滚动圆盘方向飞出。场边挤满了为两队加油打气的观赛者。[8]

卡霍基亚的工匠为受欢迎的冲击队员制作泥塑,其中一个塑像是跪着滚动圆盘的人,他的脑后梳了一个复杂的发髻,耳垂上挂着装饰耳坠。根据像这样的泥塑以及曾目睹别处类似冲击比赛的欧洲人的描述[9],我们得知这种赛事既是赌博游戏也是体能比赛。冲击队员将他们的圆盘滚进体育场,同时将长矛抛出。长矛离最终圆盘停放处最近的就是赢家。

然而,真正的赢家或许是在赢家身上下注的人,他们可以把奖品捧回家。显然,比赛节奏缓慢,参赌的人多,观众也多。因此也给喜欢社交的人提供了最理想的聚会借口。由于大家对这种赛事极为喜爱,因此连冲击圆盘本身也成了艺术品,凡远道而来卡霍基亚的人往往会将形状规整、光滑的圆盘带回自己的村落。

卡霍基亚也是喜欢狂欢的城市。节庆中的主要活动多数是聚餐,吃烧烤好的鹿、野牛、松鼠,甚至还有天鹅。几百年以后,考古学家发现了巨大的宴会垃圾坑,里面满是火烧过的骨头和破碎的盘子。狂欢者将盛满鲜果和面包的节庆用的美丽盘子传递给他人,用作为礼器的大口杯喝几口"黑饮料"——一种祭典时专用的含咖啡因的致幻剂，主要用于引发幻觉和呕吐。

节庆时城市人流量很可能翻倍，因为密西西比河沿岸所有城市的人都会来凑热闹。制作黑饮料的冬青树只有在距卡霍基亚数百英里[①]外的地方才有，可见肯定是远道而来的访客带来的。访客还从家里带来了其他值钱的东西与他人分享。因此我们才会在卡霍基亚的垃圾坑和祭祀灰烬中找到非卡霍基亚风格的工具和陶器。我在伊利诺伊州考古测绘站看到了有得克萨斯州风格的矢镞，雕刻所用的材料却是卡霍基亚的燧石。这说明这是外来人口用卡霍基亚人惯用的矢镞原料，加上自家的工艺做出的武器。这件石制矢镞与现代韩式墨西哥玉米卷有共通之处，它们都是文化交融的美好历史见证。

不过城市的狂欢并不只是赛事、烧烤和矢镞风格的融合。大型庆典也可以让兴奋的人们相信萨满教巫师或政客，或者两者皆信。公共人物站在僧侣丘最高处对着广场上的群众讲话。[10]接下来就是表演。一种介乎戏剧与祭祀之间的表演，讲的都是有关生育繁衍和复兴的故事，以及英雄和神明的传说。[11]我们不确定在场的人体验到的是不是中世纪欧洲人所谓的教会经验，或类似于当代美国人的《星球大战》电影中的情节。最有可能的是，两者兼有，这取决于当时的情况。

卡霍基亚人把大型夯土平台建造得像是一个舞台，在一年的重要时节，如丰收时刻，人们装扮成神话人物演戏，以兹庆

[①] 1英里约等于1.61千米。——编者注

祝。盛会上有时也有活人献祭。献祭的方式多样，我稍后会详细介绍，不过卡霍基亚人表演时献给神明的还不只是活人。考古学家发现，在牺牲者四周还有许多祭品，包括预备与新近死者二次埋葬而被挖出来的先人遗骨。接下来发生的事不禁让人想起土耳其杜姆兹特佩的尸坑。在舞台上堆满遗体、骨骸和祭物后，人们会在上面覆盖一层土，并将它的形状压成像响尾蛇丘上面的锥形那样。这锥形小丘与卡霍基亚人家的尖形屋顶很像。人们经常在卡霍基亚的城中心广场的边缘建造这类舞台/土丘，有的考古学家猜测，它们象征着我们的世界与逝者的世界之间的一种特殊界标。[12]

比起欧洲人当时将异教徒残酷处死，卡霍基亚人用活人献祭并不显得格外异常。这段时间不论是在欧洲还是在美洲，献祭都是在公共场合举行的，意在巩固社会规范和等级制度。欧洲国家之所以在城镇中心广场将活人处死，是因为统治者想彰显权力，肃清敌人。卡霍基亚人停止用活人献祭好几百年以后，英国国王亨利八世还因公然处决他的谋臣和两位妻子而恶名远扬。早年移民美洲的欧洲人还很自豪地记录他们在普利茅斯和塞勒姆殖民地公开处决异教徒的事。同这些欧洲处决一样，卡霍基亚的活人献祭可能也是为了巩固既有的等级制度，让站在僧侣丘顶端的人得以继续领导。

卡霍基亚人的城市设计反映了他们对天文学的痴迷。卡霍基亚人追踪星星、月亮、太阳的运动轨迹，也经常将自己的房子按照宇宙天体的位置来排列。该城人口大规模扩张期间，街道网格方向都与南北轴线偏差5度。保科塔和他的同事认为，这些房屋的方向是以天文学中的"月球停变期"现象为导向的[13]，在月球停变期，夜空里月球的高度会在两周内经历大起大落。

城市的繁荣或许受到了一种更为奇怪的天文现象的带动。1054年，正处于人口膨胀阶段的卡霍基亚的天空被一个超新星照耀了近一个月。其亮光即使在白昼也清晰可见，每个晚上都像月圆之夜那么明亮。这一现象世界各地都有记载，从中国的史册到美国新墨西哥州查科峡谷——另一个土著都市文明兴起的所在地——上的壁画，不一而足。保科塔相信，可能有一群脑子特别灵光的宗教领袖或政治领袖决定借超新星现象宣传他们新兴的文明。或许是恒星爆炸使得此前零散的群体在新信念的引导下变得同心同德，给日后的密西西比文化奠定了基础。

不管卡霍基亚的领导人做了什么，他们在吸引大量听众方面的确成就非凡。有超过三分之一的卡霍基亚居民是从远处移民而来的。[14] 我们之所以知道这些，是因为科学家用稳定同位素分析法能揭示一个人的生长环境。在研究卡霍基亚人遗骸中牙釉质的化学成分后，科学家们可以查到这些人在孩提时代摄入的食物和水分所留下的特定同位素信号。法医经常使用这个办法帮助侦探弄清楚尸体来自哪里，而考古学家则可借以找出移民模式。如果一个人被埋葬在卡霍基亚，他在成长期所消耗的食物和水却来自远方，那么几乎可以肯定这个人就是移民。

卡霍基亚或许是靠政治力量吸引人们前来的，但城里的人的日常活动却极为稀松平常，不外乎农耕、渔猎、维修基本建设、生儿育女。考古学家在这里发掘时，发现的多半是上述人类活动的残留物件，即被扔弃的破锄头、啃食后的鹿骨、残破陶片，除此之外，还有安放木制老宅界柱的深坑。然而，卡霍基亚人创造这些物件的规模在当时的北美洲可谓首屈一指。农地里种植的是多种高脂肪谷物以及水果、笋瓜、豆类、玉米，在1050年到1250年城市发展高峰期能保证3万人的温饱。从僧侣丘开始步行约19千米到密西西比河的岸边，乘独木舟过河后继续前行好几千米，都不会真正走出城市及其农地的边界。

消失的北美洲作物

卡霍基亚地处密西西比河错综复杂的生态系统区，这里人称"美国之底"。雨水和洪涝给这里留下许许多多季节性的水塘和沼泽，而四周的高地则是最适合玉米及其他淀粉类植物生长的原野。这是北美的一片沃土，卡霍基亚人也知道他们生活在一个近乎神奇的风水宝地。

我们在卡霍基亚发现的最有意思的一个泥塑是比格尔泥塑，它出土于东边稍微偏远的BBB马达场（它因被发现时附近正在修建高速公路而得名）。与它一起被发现的还有其他祭祀物件。它是一件硬石雕，通体呈暗褐色，雕刻的是跪在那里干农活的妇女，牙关紧闭，正用力挥舞着手中的木柄石斧。但她并不是在耕种土地，她手中的工具扎进的是蛇背，蛇肥胖的身躯围绕在她弯曲的腿旁。她用一只有力的手摁住看起来像张嘴的山猫的蛇头。在她背上,蛇尾分成了挂有笋瓜的粗藤。显然,她已经收获了蛇看中的一些东西;这位妇人的背后是一个装满笋瓜的篮子。

华盛顿大学人类学家盖尔·弗里茨说,她把比格尔泥塑拿给传统的希达察族农民埃米·默塞特看时,她立即认出这就是人称"祖母"的"永远不死的老妪",掌管收获且法力无边的神明。[15] 从这里我们可以看出密西西比文化信仰与现今苏族信仰之间的传承关系,同时它也说明农耕对密西西比人而言并不只是一项劳作。与大自然的力量进行抗争不仅是有危险的,而且与渔猎、战争一样富有戏剧性。在卡霍基亚,农业是不断上演的涉及生命、死亡和宇宙的剧目的一部分。

与南方土著农民不同的是,卡霍基亚人直到城市发展后期才开始种植玉米。此前,他们吃的是驯化的藜属植物、大麦、黄叶柳(marshelder)、复活节钟草(maygrass)和直立何首乌(不同于入侵性的亚洲何首乌)等北美植物。这些植物有时被称为"消失的作物",因为它们曾一度被广泛种植,而今又成了野生物种。康奈尔大学考古植物学家纳塔利·米勒曾花了好几个夏天设法追踪这些消失作物的难觅遗迹,特别是直立何首乌的遗迹。[16] 如今它生长在美国一些河流的岸边,看起来一点儿也不起眼,茎干很长,叶面光滑呈汤匙状。但在卡霍基亚建城时,何首乌已经被南方土著人栽培了1 000年左右——历经几代农民的选种,已被挑出颗粒饱满、皮薄、生长速度较快的品种,一如今天的玉米经过几千年的选种长得又快又大一样。米勒发现了埋在当年密西西河沿岸居民生活区地下已经有几百年之久大量饱满的何首乌种子。

驯化后的何首乌能长出外壳极为坚硬的含淀粉的籽实。米勒猜想，卡霍基亚人要吃到壳里面的食物，就要把它们放在柴火的余烬里像爆米花那样烤熟，受热后里面好吃的东西就会爆出来。卡霍基亚人或者会用碱化湿磨法，这个老办法是先用石灰浸泡籽实，然后再将它们煮成粥。许多美洲土著在煮玉米前会用碱先将它们的外壳泡软，卡霍基亚人可能也懂得这个办法。除了爆米花式的吃法，他们可能也会在用何首乌籽实煮成的粥里加些肉和调味料食用。何首乌及其他消失的作物是他们配合鱼、野味、面包、粥、油、烤坚果、炖菜、烤笋瓜及豆类等一并摄取的基础食物。

弗里茨讲述过"祖母"泥塑的意义，她将自己职业生涯的大部分时间都用在了研究"美国之底"土著的饮食习惯上，那里也是卡霍基亚人的所在地。她还记得她是通过对僧侣丘旁边一个巨大垃圾坑的挖掘而了解卡霍基亚人的生活的。[17]考古学家在一层层废弃物中搜寻时发现了许多层宴饮的残留物，包括天鹅及其他被烧烤的动物的骨头、多种多样的种子、破碎的陶片，甚至还有一层很可能是在垃圾被盖上草焚烧前赶来大快朵颐的蚂蚁。弗里茨解释道，这些宴席遗迹都是城市早期、僧侣丘刚建成不久后留存下来的。食品种类繁多，有的吃了一半就被扔掉了，让我们大概能猜到卡霍基亚的老百姓平时都吃些什么。许多食物来自几千米之外的农场，如 BBB 马达场，弗里茨和她的同事就是在这里发现了一些小居民点附近有精耕细作的证据，以及许多卡霍基亚人祭祀用的物件。

弗里茨认为，垃圾坑里的宴饮残留物也是重要线索，使我们能够大概知道城市居民是如何安排农活、如何分配季节性的收获的。为了"重建"这个复杂的社会体制，弗里茨将目光投向了植物残留物以及勒佩奇·杜普拉茨（Le Page du Pratz）等欧洲人的记载。勒佩奇曾对18世纪左右在密西西比建土丘的大族群纳切斯人每个月的聚餐情况有过不少描述。这两个来源均显示，农民在宴饮时节将收获从内地带到市中心分配。问题是，分配是如何进行的？弗里茨认为密西西比人可能像希达察人一样，通过亲缘网络管理土地，同一块地属于好几个家庭。"美国孩子在学校里学到的是，土著美国人并没有个人拥有土地的概念，"她写道，"然而，家庭或家族对界限明确的农地有专属使用权却是明摆的事实。"[18] 妇女在农田里干活，在属于自己的不同的地块种植小片作物，男子则负责照看种植在城里的房子旁边的小片烟草地。

这些远处的农民给城市居民提供粮食的事实又引出了另一个问题。BBB马达场的人是给住在僧侣丘顶部的精英们进贡还是缴纳粮税？我决定问问最有资格谈论卡霍基亚历史的几位考古学家。伊利诺伊州爱德华兹维尔有一家叫作"跟跄客栈"的酒馆，它的创始人是一位考古学家，卡霍基亚研究人员都叫它"考古学家酒吧"。每周四，卡霍基亚的考古人都会聚集在这里喝啤酒，吃汉堡和香喷喷的薯条。

我和蒂姆·保科塔、印第安纳大学伯明顿分校人类学家苏珊·阿尔特坐在乐队舞台旁边的一张伤痕累累的木桌前。我立即针对卡霍基亚的经济结构向他们发问，因为我想知道是不是城里的精英说服了偏远地区的农民向他们缴纳食物。他们有没有贸易网络？我的问题一出，保科塔还真翻了翻白眼。他和阿尔特都不赞同卡霍基亚可能是商贸中心的说法，而且认为将卡霍基亚视作经济实体是一个错误。"该城的首要目的并非商贸或工作，它是一座精神城市，"我给保科塔添了啤酒后他如是说，"用财富来形容他们所拥有的一切并不准确，那只是附带效应。"

阿尔特还有能肯定卡霍基亚完全是一座精神城市的证据。她曾在专门举办精神祭典的埃默拉尔德发掘过。埃默拉尔德在伊利诺伊州的圣克莱尔郡，它还可能是卡霍基亚精神信仰的发源地，这里有许多彰显密西西比文化的文物，但时间都早于卡霍基亚人口爆炸前。"也许人们到了这里，后来移居卡霍基亚，从此就留在了当地？"阿尔特如此想道。若果真如此，那可就是卡霍基亚的建立是新信仰系统出现的产物而不是商贸产物的进一步证据了。

然而，我仍认为它总得有一定的经济系统才对。因为有人种植粮食，有人吃的是别人种植的粮食。他们与密西西比河沿岸的其他城市没有进行贸易吗？有没有让市中心的工具制作人能够用工具与高地的人交换玉米的市场？保科塔耸了耸肩膀："当然，有的人有专长，或许能从其他人那里得到食物，但并无统一做法。各地办法都不同。"一个街区的人也许用拉眉陶罐与另一个街区的人交换上好的芦席，他说。也许另一居住区的人把大家收获的粮食聚在一起每天举行集体聚餐活动。或许某些人与偏远地区的农民有特殊交易，可以得到季节性余粮。弗里茨表示同意，她说各家如何分配都是内部商量的结果。她指出，他们没有发现精英们贮藏大量谷物及其他粮食的大仓库遗迹，这就是证据。另外，密西西比文化族群的后代——如希达察人——一直有由家族决定收获分配的文化传统。

城市历史学家威廉·克罗农认为，一座城市是其建筑及其农业的总和。卡霍基亚的农场多种多样，大小不一，与它的惊世土丘建筑比起来毫不逊色，而且可以说更加民主。虽然能站在僧侣丘上演讲的人数有限，但卡霍基亚的农场却属于大家。就像城里的许多广场一样，它们是对所有人开放的，也满足所有人的生活所需。

房子的封闭仪式

卡霍基亚人的庆典不只在大土丘所在的市中心举行，多数庆典是在远离祭祀场所和演说场所的社区小广场上或公共建筑中举行的。当然，并不是人人都能挤进市中心的大广场，但这些地方性的庆典也不光是挤不下的人的去处。其实，它们反映的正是卡霍基亚的不同文化组成。这是一座移民城市，大家的语言或文化传统并不一样。特别是在有大量游客前来的宴饮时节，一定会有家庭团聚和许多有相似背景的人的集会。他们的聚会应该与市中心的庆祝活动有些不同,也许由能使用某一地区的人喜欢的方言的地方领导人来主持典礼。

有一个被考古学家俗称为"封闭"的仪式,读者应该不觉得陌生,因为它与发生在恰塔霍裕克的狄朵及许多其他人的房子上的事十分类似。研究人员在整个城市中曾发现,卡霍基亚人在结束一个房子或其他建筑物的寿命时都要举行特殊仪式。首先,他们会将构建围墙的木桩拔出来,以后当柴火烧。然后他们会再小心翼翼地用彩色黏土将桩坑填平,有时也在土里掺杂云母亮片或家里过去使用过的陶器和工具。地面会用水冲洗或铺上一层土。有时干脆就放把火把房子烧掉。研究人员也经常发现人们在废弃房子的地面上挖坑,然后将烧过的残留物件置于其中,包括陶器、玉米棒、织席、珠宝和用坏了的石刀等。老房子经过这些仪式后就此被封存,这个地方又能盖新房了。

卡霍基亚人喜欢在经仪式封闭后的地面上再建造新屋。他们把墙桩直接打进老屋的桩坑内。考古学家在对一个房子进行挖掘时,常常会发现有一层又一层紧挨着的地面,每一层大概代表一代居民。就好像人们也给自己的房子送终一样。你可以说卡霍基亚人既相信他们的城市有生命,但也同意它的寿命有限。

这里的封闭仪式与恰塔霍裕克的并不完全一样,恰城的房子往往是先被遗弃,任其垮塌,然后才有新人在上面建造新房。它与我们在庞贝城所见到的也有所不同,庞贝城的新一代自由民将前人留下来的别墅改造成了面包店或商铺。这里的做法像是给城市的基本建设本身植入了有朝一日会被遗弃的概念。土丘和取土坑会绵延永存，人们的栖身之所则是暂时的。

或许这个想法能让人们离开这座城市去别处闯荡时少一些留恋。在思考卡霍基亚城市规模戏剧性的膨胀和萎缩时，我们要铭记"封闭"这一基本概念。毕竟，这不是欧洲或东南亚的一座城市。它是美洲本土城市，它的人民对城市化的看法也与大洋彼岸的人有所不同。他们未必有意创造一个能远播各地的文明，并永远存续。也许他们只是把这座城当成自己的房子来看待，因而在建城之初就预设了它的终结。

第二章

一次伟大的中兴

为进一步了解卡霍基亚人的世界，我参加了那里的考古发掘工作，连续两个夏天采访现场的研究人员。领导发掘工作的是专门研究卡霍基亚历史的两位考古学家：东康涅狄格州立大学的萨拉·贝尔斯教授和托莱多大学的梅利莎·巴尔图斯教授。"田野调查研究所"的研究员伊丽莎白·瓦茨和许多孜孜不倦的本科生也给他们提供了帮助。大家一起花了好几个夏天，在僧侣丘西南方向他们原以为平平无奇的住宅区挖了三个大探方。

他们越挖掘就越觉得这个地方不一般。在建筑物下面他们发现了大量被圣火烧过的祭祀物件。除了宴饮残留物，我们还挖出了一处里层涂有黄泥土的罕见建筑物。贝尔斯、巴尔图斯和她们的团队竟然不经意间发现了与卡霍基亚城消逝相关的考古学宝藏。这个地方的故事可以将我们带回这座伟大城市的公共生活经历巨大变迁的最后几十年。

东圣路易斯的建筑叠加

在现代世界中发掘一座失落的城市与《古墓丽影》系列影片中的描述并不相同。我既没有在丛林中披荆斩棘，也没有与猛龙搏斗，而是开着车穿越东圣路易斯的工人住宅区，进入伊利诺伊州科林斯维尔，再到卡霍基亚。20世纪70年代，卡霍基亚这座古城的高架人行道和土丘都还是市郊住宅区。僧侣丘西侧就是"土丘汽车电影院"。数百年来，农民早已将卡霍基亚小一点的标志性建筑犁为耕地。土丘因建筑项目的实施而被夷平。19世纪时，建筑工人还拆毁了圣路易斯曾经的最高建筑——一个被称作"大土丘"的金字塔，并将它的黏土用作铁路轨道下的填料。

这一切到40年前伊利诺伊州宣布卡霍基亚为州级历史文物，联合国教育、科学及文化组织授予它世界遗产地位时才得以改变。州政府从居民手中购回2200英亩（约为8.9平方千米）土地，搬走了汽车电影院和一个小居民区。如今这一卡霍基亚土丘州级历史遗址致力于保护古城中剩余的城中心古建筑。

当我到达卡霍基亚时，贝尔斯和巴尔图斯都已经在伊利诺伊州南部的盛夏酷暑中发掘了好几个星期。为了到达发掘现场，我将车停在几个老储气罐后面的石子路岔道上，越过一片没有路标的泥泞草地，直到我看见一伙人手持铁铲聚集在三个探方的所在地。当时是早上7点，我还是来晚了，团队的发掘工作每天早上6:30就开始了，这样能避开午后难熬的燠热之气。

贝尔斯和巴尔图斯选择在这块不起眼的被称为"春湖地带"[1]的地方发掘,依据的是瓦茨几个月以前提供的磁力测定图。瓦茨用一个比较轻便的肩扛式磁力仪在整片地里仔仔细细探测了一遍,寻找古代人居住的痕迹。

磁力仪是最理想的探测深埋建筑的工具,因为它们可以探测到地表下好几英尺[①]土地被扰动,或埋藏被烧过的物件、金属的特殊现象。瓦茨的磁力测定图让我们看到几个深色长方形地块有异常,因为它们的形状和位置极为规律,不像是自然形成的,似乎是一种独特的模式。它们看起来像极了围成半圆形的一系列住房的地面,或许中间还有个院子。

院子的形状引起了巴尔图斯和贝尔斯的注意。卡霍基亚在自身的生命晚期出现了一个无法解释的城市布局变化:人们突然不再在南北网格方向建房,而重新使用建城前的村落格局,用房子围出一个院落。或许他们在磁力测定图里看到的是这种晚期的民居模式。春湖地带还有一个诱人之处。考古学家很想知道在城市经历这种变化的时候普通老百姓在做什么,而这个地方恰恰与僧侣丘精英所在地相距甚远。

因此,考古学家就带领团队在三处出现异常现象的地方开始发掘,最终形成了三个探方,分别是 EB1、EB2 和 EB3。

就在我缓缓朝他们走过去的时候,贝尔斯、巴尔图斯和瓦茨正向下望着 EB1,低声谈论他们的发现。"呃——这是什么?"

[①] 1 英尺约等于 0.305 米。——编者注

贝尔斯看着几乎有 1 000 年未见阳光的建筑底层，略显沮丧地问道。她站在坑边被小心画出的角落里，我在她身旁跪下，试图从中看出一栋建筑的眉目。"这是层层叠加现象。"瓦茨说。这组人发现了一层又一层的物质，说明在同一个地方曾有多所建筑。为了不破坏卡霍基亚人曾经走过的地方的痕迹，瓦茨与大多数队员一样，光着脚站在泥坑里。

即便未经过专业训练，我也能看出她指的是有多重建筑的地面：一片深色黏土突然在像是一面墙的对角线处打住，沿线有含焦炭和文物的有色黏土。打入黏土固定墙体所用的木桩可能老早就被卡霍基亚人挪走再利用去了。

EB1 的大小跟一所普通房子差不多，但它的一生却非同凡响。这里起码经历过一次仪式性焚毁，云母片、精美的织席、从遥远村落引进的做陶器的小铲、一个在埋葬时就已经有几百年历史的矢镞等珍贵祭祀品被付诸一炬。EB2 和 EB3 也同样不寻常，发掘结果显示这里曾有过宴饮和祭祀性的动土作业。

贝尔斯和巴尔图斯原以为这里的房子都是普通民房，结果它们却是由一个个"专用建筑"——考古学对任何非日常所用的建筑的统称——组成的公共区域。当初建造这些建筑的目的从政治辩论、社交聚会到修行祭祀和宴会等不一而足。贝尔斯四下望了望，然后说道："我从来没有看到过这样的情况。"顺着她的目光望去，我发现眼前这片被树木和远处的储气罐围起来的地方已不再是一片旷野，而是一个个会议厅，广阔的院子中间竖立着一根经过装饰的木柱，还有一个卡霍基亚人由此取土建丘的神圣的取土坑。满是鹿骨和陶器碎片的大型垃圾坑向我们暗示，这里曾举行过大型宴饮活动。

我想象着很久以前四周这片静谧的土地上满是人、房子和一望无际的土丘的景象。

"春湖地带"上方的天空一片湛蓝，热空气里带着满满的湿气。贝尔斯和瓦茨跟我透露了她们不怕热的秘密：早上带一瓶完全冻成冰的水过来，中午时分就能喝到可口的冰水了。在它解冻时不时将它按在汗湿的额头上绝对是降温良方。虽然探方上方有用于遮阳的帆布，但我们还是得经常停下手中的活儿去补充水分，重新涂抹防晒霜。每个人都戴着帽子，款式和戴法则各有千秋。不管你看起来有多好笑，重要的是回家的时候脖子和脸不被晒伤。

一开始，我总是跟在贝尔斯和巴尔图斯的后面，在各个发掘地点之间走动，看着她们检查学生工作的成果。在 EB1 和 EB2 的收获都不少：大量的礼用陶器、一小块人脸泥塑、矢镞、一张织席残留、一个当年装致幻"黑饮料"的特制大口杯的三角形把手。EB3 则是一个谜。磁力测定图上显示，它可能是围绕着居民区的篱笆墙的一部分，但贝尔斯和巴尔图斯却并不这么认为。

贝尔斯和巴尔图斯两个人蹲在探方的边角处与瓦茨和学生们讨论。她们不时还会嘱咐学生把特别珍贵的发现物包在锡纸内，或放在小纸袋里。每一样东西都被贴上了详细标签，连土都被舀到了桶里，之后再经过筛子筛一遍，以确保没有任何遗漏。

第二章　一次伟大的中兴

我开始了解贝尔斯和巴尔图斯经过在探方里共事的几年而发展出的一套口头缩略语。"找出"或"跟踪"黏土层里出现的特点的办法都是当下决定的。"试着跟踪一下这条烧过的黏土线的走向。"贝尔斯在 EB1 向一位学生如此交代。每一个建筑物的底部都呈盆形,因为卡霍基亚人的建筑底面都是下陷式的。发现建筑的墙壁时,就说我们"抓到(caught)了它的边"或"抓到了一个角"。就好像我们在与正打算逃遁的历史赛跑一样。

在卡霍基亚的每一次发掘,考古团队总要从"铲掉"大约 30 厘米厚的土开始,这是因为此前农民曾在此犁地多年。城市的层面在 30 厘米以下才开始。每除去 1 厘米的土,考古学家就离过去更近一步,从这座城市最终解体的时段,回溯到古典时代,也就是他们的陶器和艺术的巅峰时代。等我到发掘现场的时候,有的探方都已经有 1 米深了。

发掘是一项专门的技术,学生们边干边学。东康涅狄格州立大学本科生埃玛·温克在神秘的 EB3 孜孜不倦地追踪一层奇怪的黄土,她告诉我,她工作时常常到了忘我的地步。她打趣说:"我基本上就像是一个鼹鼠。"西华盛顿大学四年级学生威尔·诺兰在文物出土数量最多的 EB1 工作,他一直在跟踪一个或许很能说明问题的过火层。他说他能感觉到层次间的变化。过火层"比较脆,有颗粒,比较难挖"。他也知道当下一层变得"平滑、黏稠"时,就表示已经超越了过火层。

贝尔斯借了我一把边缘被磨得锐利的铲子,还告诉我并不是让我参加发掘工作。我的工作只是"铲削",在 EB2 的盆形空间内薄薄地削掉一层土。每削一下，铲子上就会卷起像厚厚脏脏的纸卷那样的一层土。一旦感觉到泥里有阻力，或听到吱嘎声，我就会立即停下来仔细地查看地面，用铲子的尖头轻轻地在异常块状物四周发掘。我的第一个发现是一块红色扁陶片，但它在我的指尖瞬间碎成土灰了。"没事儿，"贝尔斯对我说，"它本来就是没有过火的黏土，没法保持形状的。"后来，我发现了几小块木炭、几坨黄色彩泥、几块火烧陶器尖片和好几块被烧过的鹿骨。

骨头最麻烦，因为其数量多到使发掘工作多次被中断。我们得先确定它们并非人骨，如果是人骨就必须立刻上报。虽然我们已经确定我们挖到的是鹿骨，但考古学家有时还是会用"舔试"的办法确定它们并非像骨头的石头。舔试？我不解地望着贝尔斯。"你想舔一下试试吗？"她问，"骨头有小孔，所以会附着在你的舌头上。"学生们都看着我。这古怪的新闻记者会试吗？那就试试吧，谁怕谁。我拿起一小块骨头碎片放进嘴里，有点儿咸味，确实能感觉到舌头与它的表面有一点儿附着力。"对啦，那就是骨头给人的感觉。"贝尔斯耸耸肩说道。

我用铲子削了一小时后，手指就开始起泡了。到晚上 8:30 累得不行就寝时，我可以感觉到我是用大腿上那一块肌肉来顶那把铲子的把手的。想到我曾经舔过 900 年前卡霍基亚人宴会上烧烤的鹿的骨头，我久久无法入眠。没能参与那场宴会，这大概也算得上是遗憾之余的最大安慰吧。

卡霍基亚的民主化

如果你在网上或书里查找卡霍基亚的复原图,你就会发现大家几乎都犯了同样的错误。图片中城市里的土丘和沼泽都被蒙上了一层淡淡的绿草,跟高尔夫球场差不多。其实这可以说是大错特错。一组考古学家在开创性的《想象卡霍基亚》一书中表示,这座城市和它的不朽建筑应该全是用没有植被的黑泥堆砌而成的。城界内是长不了草的,虽然许多住房四周的花园里种植了豆子、笋瓜及其他可用作主食的作物。

在来自沼泽的黑泥的衬托下,卡霍基亚人的木结构茅草顶的住房因为有织席、雕刻和灰泥的装饰就更显得色彩靓丽了。卡霍基亚人会在公共场所竖立木桩,其上可能会涂漆,并装饰有皮草、羽毛、一篮篮的谷物及其他象征性物件。我们不确定这些桩柱是有祭典意义呢,还是更像路标。也许两个作用都有。考古学家知道这些柱子都在哪里,因为柱坑都呈圆形,并且很深,在土丘、广场和住房前院都有这样的深坑。虽然木柱早已腐朽,但其形状尚存,有时桩柱最底部还嵌有祭典用的云母或赭土。

考古学家根据住房的排列走向来标记城市所处时代。在罗曼时期(Lohmann phase,公元1050—1100年)人们着手建筑大广场和僧侣丘时,房子的排列呈院落型,几所房子围绕着一个小的中心广场。在斯特灵时期(Stirling phase,公元1100—1200年),亦称卡霍基亚古典时期,住房和土丘建筑都严格遵循南北网格方向。这也是该城人口最多的鼎盛时期。到了最后莫尔赫时期（Moorehead phase，公元 1200—1350 年），人们的住房风格又回到罗曼时期的院落型。

不过，这些城市经历的不同阶段并不只是反映了建筑时尚。考古学家苏珊·阿尔特认为这一转变也"标志了社会变化"。其中最明显的变化莫过于僧侣丘前大广场所在的城中心区。这个中央集会所是一件了不起的工程，建造时就设计有一定的坡度，以保证举办公共活动时不会积水。这里的建筑处处显示这是一个拥有严格的等级制度的社会，具有强号召力的领导人就住在能鸟瞰卡霍基亚全景的僧侣丘被修平整的最上层。城里的普通百姓日复一日辛苦劳作，将取土坑里的土一篮子一篮子背上来建丘。领导人则用一些智慧之语和大规模的宴饮活动来犒劳他们。不过，后来这样的犒劳也不管用了。

斯特灵晚期，肯定出现了不少城市骚乱。僧侣丘的精英沿大广场外缘建起了巨型木墙，等于是给自己围出了一个小区，公共广场因此变成了私人的专用场地。或许这引来了更多的问题。正如巴尔图斯所说，如果人们被巨墙挡在了城中心之外，"他们会更感觉离心离德"。不久，大广场失修。阿尔特写道："住家和垃圾坑开始迁往广场四周和外围，连同最近立起来的大木墙，它们或许是卡霍基亚城中心全面重新设计的一部分。到了 1300 年，内部圣地居民或已寥寥可数。"换言之，非精英人士搬进来了，甚至在此倾倒垃圾。在这段时间里，人们也将标志夏至和冬至的圆形木柱群给拆了。

在莫尔赫时期城市改造时，卡霍基亚人猛烈拒绝了他们曾经了不起的城市的人和符号。大约有一半的居民搬走了，剩余的人口开始回归自己的小区，举办小型的公共祭祀活动。春湖地带的院落和公共建筑就反映了这种新型的社会组织。小社区取代了城市的中央权力机构。

也可以说，这座城市发生了从专制到民主的设计转化。研究今日墨西哥瓦哈卡土著城市的都市发展的考古学家莱恩·法戈，曾对建于13世纪50年代——卡霍基亚经历中兴和转变的年代——的特拉斯卡拉城做过描述。在《科学》杂志中，新闻工作者莉齐·韦德说起法戈的作品时解释道：

> 多数中美洲城市以金字塔和广场为标志性核心。而特拉斯卡拉的广场则分布于不同住区，没有明显的中心或等级。法戈认为，特拉斯卡拉的"议会"可能是在他发现距城市1千米之遥的一个大建筑里开会的，而不是像国王那样在城中心发号施令。他说，如此分散的格局是……政治权力共享的迹象。[2]

特拉斯卡拉的布局很像莫尔赫时期的卡霍基亚，人们开始远离大广场，改而在自己的小区院落中修建小广场。广场数目的增加可能说明卡霍基亚的公共文化也正趋向民主化。

反"衰亡"

如同本书中我们"看到"的所有城市一样，卡霍基亚并不是静止不变的，它的遗迹向我们讲述的是一段历经几个世纪、多个时期不断变化的文化的故事。因此，如今许多考古学家质疑文明是否有能与"衰亡"期构成对照之说的"古典"期或"鼎盛"期。衰亡的说法源自19世纪和20世纪初的殖民传统，它也使我们认为欧洲考古学家奇迹般地"发现"了失落之城。持有这种传统想法的人坚信，所有的社会都会沿着欧洲文明走过的道路前进，随着时间的推移，社会规模益发庞大，等级制度愈加分明，工业化程度越来越高。不接纳市场经济的社会就属于"不发达"社会，停止扩张的城市就是文化衰亡的失败城市。但这种观点与我们所发现的证据并不相符。

到20世纪70年代，考古学家和城市历史学家已经累积的大量证据显示，都市文明并没有一成不变的发展模式。包括吴哥和卡霍基亚在内的许多城市都是围绕非市场法则组织的。都市人口规模的起伏随移民浪潮而定。城市居民回到村落散居并不代表城市是失败的。这仅仅是种转变，经常是考虑周详的生存战略。城市的文化仍在祖先曾在都市生活的人们中传承，很多人后来还会比照这个传统修建新城市。在数百年间，文明或许会经历好几个人口聚集的都市期与散居期的不断循环。

当贾雷德·戴蒙德于2005年出版他的畅销书《崩溃》时，崩溃（衰亡）的假设已濒临消亡。他基本上是根据玛雅文化和复活节岛上波利尼西亚文化的零星证据,声称社会的"崩溃"或失败是人们从事破坏环境活动的结果。他的论点涉及许多关于城市运作的误区,包括那些认为一旦高密度居民区消逝,文化即随之消亡的观点。从本书所描述的城市中我们看到,放弃都市并不意味某种文化的消亡。它通常意味着城市人口已移居他处,随之带往新住处的还有城市的价值观、艺术和工艺。戴蒙德强调环境被破坏是促成都市解体的因素并没有错,但这只说明了问题的一部分。人们弃城而去主要还是一个政治进程。

《崩溃》一书甫出,许多考古学家和人类学家即争先恐后地去纠正戴蒙德的错觉和谬误。人类学家帕特丽夏·麦卡纳尼和诺尔曼·约菲出了一本集子《质疑崩溃》,多名学者用实际证据证明,戴蒙德的"崩溃"说在科学上根本就站不住脚。他们说,毁灭复活节岛等地文明的是殖民主义政治进程,而非环境管理不善。至于玛雅的"崩溃",他们指出今天生活在墨西哥的玛雅人还有好几百万名,怎么能说一个生机盎然的文化已经衰亡了呢?毕生研究社会转变的人类学家盖伊·米德尔顿也出了一本书《理解崩溃》,他在书中指出,人们弃城而去的理由永远都不是只有一个。再说,社会往往比居住地更具韧性。

今天,多数研究古代城市的考古学家干脆拒绝使用"崩溃"(衰亡)一词,改而描写社会变化。许多人认为戴蒙德的书在文明的运作问题上误导了公众。虽然大多数人选择提出反证来纠错,但依旧有人觉得这远远不够。美国研究学者戴维·科雷亚发表了一篇批判戴蒙德观点的论文,其标题就是《去他的贾雷德·戴蒙德》。[3]科雷亚直接指出戴蒙德的"环境决定论"全然忽视了政治因素对城市转变的重要影响。另外,戴蒙德称文明鼎盛时期必有等级制度,而且这些等级只有在发生了环境大灾难,继而导致城市衰亡后才能被彻底铲除,人类学家戴维·格雷伯和戴维·温格罗表达了他们的不同意见。他们写道:

> 不论贾雷德·戴蒙德怎么说,目前都没有任何证据证明自上而下的统治结构是大规模组织的必然结果……统治阶级一旦建立,只有出现了普遍性大灾难才能将其扳倒一说也并非事实。就举一个有据可查的例子:公元200年左右,有人口12万之众的位于墨西哥谷地的特奥蒂瓦坎城(当时世界上最大的城市之一)似乎经历了翻天覆地的转变,居住在那里的人们不再相信金字塔神庙,不再用活人祭祀,城市摇身一变,成了许许多多舒适的别墅建筑群,总人口与之前相若。[4]

他们在这里说的是分散式建筑,与我们在卡霍基亚莫尔赫时期,或今天墨西哥的特拉斯卡拉所看到的相似。说到底,格雷伯和其他反"崩溃"说的学者就想说明一点:都市化和社会复杂性的形成有多条不同道路。更重要的是,放弃都市并不会导致社会崩溃。人是有韧性的,即便城市经受不住火山、洪水的摧残,我们的文化仍能得以传承。

说到底,这些不时激烈的争论关系到我们如何界定公共空间以及使用这些空间的社会。每一座城市都是利用建筑创造公共领域的实验，戴蒙德的环境决定论观点认为，当人们对自然资源管理不善时，这个领域就会崩溃。他没有看到的是公众有多样性，而且不断在发生变化。通常，这些变化也会清楚地反映在城市布局中。戴蒙德由于忽视了这个改变能力，才把盛极一时的虚无主义搬进了城市建设的故事里。他说，有的文明是注定要失败的，有的则必定成功。或许一个更好的看待城市的方法是将其视为一个内部组成部分不断变化的生态系统，而它的边界也会自然扩张或收缩。也许所有的城市都在不断经历集中和分散的循环；又或者，如果我们从银河系的脑力高度来思考，那么城市只不过是人类公共历史漫漫长路上的临时停靠点。

第三章

有意放弃

参与卡霍基亚的发掘工作后,你才能开始体会 1 000 年前修建土丘的不易。我们将黏土铲进篮子里,挥汗如雨,浑身湿透,周而复始重复同样的劳作。手上沾满了垃圾和泥土。用头顶上方太阳的位置来判断时间,看到远方的乌云就担惊受怕。当然,我们并没有全然回到中世纪。巴尔图斯手机上还有几个气象卫星应用程序,能够弥补我们个人观察的不足。即便是万里无云,在这块人称"美国之底"的地方,暴风雨也可能会在一小时之内来袭。

一天下午,每个人的手机上都收到了一场危险冰雹即将来袭的天气预警。我们与天气赛跑,匆匆将铲子、袋子整理停当,效率堪比军营。一旦黑沉沉的乌云在密西西比河上空集结,几分钟之内雨点子就能打下来。我们大家挤进了一辆面包车,开到附近一家墨西哥餐馆躲雨,只听得雷声震得窗玻璃嘎吱作响,狂风已将附近东圣路易斯的许多树连根拔起。

我一边吃着热腾腾的墨西哥玉米卷饼，喝着冰镇的玛格丽特（传统鸡尾酒），一边询问考古学家很久以前到底是什么样的社会结构能将卡霍基亚成千上万的人联合起来。是什么东西吸引这么多人前来并且不畏湿热高温辛苦地劳作？我心中想到的是领导卡霍基亚中兴运动的有魅力的领导人。"什么样的人才能站在僧侣丘的顶端？""是一位酋长还是某种宗教领袖？"从几位考古学家互望的神情中我意识到，我这是不经意间问了一个大问题。"各方对此颇有争议。"巴尔图斯最后笑着说道。

贝尔斯提醒我，即便我们想象中兴运动始于某一个人的教诲，但领导大家如此建房、在取土坑内部涂上彩泥的某位"酋长"也可能并不存在。"我不喜欢'酋长说'，"她解释道，"我认为权力应该比较分散，是一种异构型结构（heterarchy）。"

我把这个不熟悉的词语念了又念。"异构型结构——是否就像君主制，只不过掌握大权的人很多？"

我得到的答复既肯定又否定。卡霍基亚的异构型结构可能是许多不同群体自我决定并自我管理。或许他们有行业工会或街道组织。其实，在春湖地带我已经看到了许多祭祀物件。或许他们也有自己的领导委员会？"如果卡霍基亚是宗教运动的结果，那么人们也可能会有自己的一套宗教规范，"巴尔图斯说，"他们的精神信仰可能来自家里，而并非土丘顶部。"换言之，普普通通的卡霍基亚人对神灵力量或许有自己的解释。他们在追随自己的地方领导和习俗的同时，也追随僧侣丘顶端上的人。

摒弃僧侣丘

20世纪60年代,科学家们仍习惯于未经许可即对美洲土著先人的墓丘进行发掘,一位名叫梅尔文·福勒的考古学家打开了一个土丘。他在里面发现了不少公共祭祀的遗存物,还有250多具遗骸,让我们得以略窥斯特灵时期卡霍基亚的政治状况和精神信仰。

福勒知道,古典卡霍基亚的建筑网格基本上都是南北轴线走向的,但是偏偏就有一个土丘与众不同。72号丘是城里少数几个"丘顶隆起"的土丘,换言之,其长方形丘体的上端呈屋脊状隆起。虽然它就坐落在僧侣丘的正南方,但却与东西轴线出现了30度的偏差,恰好指向夏至和冬至的确切方向。福勒怀疑这个土丘非比寻常。

福勒和他的同事在发掘时还发现,72号丘隆起的顶部其实是建筑在以前的三个土丘之上,每一个土丘都标志着10世纪和11世纪该城一个重要的历史时刻。其中一个土丘内有52具年轻女性的遗骸,她们的牺牲方式并未在尸骨上留下痕迹。她们的身体分两层被整齐地堆积在黏土台上,按祭祀仪式覆盖了一层土。另一个土丘内有摆放在褥草上的男性遗骸,排列方式与前者类似。经过几百年间几千磅[①]黏土的重压,他们的骨骸都被压扁了,就像被夹在书页中的花朵一样。经过对牙齿的稳定同位素分

[①] 1磅约等于0.45千克。——编者注

析——一个能明确某人的出生地的方法——考古学家发现这些人全部都是"美国之底"的当地人。

72号丘最有名的埋葬对象或许就是两个上下叠放、人称"珠串埋葬"的遗骸。上面的遗骸下方铺满了珍贵的蓝色贝珠,其身上似乎披着猎鹰式的斗篷。埋葬品包括几百件华丽的纪念性矢镞,还有成堆的价值不菲的祭品。珠串埋葬者的旁边是若干他人的遗骸,有几个连头都没有。这一发现给那些对卡霍基亚人的神灵和政治信仰感兴趣的科学家提出了一系列引人遐思的问题。

关于珠串埋葬的意义,考古界已经争论了几十年之久。一开始有珠串装饰的遗骸被认定为男性,上面的尸骸被冠以"鸟人"的称号。福勒和其他考古学家假设这位"鸟人"是一位有名的统治者或勇士,这或许是现代苏族印第安人传说中的超级英雄"红角"的起源。但此说被2016年伊利诺伊州考古调查组主任汤姆·爱默生及其同事的破天荒发现推翻了,他们的团队对72号丘的遗骸进行了全面的骨骼分析。他们发现丘内的两位中心人物其实是一男一女,估计这是一种生育祭祀仪式。这一解释得到了证据支撑,因为与他们一起埋葬的也都是配对的男女,另外的52名年轻妇女可能也是繁衍不息的代表。

据此可知,珠串埋葬不可能是对一位勇士或卡霍基亚创始人的纪念方式。爱默生认为,我们看到的可能是代表神话人物的人被献祭的一场公共表演的遗留。城市的精英们可能就是这一仪式的领导者,他们意在展示自身的政治和神灵力量,类似于与其同时代的欧洲人进行公共处决和征讨的做法。"这个场景看起来更像是一次戏剧性的牺牲仪式而非埋葬。"爱默生和他的同事们如此写道。他们说，当时的场面应该相当盛大，可能是在对城市的建立或复兴进行庆祝。许多像贝壳这样的祭品都与当地美洲土著信仰中的下界有关，而下界又与农耕和土地的肥沃性相关。

像72号丘那样的祭祀仪式上，可能还有关于卡霍基亚权力巅峰时期创始故事的欢乐重述。或许卡霍基亚的领导人给这次场面盛大的集会加入了献祭仪式，以纪念丰收。但随着时间的推移，这类大规模的死亡或许引起了人们的反感——特别是当事关生死的决定只掌握在高高在上的少数人手里的时候。这可能引发了政治叛乱。大广场逐渐被弃置证明有此可能。人们开始远离中心区后，活人祭活动也随之停止。也许卡霍基亚公民推翻了占据僧侣丘的政权，建立了一个新的社会模式。

因为没有时间机器，所以我们永远都无法知道卡霍基亚人的政治斗争究竟是怎么回事。不过，我们大概知道他们的世界观。他们留下来的符号说明，他们将宇宙一分为三：上界是神灵和祖先的世界，下界是大地和动物的世界，人的世界则介乎其中。三大世界并不是完全分隔的，相互交界的地方就是巨大力量的所在之处。密西西比艺术中经常有将三界混合的图像。代表雷电和神灵的上界与代表水和农业的下界交错显现。贝尔斯和巴尔图斯认为，卡霍基亚人在日常祭祀中是用水和火将上界与下界结合起来的。

从卡霍基亚的布局中，我们可以看到水的转化能力。虽然，引人瞩目的是城里的土丘，但对市民而言，有相当深度的取土坑也同样重要。露天情况下，它们会盛满季节性雨水。为僧侣丘提供黏土的取土坑仍然存在，如今依然有水。许多当礼器用的拉眉陶罐碎片上都有水和鱼的图像，整个密西西比文化世界的坟丘中都放了不少贝壳。

在春湖地带的发掘工作中，我有机会看到水在一个居民区是如何影响居民们的日常生活的。贝尔斯给我指出学生们在EB3挖出的一个深坑，他们发现它有约1米长的用黄土铺就的缓坡。显然这层黄土并非自然现象：因为它不存在于附近的土壤中，而且它是以精准的30度角向下延伸的。贝尔斯、巴尔图斯和瓦茨怀疑此处曾经是给附近居民区提供泥土的取土浅坑入口。从坑里的沉积层我们能看到其历史。一开始，当地人将它当作季节性水塘。后来，他们又小心翼翼地用黏土将它层层回填，几乎就像是在建造一个倒置的小丘。"我们找到了这个被有意回填的取土坑的边缘。"贝尔斯有点儿得意地说。这个发现非比寻常，因为它进一步证明了对卡霍基亚人来说，坑与丘同样重要。

火就更重要了，特别是在城市历史的晚期。火可以将不同的世界连接起来，因为在大地上焚烧的东西化为烟进入了上界。在卡霍基亚各地进行发掘的考古学家都发现了烧焦的祭品。2013年，在东圣路易斯修筑高速公路的工人发现了一个专门用于祭祀焚烧的卡霍基亚晚期建筑群遗址。装满玉米和其他贵重物品的十几所小房子迅速建好后即付之一炬。这些房子从来没有人住过。看来，整个小区就是为火祭而建的。

我们在春湖地带所有的发掘探方都有层层定期过火的痕迹。

EB1 的负责团队挖掘出足够大的地方，使贝尔斯和巴尔图斯能够判断出所有相互重叠的建筑原来都在哪里。最底层是卡霍基亚权力鼎盛的斯特灵时期的黏土层。后来这个底层被烧毁，又铺上了另一层黏土，上面有了晚期建筑。在这栋晚期建筑里，人们从地面往下挖了一个坑，小心地铺上织席，再放入不少大口杯的杯耳和古代林地居民用的矢镞等珍贵物件。人们将坑里的东西连坑一起烧了，或许是为了纪念第一次焚烧。

我看着贝尔斯和巴尔图斯小心翼翼地用铲子揭开曾经铺在祭祀坑底的织席的残留。它的卷边与黏土缠绕，就像是用木炭印出的交织的纹印。我们看到的并不是织席本身，而是它被焚烧后在土里留下的印迹。"不可思议，"贝尔斯说，"以前从来没有过这样的发现。"

考古学家在 EB2 并没有发现交错穿插的祭祀焚烧层次，但建筑本身呈现的长方形却罕见的庞大，说明这是一个公共空间而不是一处普通住宅。此外，EB2 中那些鹿骨和破碎的拉眉陶罐则是此地曾有过庆祝活动的有力证据。我们完全可以想象在 EB1 和 EB2 发现的两座仪式性建筑曾矗立在祭祀坑两边，坑底盖上浅黄色黏土的模样。

渐渐地，我们四周的街道布局清晰了起来。这里并非普通家庭场所；住在这里的人在政治生活和精神生活上都十分活跃，经常举行祭祀仪式。但此地也代表古典卡霍基亚晚期文化的趋势。城市居民不再利用僧侣丘和大广场举行公共仪式，而是开始在家中进行一些小规模的祭祀。地方特性逐步取代了城市特性，原来

第三章 有意放弃

严格的城市网格布局也逐步恢复到卡霍基亚之前的院落布局。

这一认识也对我们了解 EB3 取土坑的重要性有一定助益。它是给僧侣丘供土的大型取土坑的地方版本，它不断地提醒街道居民下界是如何入侵我们的世界的。

衰亡前的中兴

贝尔斯和巴尔图斯二人的搭配十分理想，因为她们的专业领域加起来能涵盖卡霍基亚这座城市的历史：贝尔斯主要研究古典斯特灵时期的卡霍基亚，而巴尔图斯则专注于研究稍晚的莫尔赫时期的卡霍基亚。但两人都对卡霍基亚城市晚期的"中兴期"极感兴趣。卡霍基亚在 1400 年被完全弃置前曾经历过最后一次中兴运动。这场运动可能始于某一个人或一组人建议大家有一个新的生活方式，与新盟友接触，或者与农业和下界建立新的关系，等等。卡霍基亚因此在人们对信仰充满了热情的驱动下迅速得以重建。

他们用卡霍基亚早期的院落小区布局改建自己的住房。巴尔图斯相信卡霍基亚人也重新审视了自己的历史。卡霍基亚人在挖掘时，经常会发现建城之前原先居住于此的林地居民使用的古矢镞和其他物件。他们珍惜这些物件，就像我们今天珍惜卡霍基亚的古物一样。看来，卡霍基亚人也像伊恩·霍德对恰塔霍裕克人的描述那样，追念"历史中的历史"。巴尔图斯和贝尔斯在

EB1的层层黏土下发现了经仪式性火焰焚烧过的矢镞，它与拉眉陶罐一样受尊重。如此看来，卡霍基亚人似乎十分欢迎复古风格或传统价值。

在最后的中兴阶段，老百姓把他们对过往的怀念变成了一种新的社会运动。"我们看到他们恢复了一些老做法，包括举行分散的宗教仪式。"巴尔图斯说。但这种权力的去中心化并未止于城市边界。在密西西比河遍布洪泛区和高地的遗址中，我们都看到了卡霍基亚改变的溢出效应。比如，BBB马达场的耕地再次被树林吞没。考古学家在地面上仍然发现了"祭祀过火"的痕迹，但却不见作为城市符号特点的拉眉陶罐。城市人口开始外流，随着人们的离开，卡霍基亚的文化被他们带出去了一部分，自然也留下了一部分。

在斯特灵时期，卡霍基亚人修建了大广场，并将自己的信仰系统寄托在这块土地上。但在城市最后的中兴期，他们的信仰开始与城市脱钩，或许是因为对老一套的做法已不抱有幻想，又或是他们将重点转移到了小社区。最终，城市各辖区渐行渐远，以至于很难再被称作一个统一的城市了。城市的公共生活已然解体。巴尔图斯的解释是，毕竟"如果不能让老百姓因对一个地方有认同感而团结在一起，也没有把人们凝聚起来的活动，那么城市内部可能就会出现分裂"。

环境因素也是城市分裂的原因之一。有的考古学家认为，卡霍基亚城曾经历过一次密西西比河的大规模洪水泛滥，洪水的破坏和人员伤亡令生还者萌生了退意。[1] 贝尔斯和巴尔图斯一直

第三章 有意放弃

对这一观点持怀疑态度[2]，并在夏天花了部分时间寻找反证。她们邀请地形学家迈克尔·科尔布在她们的发掘现场周边取土芯。他用装载着设备的卡车取了 3 米深的土芯，看看是否有因洪水泛滥而隐藏在其中的河流沉积物。结果他什么也没有找到。

  不过，卡霍基亚倒是经历过几次大旱，大旱期间要养活城市大量的人口诚非易事。由于卡霍基亚人的信仰与大地有联系，任何环境变迁肯定都会对其文化产生影响。"这里有一个循环，"巴尔图斯解释道，"旱灾改变了人与土地的关系，于是信仰方式变了，于是土地使用办法变了，于是信仰方式再度改变，如此一来分裂和弃置之日便不远了。"这一过程听起来像恰塔霍裕克变化的快放版，一开始也是少量的弃置，后来弃置规模逐渐扩大，直到城市几近空荡。最后，卡霍基亚也变成了人们埋葬祖先的地方。

  卡霍基亚之所以有如此庞大的人口规模，是因为城市的结构本身反映了居民的精神生活和政治世界观。但随着时间的推移，集中式的信仰系统开始出现问题。当城市经历最后一次大规模的中兴运动后，人们恢复了旧制。此时他们的认同感和归属感不再与广场而是与自己的家相连了。曾经统一的城市分裂成了多个远离土丘的群体。

存续

  卡霍基亚人放弃了密集的都市生活并不是像贾雷德·戴蒙德

所说的那样，是社会崩溃的证据。相反，它表明大地上土著居民的迁徙进入了戏剧性的新阶段。研究欧塞奇部族的人类学家安德烈娅·亨特曾对下一阶段——卡霍基亚居民分散至中西部各地，与印第安苏族部落一起生活的时间段——的密西西比人的生活做过研究。[3] 欧塞奇人的口述历史中有几段人口大迁徙的故事，说大迁徙是从俄亥俄州开始的，到了密苏里河流入密西西比河处中断了几个世纪，而此处正是卡霍基亚人曾经的居住地。最后，人口大迁徙又得以继续，他们就是后来西迁的欧塞奇人。亨特注意到欧塞奇人及苏族的其他部落与卡霍基亚地区的语言关系很近。她指出，散居中西部的各个部落共享"玉米、瓠果、笋瓜、南瓜、豆子、耕种、植物加工、烹调准备和弓"等词语。这说明这些群体来源相同，大概都源自开始种植上述作物的林地居民，他们先是跟随复兴者的号召，前往卡霍基亚建设一个都市型农业社会，最后又分道扬镳。

其他有关卡霍基亚与苏族之间的联系的证据，则来自人们在卡霍基亚发现的文物。许多泥塑和绘画所描绘的对象与苏族人的英雄人物"红角"类似，他那被染成红色的辫子从脑后像兽角般往上翘起，而他因此得名"红角"。时至今日，关于他的许多传说仍为苏族人所津津乐道，说他既是勇士又是好猎手，与众多神灵有着亦敌亦友的密切关系。其中一个故事说"红角"为庆祝胜利，把自己的耳垂变成了人头（所以他才有了"耳朵上有人脸的人"的称号）；还有一个故事说的是，他跟神灵进行了一次聪明的交易后死而复生。"红角"只不过是卡霍基亚人传说

第三章 有意放弃

故事中众多英雄人物之一。可能"红角"的第一次出现就是在卡霍基亚,又或者他是迁居到城市的林地居民流传下来的更古老的故事人物。

如今,欧塞奇人与许多其他部落的文化和想法都受到离开卡霍基亚的这些人的重大影响。卡霍基亚仍然是被欧洲人称作北美洲的这片辽阔大地上许多部落的精神符号。以雄伟的土丘建筑为代表的密西西比文化提醒了我们,土著文明源远流长且结构复杂。考沙塔-查莫罗①艺术家圣地亚哥·X多年来一直将土丘融入自己的作品中。[4] 他在一个名叫《新卡霍基亚》的作品中"建造"了一座巨型平顶土丘,其幕墙上则是不断变化的自然界的图像、抽象图像和土著表演图像。他还用芝加哥黑鹰队队服"建造"了《埋葬丘》,其后为表示对欧洲人盗用部落身份的抗议而将其焚烧。圣地亚哥·X称自己创作的是土著未来主义作品,意在强调土著文化是人类未来的一部分,并未早早消亡。

新墨西哥州奥凯欧文格的幻想文学作家丽贝卡·罗霍斯在畅销书《科幻光年》中,曾写到关于土著历史和文化的内容。她最近一本小说的背景之一就是卡霍基亚,在她成书之前我采访了她。她在新墨西哥州的家里告诉我,卡霍基亚对她来说很重要,因为她想让读者知道"在欧洲人入侵前,美洲就已经有了大规模而且是相当讲究的城市和通商路线"。她想象那应该是称得上大都会的城市,已经有了铁器时代的技术,街道上人来人

---

① 二者皆为印第安部落。——译者注

往，围栏里养着各种动物，完全可以与查科峡谷的都市抗衡。与我接触过的许多考古学家不同的是，罗霍斯自称关注的重点并不是卡霍基亚居民的精神信仰。"对我而言，重要的是得表明我们有政府，有等级制度，有贸易和技术，"她思忖道，"这些都是欧洲人否认我们有的东西，而且还借此声称我们的种族灭绝和他们掠夺土地的行为是合理的。"

20世纪晚期，阿尼什纳比族作家兼学者杰拉德·维兹诺创造了"存续"（survivance）一词来描述当时美洲土著文化的状况。虽然这个词的本义具有模糊性，但后来他在《昭昭风俗》（*Manifest Manners*）一书中总结了它的意义："存续是主动存在，是先民故事的延续，而不只是被动的反应，或空留名份。先民存续的故事是对被统治、悲剧和受害感的摒弃。"与圣地亚哥·X一样，在维兹诺眼中，土著人的未来是不断演变的、充满活生生的文化的未来。我们或许不知道卡霍基亚对于生活在其中的人来说究竟意味着什么，但毫无疑问的是，他们的传统依然在振兴的社区中繁荣生长，历经欧洲殖民主义的政治磨难而不衰。正如罗霍斯和其他土著艺术家所说，今天的部落文化挺过了大劫难，增加了新内涵。卡霍基亚是土著美洲人社会运动历史的一部分，该运动最近的体现是在属于立岩保留区苏族的土地上为阻止输油管道通过而进行的多次抗议。古城的政治精神在这类运动中得以延续，这类运动关注的重点是人们应该如何塑造土地。

换一个说法就是，卡霍基亚人的公共生活给大地留下了不可磨灭的印记。其他部落的人们住进了空出来的院落，欧洲殖民者在这片土地上建造了农场和郊区住宅,但不朽的密西西比文明仍得以延续。卡霍基亚的故事在当代美洲似乎更具生命力。人们当年迁徙到这座土丘城市并不只是为了追求物质财富,他们追求的是在广场中传播的精神和政治理想。但在卡霍基亚,并不是人人都同意将理想化为现实的某一具体办法。为了密西西比文化的延续,人们必须接受城市需要改变,所以他们才选择弃守,另谋出路。

一天,大概在傍晚时分,我爬上僧侣丘,想一睹当年城市领导人的所见。爬完长长的一段阶梯后,我在半坡平台上稍事休息。这里曾经有萨满教巫师和精英们的专用建筑。当我到达土丘顶部时天上乌云密布,血色夕阳穿插其中,闪电忽明忽灭。许多萤火虫在我脚踝四周的没膝蒿草中穿梭,日暮时分的空气有几分凉意。我看到下面空无一人的大广场,河对岸是圣路易斯的灯光,这座城市的公民最近还在"黑人的命也是命"运动诞生期间抗议弗格森的警察暴力。抗议者走在卡霍基亚人的土地上,虽然这片土地上的大土丘在一个世纪以前就已经被拆毁了,但质疑权威当局的密西西比传统依然生生不息。

空气里弥漫着湿土和农田的味道。我站在古城的最高处,眺望着远处的高楼,感觉在这里城市似乎是自然产物。圣路易斯的周边地区长期以来一直是都市。我并非"新世论"[①]者,不过

---

① 新世论(New Age),指20世纪80年代兴起的一种思潮,其特点是相信替代疗法、占星术等。——编者注

新世论的确有其奇妙之处。我驻足在这块平坦的峰顶，这个几乎可以九天揽月的高处。难怪卡霍基亚人相信下界与上界是在此处会合的，即在雷电之下，在形状被人类历史永远改变的黏土之上会合的。

后记

警告——社会实验正在进行

我是在科技股市场崩盘的 2000 年搬到旧金山住的。就在经营计划极不靠谱的第一代数码公司大失血之际,我见证了一座城市被遗弃的过程。每天都有数百员工被解雇,他们一批批离开了城市。为网页设计师和程序员服务的考究的店铺自然也经营不下去了。商业区就像一张被一再重击的咧着嘴的脸,呈现出一片萧条的景象:每一间黑暗的店铺就像嘴里被打落的牙齿。那年的假期,被商圈环绕的联合广场就像一个垃圾坑。往常这处美丽的广场此时都会装点一棵大圣诞树和犹太教的连灯烛台,但没完没了的地下建筑工程却把整个地方变成了一个大泥坑。

连我们这些不在科技行业工作的人也有一种凄凉萧条感。我们无法对眼前这座城市的转变视而不见。前一年还飞黄腾达的邻居搬回了原先居住的小镇,车后就带着体积庞大的台式电脑和他们喜欢的录像带。高科技公司聚集的市场街南区的街角到处都是崭新的宜家办公桌和讲究的办公室家具,等着别人捡回家或者被丢弃。旧金山的房租几年来头一次没有继续上涨。我当时在一家免费发放周报——《旧金山湾区卫报》——的报社工作,我们也不得不开始裁员。因为报纸的收入靠广告,而旧金山的商圈正在缩小。我不知道我选择留下来是否太傻,但当时我已经对这座地势高低起伏的城市有了感情,离开它就有断肢之痛,割舍不下。再说,我住的地方并非时尚区,而且我很幸运地找到了一间房租受控的房间。我决定赌一把,希望旧金山能挺过来。

它果然挺过来了。今天旧金山的问题与上次的危机恰恰相反,居民人数激增,市政府的基本建设似乎老是跟不上。第二代科技公司如今飞黄腾达。虽然新型冠状病毒肺炎疫情带来了一定的影响,但有钱的科技人员正在使这座城市贵族化,工人阶级和其他长期住户逐渐被挤出。开发商对原来工厂和货仓林立的使命湾等地也不放过,这些地方现在都变成了手工冰激凌店和数码制片厂云集区。

可以想象,未来考古学家在此处发掘时肯定会思考:究竟是什么样的社会运动让人们把工业生产厂房改成了酒馆。当然,那些考古学家都得穿着潜水衣或者用游泳机器人来发掘,因为拜气候变化所赐,500年后旧金山的很多街道都将被水淹没。那也不是这里第一次遭海水吞噬。无畏的科学家从被淹没的城市中取出泥芯时将会发现,在欧洲人到达这里之前的几千年,这里就有人类定居了。古时候的环境变迁造成河面慢慢扩大,逐渐形成了今天将旧金山与奥克兰分隔开来的海湾,也吞噬了许多建筑在河边的土著村庄。

回顾一下恰塔霍裕克、庞贝、吴哥和卡霍基亚等地的城市历史，我们可以看到千百年来城市膨胀和弃置的模式。但人一生中也可能会看到城市由衰而盛或盛极而衰的转变。城市的振兴可能会被几米高的火山灰扼杀，精心设计的全新水利工程也可能会变成日后的洪水隐患，瘟疫也能将经济毁于一旦。这是很难根据一个城市最近的历史来预测其未来的原因之一。旧金山经济那次由萧条到繁荣的周期给我带来的焦虑现在回顾起来也许不值一提——特别是如果未来 100 年太平洋爆发了战事，或加利福尼亚人口中一直念叨的"大地震"最终发生的话。同样，我们也不能假设像底特律和新奥尔良——21 世纪初期的经济和自然灾害"受害者"——这样的美国城市最终会被遗弃。200 年之内，这两座城市都可能会摇身一变成为繁华的大都会，与它们今日的面貌迥异。它们的命运取决于政治意愿以及重建所需要的劳动力。

虽然个别城市的未来可能是不确定的，但我们却可以根据城市历史预测一个城市被弃置的可能性。在土耳其的科尼亚平原上，来自四面八方村落的居民聚集在一起组成了恰塔霍裕克，并在那里生活了 1 000 多年。后来他们的城市分崩离析，它的文化种子又像蒲公英一般远播至小村落和其他大型定居点的千家万户，他们改天换地，埋骨青山。同样的情况也发生在庞贝、吴哥和卡霍基亚。虽然这些城市的人口的流失原因与影响各有不同，但它们之前都曾面临过同样的难题：如何在不断变化的环境中妥善管理人们胼手胝足修建的巨大基础设施。如何对人进行妥善管理则是一个更大的问题。城市是人类劳动的具体体现，我们可以从朽坏的墙壁、水库和广场中看到人心的涣散。

今天，沿岸和岛屿上的城市深为天气莫测所苦，气候变化更加剧了这种可能性。2019年，密西西比河沿岸的城市遭遇前所未有的水患[1]，社区和农田都受害匪浅。同时，全球的热浪有增无减[2]；城市受城市热岛效应影响情况更糟，它的气温要比有较大植被覆盖的地方高出好几度。酷热也是对水利工程的考验，吴哥就是其中一例。山火会吞噬更多的城市，将它们化为灰烬，就像公元79年维苏威火山瞬间摧毁庞贝一样。2018年，洛杉矶险些毁于伍尔西大火；2020年的夏天和秋天，美国西部城市大部分时间被山火烟幕所笼罩；大洋彼岸澳大利亚的火灾季节益发严重。全球暴发的传染病越来越多，有的还引发了致命的瘟疫。可以说，今天许多居住在城市里的人在应对气候变化和健康危机之余，要想维修好基本建设和住房会更加困难。

话说回来，历史上城市历经磨难仍屹立不倒的例子也所在多有。恰塔霍裕克人改变了饮食习惯而得以战胜旱灾。即便吴哥经历了连年旱涝的打击，其后数百年仍有大量居民不离不弃，不断修补城市的基础设施。庞贝的难民移居到新城市，与昔日的邻居一起发家致富。卡霍基亚历经多次旱灾，城市网格布局随之扩大，越来越分散化，但这一切都不足以让居民从此不再回来。

然而，今天的城市要应付的还不只是火患与水患。全世界正处于政治不稳定时期。不幸的是，历史证据显示它可能会给城市敲起丧钟。虽然强而有力的领导人能动员人民搞大型基建项目，但这种自上而下的都市发展鲜能持久。被剥削的劳动力肯定会怨声载道，这就是弃城他去的开始，在城市设计不从合理工程的角度着眼而屈从于政治的情况下尤其如此。城市领导无方也会导致人口外移，看来恰塔霍裕克、吴哥和卡霍基亚的人口流失就是这样发生的。当然，我们也有庞贝这个政府出面给难民提供人道主义救助并为人民纾困解忧的反例。庞贝虽然难逃被弃置的命运，但老百姓却并未改变罗马的城市生活方式。

由于许多现代城市面临气候变化和政治动荡的双重压力，也许我们即将经历全球性的城市弃守。城市居住条件的恶化会导致人们过早死亡。因洪水、火灾和瘟疫丧命的人数会出现史无前例的激增，破产的城市将会大量出现。飓风袭击后的城市因政府拒不花钱救助而出现疫病失控只不过是迟早的事。[3]内乱和阶级差距加大将加剧问题的严重性。如果我们的政治制度不能处理好气候和贫穷这两大问题，那么未来将会有更多因粮食和饮用水引起的动乱，以及因争夺自然资源而引发的全球战争。当城市生活的成本远高于收益时，就会引发大量移民寻找新的安置点，从而导致更多的国际冲突。最终，今天的一些大型都市看起来就会像超前的科幻电影中所展示的那样，到处都是半淹没的广告铁架，上面布满了我们早已造不出也买不起的东西的广告。

我们如果能从历史中学到些什么，就应该知道几座城市的死亡并不意味世界将从此崩溃。城市结束了，我们还在，就像人们放弃恰塔霍裕克、庞贝、吴哥和卡霍基亚之后还继续生活一样。问题是，我们下一步该怎么走？

人类建设城市已经有9 000多年的历史，但直到过去几十年我们中的大多数人才开始居住在城市。这么多人都想搬到现代版本的卡霍基亚中去,城市似乎是不可或缺的,其实不然。

在放弃了我们未来的城市后,有的人或许会重返小城镇居住,就像吴哥人和恰塔霍裕克人那样。通常,这类小城镇都以农耕为中心,所以未来的村民食用的应该都是当地的东西,农耕所需电力则来自不与外界连接的电网。还有另一种可能:不少离开卡霍基亚和恰塔霍裕克的人都成了半游牧民族。21世纪和22世纪的后城市人也可能会居无定所,生活在自己的车里或其他车辆里,为安全起见组成车队游走。地球也许会变成一个由极小居住区组成的星球,城市还会存在,但属例外。这样的生活也可能相对安逸,这取决于你出生在哪里。但更可能的是,生活会变得更艰难,人们会像新石器时代农耕人民和游牧民族那样辛苦——并且由于全球气候危机和资源匮乏而变得更糟。

也可能,我们能找到挽救城市于危亡的办法。或许,我们能像庞贝人一样,加大纾困力度努力帮助人们异地重建。我们或许会设计出一个完全不同的城市——像杜姆兹特佩那样,延续过去的传统,同时又接纳一些新观念。也许这样我们就能在能抵抗最严重气候变化影响的地方建立更多的可持续发展的城市。虽然这听起来像是无法实现的乌托邦,但只要我们铭记城市失败的教训,也并非不可能。回头再看恰塔霍裕克、庞贝、吴哥和卡霍基亚,我们不难从中看出维系城市生命力的要件:经久耐用的水库、道路等基本设施,交通便捷的公共广场,每个人的自我空间,社会流动性,以及尊重城市工人的领导。其实这并不难,想想看，几千年前我们的先人都曾成功地让健康的城市存续了好几百年。

或许从人们放弃城市的历史中我们能学到的最宝贵教训就是，人类共同体有了不起的韧性。城市或许会消亡，但我们的文化和传统却不会消亡。经历无数灾难的城市人百折不挠，在远离起始点的地方重建家园。即便经过长时间的流散，人们仍旧会设法再造城市。虽然几乎每一代人都认为自己经历的是一个时代的结束，但从来没有一个伟大文明瓦解后没有浴火重生。其实，有的只是一段转变的漫漫长路，一代人将未完成的答卷交给了下一代人。

城市是从不间断的社会实验，古老的房舍和建筑遗迹就像老祖先给我们留下的不完整的实验室笔记。里面叙述了人们如何把不同群体聚集在一起，为了一个共同目标彼此扶持、帮助，并克服政治冲突和气候灾难。笔记里也并不讳言曾经的失败：严酷专制的领导，不科学的土木工程，以及限制许多人获得资源的法律。先人留下的残破宫殿和别墅对我们来说是一种警告，告诉我们社区可能出现的问题，但是社区里的街道和广场却是我们曾经携手修筑隽永工程的长期见证。

只要我们讲述我们城市先祖的故事，就不存在任何失落的城市。它们会继续存活在我们的脑海里，活在我们公共的土地上，就像一个承诺：不论情况多糟，人们都永不言弃。1 000 年以后，我们还会继续这项城市实验。我们肯定还会失败，但我们也将学会如何改正。

致谢

为了写这本书，我花了好几年的时间做调研，也因此结交了不少的朋友，多次与素不相识的人进行不可思议的谈话，还去了世界上的许多地方。对这一切我只有感激。最该感谢的就是花时间跟我谈想法，欢迎我去他们的发掘现场和工作间的研究人员。我在书里面提到了他们的名字，希望我没有辜负他们渊博的知识和幽默。无须多说，如果书中所述出现任何错误我负全责。

也得感谢一下我在诺顿出版社的编辑，才思敏捷的马特·韦兰，以及特任编辑助理扎里娜·帕特瓦。我的经纪人劳里·福克斯神通广大，促成了此书的出版。你们在书里看到的精致的手绘地图则出自贾森·汤普森之手，谢谢你，贾森。

还要感谢长期不辞劳苦的诸位好友和各类"受害者"，他们都阅读了本书的部分初稿，并提出过宝贵意见：查理·简·安德斯、本杰明·罗森鲍姆、玛丽·安妮·莫汉拉吉、戴维·莫莱斯、安东尼·哈、杰基·蒙凯维奇。还要特别感谢我在"科技艺术"博客网站的诸位编辑,即肯·费希尔、埃里克·班格曼和约翰·蒂默,是他们鼓励我先写了几篇文章,最后在这个基础上成书的。另外,卡尔·齐默、查尔斯·曼、罗丝·埃弗利思、埃米·哈蒙、赛思·姆努金、德布·布卢姆、维罗尼克·格林伍德、阿朗德拉·纳尔逊、马娅·萨拉维茨、马林·麦肯纳、玛吉·寇厄斯、珍妮弗·奥莱特和托马斯·利文森都给了我启发并且为我树立了好榜样。

尤其要谢谢陪我一起长途跋涉、不辞炎热、风尘仆仆的克里斯·帕尔默、杰西·伯恩斯和查理·简·安德斯,他们听着我絮絮叨叨地说道城市生活,也感谢他们给了我过去20年的家庭氛围。你们都是我的至爱。

注释

导言　城市是如何失落的？

1. Brendan M. Buckley et al., "Climate as a Contributing Factor in the Demise of Angkor, Cambodia," *Proceedings of the National Academy of Sciences* 107, no. 15 (April 2010): 6748-52.
2. "68% of the World Population Projected to Live in Urban Areas by 2050, Says UN," Department of Economic and Social Affairs, United Nations, last modified May 16, 2018, https://www.un.org/development/desa/en/news/population/2018-revision-of-world-urbanization-prospects.html.

第一篇　恰塔霍裕克　门口

第一章　定居生活的冲击

1. Ian Hodder, ed., *The Archaeology of Contextual Meanings* (Cambridge: Cambridge University Press, 1987).

2   C. Tornero et al., "Seasonal Reproductive Patterns of Early Domestic Sheep at Tell Halula (PPNB, Middle Euphrates Valley): Evidence from Sequential Oxygen Isotope Analyses of Tooth Enamel," *Journal of Archaeological Science: Reports* 6 (2016): 810-18.

3   A. Nigel Goring-Morris and Anna Belfer-Cohen, "Neolithization Processes in the Levant: The Outer Envelope," *Current Anthropology* 52, no. S4 (2011): S195-S208.

4   D. E. Blasi et al., "Human Sound Systems Are Shaped by Post-Neolithic Changes in Bite Configuration," *Science* 363, no. 6432 (March 15, 2019).

5   Carolyn Nakamura and Lynn Meskell, "Articulate Bodies: Forms and Figures at Çatalhöyük," *Journal of Archaeological Method and Theory* 16 (2009): 205-30.

6   Ian Hodder, *The Leopard's Tale: Revealing the Mysteries of Çatalhöyük* (New York: Thames and Hudson, 2006).

7   Peter Wilson, *The Domestication of the Human Species* (New Haven, CT: Yale University Press, 1991).

8   Wilson, *Domestication of the Human Species*, 98.

9   Julia Gresky, Juliane Haelm, and Lee Clare, "Modified Human Crania from Göbekli Tepe Provide Evidence for a New Form of Neolithic Skull Cult," *Science Advances* 3, no. 6 (June 28, 2017): e1700564.

10   K. Schmidt, "Göbekli Tepe—the Stone Age Sanctuaries. New Results of Ongoing Excavations with a Special Focus on Sculptures and High Reliefs," *Documenta Praehistorica* 37 (2010): 239-56.

11   Marion Benz and Joachim Bauer, "Symbols of Power—Symbols of Crisis? A Psycho-Social Approach to Early Neolithic Symbol Systems," *Neo-Lithics Special Issue* (2013): 11-24.

12   Janet Carston and Stephen Hugh-Jones, *About the House: Lévi-Strauss and Beyond* (Cambridge: Cambridge University Press, 1995).

13   Çigdem Atakuman, "Deciphering Later Neolithic Stamp Seal Imagery of

Northern Mesopotamia," *Documenta Praehistorica* 40 (2013): 247-64.

14 Hodder, *Leopard's Tale*, 63.

第二章 关于女神的真相

1 Kamilla Pawłowska, "The Smells of Neolithic Çatalhöyük, Turkey: Time and Space of Human Activity," *Journal of Anthropological Archaeology* 36 (2014): 1-11.

2 Ian Hodder and Arkadiusz Marciniak, eds., *Assembling Çatalhöyük* (Leeds: Maney, 2015).

3 Ruth Tringham, "Dido and the Basket: Fragments toward a Non-Linear History," in *Object Stories: Artifacts and Archaeologists*, ed. A. Clarke, U. Frederick, and S. Brown (Walnut Creek, CA: Left Coast Press, 2015).

4 Michael Marshall, "Family Ties Doubted in Stone-Age Farmers," *New Scientist* (July 1, 2011), https://www.newscientist.com/article/dn20646-family-ties-doubted-in-stone-age-farmers/.

5 Nerissa Russell, "Mammals from the BACH Area," chap. 8 in *Last House on the Hill: BACH Area Reports from Çatalhöyük, Turkey*, ed. Ruth Tringham and Mirjana Stevanović, Monumenta Archaeologica, vol. 27 (Los Angeles: Cotsen Institute of Archaeology Press, 2012).

6 Michael Balter, *The Goddess and the Bull: Çatalhöyük, an Archaeological Journey to the Dawn of Civilization* (New York: Free Press, 2010).

7 Balter, *Goddess and the Bull*, 39.

8 Carolyn Nakamura, "Figurines of the BACH Area," chap. 17 in *Last House on the Hill: BACH Area Reports from Çatalhöyük, Turkey*, ed. Ruth Tringham and Mirjana Stevanović, Monumenta Archaeologica, vol. 27 (Los Angeles: Cotsen Institute of Archaeology Press, 2012).

9 Lynn M. Meskell et al., "Figured Lifeworlds and Depositional Practices at Çatalhöyük," *Cambridge Archaeological Journal* 18 (2008): 139-61; see

also Carolyn Nakamura and Lynn Meskell, "Articulate Bodies: Forms and Figures at Çatalhöyük," *Journal of Archaeological Method and Theory* 16 (2009): 205.

10 Meskell et al., "Figured Lifeworlds and Depositional Practices at Çatalhöyük," 144.

11 Ian Hodder, *The Leopard's Tale: Revealing the Mysteries of Çatalhöyük* (New York: Thames and Hudson, 2006).

12 Rosemary Joyce, *Ancient Bodies, Ancient Lives: Sex, Gender, and Archaeology* (London: Thames and Hudson, 2008), 10.

13 Wendy Matthews, "Household Life Histories and Boundaries: Microstratigraphy and Micromorphology of Architectural Surfaces in Building 3 (BACH)," chap. 7 in *Last House on the Hill: BACH Area Reports from Çatalhöyük, Turkey*, ed. Ruth Tringham and Mirjana Stevanović, Monumenta Archaeologica, vol. 27 (Los Angeles: Cotsen Institute of Archaeology Press, 2012).

14 Burcum Hanzade Arkun, "Neolithic Plasters of the Near East: Catal Hoyuk Building 5, a Case Study" (master's thesis, University of Pennsylvania, 2003).

15 Daphne E. Gallagher and Roderick J. McIntosh, "Agriculture and Urbanism," chap. 7 in *The Cambridge World History*, ed. Graeme Barker and Candice Goucher (Cambridge: Cambridge University Press, 2015), 186-209.

16 Hodder, *Leopard's Tale*, chap. 6.

17 Jeremy Nobel, "Finding Connection through 'Chosen Family,'" *Psychology Today*, last modified June 14, 2019, https://www.psychologytoday.com/us/blog/being-unlonely/201906/finding-connection-through-chosen-family.

第三章 历史中的历史

1 Sophie Moore, "Burials and Identities at Historic Period Çatalhöyük,"

Heritage Turkey 4 (2014): 29.

2   Patricia McAnany and Norman Yoffee, *Questioning Collapse: Human Resilience, Ecological Vulnerability, and the Aftermath of Empire* (Cambridge: Cambridge University Press, 2009).

3   Melody Warnick, "Why You're Miserable after a Move," *Psychology Today* (July 13, 2016), https://www.psychologytoday.com/us/blog/is-where-you-belong/201607/why-youre-miserable-after-move.

4   "Immigration," American Psychological Association, accessed November 12, 2019, https://www.apa.org/topics/immigration/index.

5   Pascal Flohr et al., "Evidence of Resilience to Past Climate Change in Southwest Asia: Early Farming Communities and the 9.2 and 8.2 Ka Events," *Quaternary Science Reviews* 136 (2016): 23-39.

6   Peter Schwartz and Doug Randall, "An Abrupt Climate Change Scenario and Its Implications for United States National Security" (October 2003), accessed November 11, 2019, https://web.archive.org/web/20090320054750/http://www.climate.org/PDF/ clim_change_scenario.pdf.

7   Daniel Glick, "The Big Thaw," *National Geographic* (September 2004).

8   Ofer Bar-Yosef, "Facing Climatic Hazards: Paleolithic Foragers and Neolithic Farmers," *Quaternary International* pt. B, 428 (2017): 64-72.

9   Flohr et al., "Evidence of Resilience to Past Climate Change in Southwest Asia."

10 Michael Price, "Animal Fat on Ancient Pottery Reveals a Nearly Catastrophic Period of Human Prehistory," *Science* (August 13, 2018), https://www.sciencemag.org/news/2018/08/animal-fat-ancient-pottery-shards-reveals-nearly-catastrophic-period-human-prehistory.

11 David Orton et al., "A Tale of Two Tells: Dating the Çatalhöyük West Mound," *Antiquity* 92, no. 363 (2018): 620-39.

12 Ian Kuijt, "People and Space in Early Agricultural Villages: Exploring Daily Lives, Community Size, and Architecture in the Late Pre-Pottery Neolithic,"

13　Journal of Anthropological Archaeology 19, no. 1 (2000): 75-102.

13　Monica Smith, *Cities: The First 6,000 Years* (New York: Viking, 2019), 9.

14　Joseph Tainter, *The Collapse of Complex Societies* (Cambridge: Cambridge University Press, 1988).

15　William Cronon, *Nature's Metropolis: Chicago and the Great West* (New York: W. W. Norton, 1991).

16　Stuart Campbell, "The Dead and the Living in Late Neolithic Mesopotamia," in *Sepolti tra i vivi. Evidenza ed interpretazione di contesti funerari in abitato. Atti del Convegno Internazionale* [Buried among the Living], ed. Gilda Bartoloni and M. Gilda Benedettini (Università degli Studi di Roma "La Sapienza," April 26-29, 2006), https://www.academia.edu/3390086/The_Dead_and_the_Living_in_Late_Ne olithic_Mesopotamia.

第二篇　庞贝　街道

第一章　富饶街上的暴乱

1　Marco Merola, "Pompeii before the Romans," *Archaeology Magazine* (January/February 2016).

2　Mary Beard, *Pompeii: The Life of a Roman Town* (London: Profile Books, 2008).

3　"Samnite Culture in Pompeii Survived Roman Conquest," *Italy Magazine*, last modified July 6, 2005, https://www.italymagazine.com/italy/campania/samnite-culture-pompeii-survived-roman-conquest.

4　Andrew Wallace-Hadrill, *Houses and Society in Pompeii and Herculaneum* (Princeton, NJ: Princeton University Press, 1994).

5　Translation appears in Alison E. Cooley and M. G. L. Cooley, *Pompeii and*

      Herculaneum: A Sourcebook (New York: Routledge, 2013).

6 Eve D'Ambria, *Roman Women* (Cambridge: Cambridge University Press, 2007).

7 D'Ambria, *Roman Women*.

8 Pliny the Elder, Book 7, Letter 24, accessed November 12, 2019, http://www.vroma.org/~hwalker/Pliny/Pliny07-24-E.html.

9 "Via Consolare Project," San Francisco State University, accessed November 11, 2019, http://www.sfsu.edu/~pompeii/.

10 Henrik Mouritsen, *The Freedman in the Roman World* (Cambridge: Cambridge University Press, 2011).

11 Mouritsen, *The Freedman in the Roman World*, 121, 140.

12 Heather Pringle, "How Ancient Rome's 1% Hijacked the Beach," *Hakai Magazine* (April 5, 2016), https://www.hakaimagazine.com/features/how-ancient-romes-1-hijacked-beach/.

第二章 我们在公共场所的行为

1 Ilaria Battiloro and Marcello Mogetta, "New Investigations at the Sanctuary of Venus in Pompeii: Interim Report on the 2017 Season of the Venus Pompeiana Project," accessed November 1, 2019, http://www.fastionline.org/docs/FOLDER-it-2018-425.pdf.

2 Steven Ellis, *The Roman Retail Revolution: The Socio-Economic World of the Taberna* (Oxford: Oxford University Press, 2018).

3 Miko Flohr, "Reconsidering the Atrium House: Domestic Fullonicae at Pompeii," in *Pompeii: Art, Industry and Infrastructure*, ed. Eric Poehler, Miko Flohr, and Kevin Cole (Barnsley, UK: Oxbow Books, 2011).

4 Lei Dong, Carlo Ratti, and Siqi Zheng, "Predicting Neighborhoods' Socioeconomic Attributes Using Restaurant Data," *Proceedings of the National Academy of Sciences* 116, no. 31 (July 2019): 15,447-52.

5　Eric Poehler, *The Traffc Systems of Pompeii* (Oxford: Oxford University Press, 2017).

6　Mouritsen, *The Freedman in the Roman World*, 122.

7　Classicist Beth Severy-Hoven suggests there were further signs of the brothers' uneasy relationship with their class position in some of the paintings inside their villa as well. Beth Severy-Hoven, "Master Narratives and the Wall Painting of the House of the Vettii, Pompeii," *Gender & History* 24 (2012): 540-80.

8　Sarah Levin-Richardson, "Fututa Sum Hic: Female Subjectivity and Agency in Pompeian Sexual Graffti," *Classical Journal* 108, no. 3 (2013): 319-45.

9　Sarah Levin-Richardson, *The Brothel of Pompeii: Sex, Class, and Gender at the Margins of Roman Society* (Cambridge: Cambridge University Press, 2019).

10　Levin-Richardson, "Fututa Sum Hic."

11　Ann Olga Koloski-Ostrow, *The Archaeology of Sanitation in Roman Italy: Toilets, Sewers, and Water Systems* (Chapel Hill: University of North Carolina Press, 2015).

第三章　火山爆发以后

1　Recent evidence suggests the eruption was in fall, rather than in late summer as had been previously thought. "Pompeii: Vesuvius Eruption May Have Been Later than Thought," BBC World News, last modified October 16, 2018, https://www.bbc.com/news/world-europe-45874858.

2　William Melmouth, trans., *Letters of Pliny*, Project Gutenberg, last updated May 13, 2016, https://www.gutenberg.org/files/2811/2811-h/2811-h.htm#link2H_4_0065.

3　Brandon Thomas Luke, "Roman Pompeii, Geography of Death and Escape: The Deaths of Vesuvius" (master's thesis, Kent State, 2013).

4　Nancy K. Bristow, "'It's as Bad as Anything Can Be': Patients, Identity, and the Influenza Pandemic," supplement 3, *Public Health Reports* 125 (2010): 134-44.

5　J. Andrew Dufton, "The Architectural and Social Dynamics of Gentrification in Roman North Africa," *American Journal of Archaeology* 123, no. 2 (2019): 263-90.

6　Andrew Zissos, ed., *A Companion to the Flavian Age of Imperial Rome* (Malden, MA: Wiley & Sons, 2016).

第三篇　吴哥　水库

第一章　农业史外传

1　"Ancient Aliens," History Channel (May 4, 2012), https://www.history.com/shows/ancient-aliens/season-4/episode-10.

2　Patrick Roberts, *Tropical Forests in Prehistory, History, and Modernity* (Oxford: Oxford University Press, 2019).

3　Patrick Roberts et al., "The Deep Human Prehistory of Global Tropical Forests and Its Relevance for Modern Conservation," *Nature Plants* 3, no. 8 (2007).

4　Spiro Kostof, *The City Shaped: Urban Patterns and Meanings through History* (London: Thames and Hudson, 1999).

第二章　水王朝

1　Miriam T. Stark, "From Funan to Angkor: Collapse and Regeneration in Ancient Cambodia," chap. 10 in *After Collapse: The Regeneration of*

Complex Societies, ed. Glenn M. Schwartz and John J. Nichols (Tucson: University of Arizona Press, 2006), 144-67.

2   Eileen Lustig, Damian Evans, and Ngaire Richards, "Words across Space and Time: An Analysis of Lexical Items in Khmer Inscriptions, Sixth-Fourteenth Centuries CE," *Journal of Southeast Asian Studies* 38, no. 1 (2007): 1-26.

3   Zhou Daguan, *A Record of Cambodia: A Land and Its People,* trans. Peter Harris (Chiang Mai, Thailand: Silkworm Books, 2007).

4   David Eltis and Stanley L. Engerman, eds., *The Cambridge World History of Slavery*, vol. 3 (Cambridge: Cambridge University Press, 2011).

5   Lustig et al., "Words across Space and Time."

6   Miriam Stark, "Universal Rule and Precarious Empire: Power and Fragility in the Angkorian State," chap. 9 in *The Evolution of Fragility: Setting the Terms*, ed. Norman Yoffee (Cambridge: McDonald Institute for Archaeological Research, 2019).

7   Matthew Desmond, "In Order to Understand the Brutality of American Capitalism, You Have to Start on the Plantation," *New York Times Magazine*, August 14, 2019, https://www.nytimes.com/interactive/2019/08/14/magazine/slavery-capitalism.html.

8   Stark, "Universal Rule and Precarious Empire."

9   Stark, "Universal Rule and Precarious Empire."

10 Kenneth R. Hall, "Khmer Commercial Development and Foreign Contacts under Sūryavarman I," *Journal of the Economic and Social History of the Orient* 18, no. 3 (1975): 318-36.

11 Dan Penny et al., "Hydrological History of the West Baray, Angkor, Revealed through Palynological Analysis of Sediments from the West Mebon," in *Bulletin de l'École française d'Extrême-Orient* 92 (2005): 497-521.

12 Christophe Pottier, "Under the Western Baray Waters," chap. 28 in *Uncovering Southeast Asia's Past*, ed. Elisabeth A. Bacus, Ian Glover, and Vincent Piggot (Singapore: National University of Singapore Press, 2006),

298-309.
13 Penny et al., "Hydrological History of the West Baray, Angkor."
14 Monica Smith, *Cities: The First 6,000 Years* (New York: Viking, 2019).
15 Saskia Sassen, "Global Cities as Today's Frontiers," Leuphana Digital School, https://www.youtube.com/watch?v=Iu-p31RkCXI. She also elaborates on these ideas in her book *The Global Cities: New York, London, Tokyo* (Princeton, NJ: Princeton University Press, 1991).
16 Geoffrey West, *Scale: The Universal Laws of Life, Growth, and Death in Organisms, Cities, and Companies* (New York: Penguin, 2018).
17 Lustig et al., "Words across Space and Time"; see also Eileen Lustig and Terry Lustig, "New Insights into 'les interminables listes nominatives des esclaves' from Numerical Analyses of the Personnel in Angkorian Inscriptions," *Aséanie* 31 (2013): 55-83.
18 Kunthea Chhom, *Inscriptions of Koh Ker 1* (Budapest: Hungarian Southeast Asian Research Institute, 2011), https://www.academia.edu/14872809/Inscriptions_of_Koh_Ker_n_I.
19 Terry Leslie Lustig and Eileen Joan Lustig, "Following the Non-Money Trail: Reconciling Some Angkorian Temple Accounts," *Journal of Indo-Pacific Archaeology* 39 (August 2015): 26-37.
20 "Household Archaeology at Angkor Wat," *Khmer Times*, July 7, 2016, https://www.khmertimeskh.com/25557/household-archaeology-at-angkor-wat/.
21 Lustig and Lustig, "Following the Non-Money Trail."
22 Eileen Lustig, "Money Doesn't Make the World Go Round: Angkor's Non-Monetization," in *Economic Development, Integration, and Morality in Asia and the Americas*, ed. D. Wood, Research in Economic Anthropology, vol. 29 (2009), 165-99.
23 Lustig, "Money Doesn't Make the World Go Round."
24 Mitch Hendrickson et al., "Industries of Angkor Project: Preliminary

Investigation of Iron Production at Boeng Kroam, Preah Khan of Kompong Svay," *Journal of Indo-Pacific Archaeology* 42 (2018): 32-42, https://journals.lib.washington.edu/index.php/JIPA/article/view/15257/12812.

25 Damian Evans and Roland Fletcher, "The Landscape of Angkor Wat Redefined," *Antiquity* 89, no. 348 (2015): 1402-19.

第三章　帝国主义的遗留

1 Henri Mouhot, *Travels in the Central Parts of Indo-China (Siam), Cambodia, and Laos during the Years 1858, 1859, and 1860*, 2 vols., Gutenberg Project, last modified August 11, 2014, http://www.gutenberg.org/files/46559/46559-h/46559-h.htm.

2 Alison Carter, "Stop Saying the French Discovered Angkor," *Alison in Cambodia* (blog), accessed November 12, 2019, https://alisonincambodia.wordpress.com/2014/10/05/stop-saying-the-french-discovered-angkor/.

3 Terry Lustig et al., "Evidence for the Breakdown of an Angkorian Hydraulic System, and Its Historical Implications for Understanding the Khmer Empire," *Journal of Archaeological Science: Reports* 17 (2018): 195-211.

4 Keo Duong, "Jayavarman IV: King Usurper?" (master's thesis, Chulalongkorn University, 2012).

5 Tegan Hall, Dan Penny, and Rebecca Hamilton, "Re-Evaluating the Occupation History of Koh Ker, Cambodia, during the Angkor Period: A Palaeo-Ecological Approach," *PLoS ONE* 13, no. 10 (2018): e0203962, https://doi.org/10.1371/journal.pone.0203962.

6 Kunthea Chhom, *Inscriptions of Koh Ker 1* (Budapest: Hungarian Southeast Asian Research Institute, 2011), https://www.academia.edu/14872809/Inscriptions_of_Koh_Ker_n_I, 12.

7 Eileen Lustig and Terry Lustig, "New Insights into 'les interminables listes nominatives des esclaves' from Numerical Analyses of the Personnel in

Angkorian Inscriptions," *Aséanie* 31 (2013): 55-83.

8   Lustig et al., "Evidence for the Breakdown of an Angkorian Hydraulic System."

9   Wensheng Lan et al., "Microbial Community Analysis of Fresh and Old Microbial Biofilms on Bayon Temple Sandstone of Angkor Thom, Cambodia," *Microbial Ecology* 60, no. 1 (2010): 105-15, doi:10.1007/s00248-010-9707-5.

10 Peter D. Sharrock, "Garuḍa, Vajrapāṅi and Religious Change in Jayavarman VII's Angkor," *Journal of Southeast Asian Studies* 40, no. 1 (2009): 111-51.

11 Roland Fletcher et al., "The Development of the Water Management System of Angkor: A Provisional Model," *Bulletin of the Indo-Pacific Prehistory Association* 28 (2008): 57-66.

12 Dan Penny et al., "The Demise of Angkor: Systemic Vulnerability of Urban Infrastructure to Climatic Variations," *Science Advances* 4, no. 10 (October 17, 2018): eaau4029.

13 Solomon M. Hsiang and Amir S. Jina, "Geography, Depreciation, and Growth," *American Economic Review* 105, no. 5 (2015): 252-56.

14 Alison K. Carter et al., "Temple Occupation and the Tempo of Collapse at Angkor Wat, Cambodia," *Proceedings of the National Academy of Sciences* 116, no. 25 (June 2019): 12226-31.

15 Dan Penny et al., "Geoarchaeological Evidence from Angkor, Cambodia, Reveals a Gradual Decline Rather than a Catastrophic 15th-Century Collapse," *Proceedings of the National Academy of Sciences* 116, no. 11 (March 2019): 4871-76.

16 Miriam Stark, "Universal Rule and Precarious Empire: Power and Fragility in the Angkorian State," chap. 9 in *The Evolution of Fragility: Setting the Terms*, ed. Norman Yoffee (Cambridge: McDonald Institute for Archaeological Research, 2019), 174.

第四篇　卡霍基亚　广场

第一章　美洲的古金字塔

1　Sarah E. Baires, *Land of Water, City of the Dead: Religion and Cahokia's Emergence* (Tuscaloosa: University of Alabama Press, 2017).

2　See Michael Hittman, *Wovoka and the Ghost Dance* (Lincoln: University of Nebraska Press, 1997), and Alice Beck Kehoe, *The Ghost Dance: Ethnohistory and Revitalization* (New York: Holt, Rinehart and Winston, 1989).

3　John Noble Wilford, "Ancient Indian Site Challenges Ideas on Early American Life," *New York Times*, September 19, 1997, https://www.nytimes.com/1997/09/19/us/ancient-indian-site-challenges-ideas-on-early-american-life.html.

4　Timothy Pauketat, *Cahokia: Ancient America's Great City on the Mississippi* (New York: Viking, 2009).

5　Rinita A. Dalan et al., *Envisioning Cahokia: A Landscape Perspective* (DeKalb: Northern Illinois University Press, 2003).

6　V. Gordon Childe, "The Urban Revolution," *Town Planning Review* 21, no. 1 (1950): 3-17.

7　Dalan et al., *Envisioning Cahokia*, 129.

8　Timothy Pauketat, "America's First Pastime," *Archaeology* 6, no. 5 (September/October 2009), https://archive.archaeology.org/0909/abstracts/pastime.html.

9　The painter George Catlin wrote in a letter that he'd watched the Siouan Mandan tribe playing the game in the 1830s. From George Catlin, *Letters and Notes on the Manners, Customs, and Conditions of North American Indians*, no. 19, retrieved November 12, 2019, https://user.xmission.com/~drudy/mtman/html/catlin/letter19.html.

10　Margaret Gaca and Emma Wink, "Archaeoacoustics: Relative Soundscapes between Monks Mound and the Grand Plaza" (poster presented at the 60th Annual Midwest

Archaeological Conference, Iowa City, Iowa, October 4-6, 2016).

11 Thomas E. Emerson et al., "Paradigms Lost: Reconfiguring Cahokia's Mound 72 Beaded Burial," *American Antiquity* 81, no. 3 (2016): 405-25.

12 Baires, *Land of Water, City of the Dead*, 92-93.

13 Andrew M. Munro, "Timothy R. Pauketat, *An Archaeology of the Cosmos: Rethinking Agency and Religion in Ancient America*," *Journal of Skyscape Archaeology* 4, no. 2 (2019): 252-56.

14 Gayle Fritz, *Feeding Cahokia: Early Agriculture in the North American Heartland* (Tuscaloosa: University of Alabama Press, 2019), 89.

15 Fritz, *Feeding Cahokia*, 150.

16 Natalie G. Mueller et al., "Growing the Lost Crops of Eastern North America's Original Agricultural System," *Nature Plants* 3 (2017).

17 Fritz, *Feeding Cahokia*, 146.

18 Fritz, *Feeding Cahokia*, 143.

第二章 一次伟大的中兴

1 Sarah E. Baires, Melissa R. Baltus, and Elizabeth Watts Malouchos, "Exploring New Cahokian Neighborhoods: Structure Density Estimates from the Spring Lake Tract, Cahokia," *American Antiquity* 82, no. 4 (2017): 742-60.

2 Lizzie Wade, "It Wasn't Just Greece—Archaeologists and Early Democracy in the Americas," *Science* (March 15, 2017), https://www.sciencemag.org/news/2017/03/it-wasnt-just-greece-archaeologists-find-early-democratic-societies-americas.

3 David Correia, "F**k Jared Diamond," *Capitalism Nature Socialism* 24, no. 4 (2013): 1-6.

4 David Graeber and David Wingrow, "How to Change the Course of Human History," *Eurozine* (March 2, 2018), https://www.eurozine.com/change-course-human-history/.

第三章 有意放弃

1 Samuel E. Munoz et al., "Cahokia's Emergence and Decline Coincided with Shifts of Flood Frequency on the Mississippi River," *Proceedings of the National Academy of Sciences* 112, no. 20 (May 2015): 6319-24.

2 Sarah E. Baires, Melissa R. Baltus, and Meghan E. Buchanan, "Correlation Does Not Equal Causation: Questioning the Great Cahokia Flood," *Proceedings of the National Academy of Sciences* 112, no. 29 (July 2015): E3753.

3 Andrea Hunter, "Ancestral Osage Geography," in Andrea A. Hunter, James Munkres, and Barker Fariss, *Osage Nation NAGPRA Claim for Human Remains Removed from the Clarksville Mound Group (23PI6), Pike County, Missouri* (Pawhuska, OK: Osage Nation Historic Preservation Office, 2013), 1-60, https://www.osagenation-nsn.gov/who-we-are/historic-preservation/osage-cultural-history.

4 Margaret Carrigan, "One Mound at a Time: Native American Artist Santiago X on Rebuilding Indigenous Cities," *Art Newspaper*, September 29, 2019, https://www.theartnewspaper.com/amp/interview/native-american-artist-santiago-x-on-rebuilding-indigenous-cities-one-mound-at-a-time.

后记 警告——社会实验正在进行

1 Sarah Almukhtar et al., "The Great Flood of 2019," *New York Times*, September 11, 2019, https://www.nytimes.com/interactive/2019/09/11/us/midwest-flooding.html.

2 Kendra Pierre-Lewis, "Heatwaves in the Age of Climate Change," *New York Times*, July 18, 2019, https://www.nytimes.com/2019/07/18/climate/heatwave-climate-change.html.

3 Annalee Newitz, *Scatter, Adapt, and Remember: How Humans Will Survive a Mass Extinction* (New York: Doubleday, 2013).